南开大学校史丛书
总主编 刘景泉

南开大学"十四五"规划精品教材丛书

南开大学爱国主义教育史话

南开大学校史研究室 编

南开大学出版社
NANKAI UNIVERSITY PRESS

图书在版编目(CIP)数据

南开大学爱国主义教育史话 / 南开大学校史研究室编. -- 天津：南开大学出版社, 2025.8. -- (南开大学校史丛书 / 刘景泉总主编) (南开大学"十四五"规划精品教材丛书). -- ISBN 978-7-310-06753-4

Ⅰ. G641.4

中国国家版本馆CIP数据核字第2025EA0941号

版权所有　侵权必究

南开大学爱国主义教育史话
NANKAI DAXUE AIGUO ZHUYI JIAOYU SHIHUA

南开大学出版社出版发行
出版人：王康
地址：天津市南开区卫津路94号　邮政编码：300071
营销部电话：(022)23508339　营销部传真：(022)23508542
https://nkup.nankai.edu.cn

天津创先河普业印刷有限公司印刷　全国各地新华书店经销
2025年8月第1版　2025年8月第1次印刷
230×170毫米　16开本　18.5印张　2插页　235千字
定价:69.00元

如遇图书印装质量问题，请与本社营销部联系调换，电话：(022)23508339

主 编

刘景泉

编 者

(按作者姓氏首字母排序)

陈 鑫　徐 悦　张 鸿

目录

导论　巍巍南开 / 001
　　一、逾百年的不凡历程 / 003
　　二、南开道路、南开品格、南开精神 / 011
　　三、以史为鉴、牢记嘱托、开创未来 / 026

第一讲　严修、张伯苓与创校先贤 / 031
　　一、校父严修"国士无双" / 033
　　二、"巍巍大校长"张伯苓 / 039
　　三、一群"不服输"的教育家 / 048

第二讲　从"国帜三易"到"爱国三问" / 055
　　一、因国难而生的南开 / 057
　　二、"志为爱国志士" / 060
　　三、历史之问、时代之问、未来之问 / 066

第三讲　"大学者，大师之谓也" / 075
　　一、"大学最要者即良教师" / 077
　　二、"办好学校的关键主要在教师" / 082
　　三、教书育人大先生 / 087

第四讲　日寇毁校与西南岁月 / 095
　　一、暴日肆狂毁我南开 / 097
　　二、合组联大弦歌不辍 / 102
　　三、战火淬砺刚毅坚卓 / 108

第五讲　红色血脉与南开英烈 / 117
　　一、光荣的革命传统 / 119
　　二、血沃中华的英烈 / 127
　　三、红色基因代代传 / 135

第六讲　"愿相会于中华腾飞世界时" / 141
　　一、"南开最好的学生" / 143
　　二、求学不忘救国 / 147
　　三、"我是爱南开的" / 150

第七讲　立德树人育英才 / 157
　　一、"以德育为万事之本" / 159
　　二、陶铸兴国南开人 / 164
　　三、德育"南开模式"的探索 / 169

第八讲　擘画学科　争创一流 / 177
　　一、聚焦"时势之急需" / 179
　　二、"老九系"肩负新使命 / 186
　　三、对标一流勇攀高峰 / 190

第九讲 "南开学风堪称一流" / 197
    一、"学校当有独立之校风" / 199
    二、"踏踏实实提高教学质量" / 205
    三、一流学风的赓续弘扬 / 210

第十讲 "知中国、服务中国" / 219
    一、办"土货化"的南开 / 221
    二、发挥人民南开的科研优势 / 227
    三、科研成果报国强国 / 234

第十一讲 立足南开 面向世界 / 243
    一、宏远志向世界视野 / 245
    二、国际化的探索 / 250
    三、"全球南开"的办学格局 / 257

第十二讲 桃李芬芳满天下 / 265
    一、"家庭学校"南开情 / 267
    二、襄助母校情谊深 / 271
    三、优秀校友南开荣 / 275

后记 / 285

导论
巍巍南开

- 逾百年的不凡历程
- 南开道路、南开品格、南开精神
- 以史为鉴、牢记嘱托、开创未来

2019年1月17日，习近平总书记在视察南开大学时指出："爱国主义是中华民族的民族心、民族魂。南开大学具有光荣的爱国主义传统，这是南开的魂。"总书记为何这样说，历经百年沧桑的南开大学又是怎样的一所学校呢？

一、逾百年的不凡历程

南开大学肇端于1898年威海卫"国帜三易"的奇耻大辱，奠基于1904年甲午战败十周年之际，正式开办于1919年五四爱国运动大潮之中，由著名爱国教育家严修、张伯苓创建。百余年来，南开大学坚守爱国救国兴国强国的初心，秉承"允公允能，日新月异"校训和"爱国、敬业、创新、乐群"的传统，栉风沐雨、越难越开、立德树人、作育英才，繁荣学术、传承文明，为中华民族伟大复兴做出了重要贡献，成就了不同凡响的"南开现象"。

南开大学百余年的发展大致经历了这样几个时期。

一是从1919年到1949年的创业奠基时期。学校的办学宗旨、办学理念和优良传统在这一时期孕育成形。

1919年，严修和张伯苓秉持教育救国的强烈信念、为国育才的办学初心，在天津旧城西南的南开洼创办了南开大学。由于南开是一所私立大学，初创时规模并不大，只有教职员18人，首批学生也仅录取了周恩来、马骏等96人，共设有文、理、商三科。1923年8月，学校正式迁入八里台新址。

· 南开创办人严修、张伯苓

经过十余年的艰苦奋斗,南开人在一片荒野之地上建起了整洁幽静的校园,图书馆藏书已达20多万册,教学设备价值在当时的私立大学中名列前茅,甚至超过北京大学等一批国立大学。1921年9月,梁启超先生受邀参加南开大学开学典礼时说:"我们要希望大学能办得欧美那样好,能发扬中国固有的学术,不能不属望于私立的南开大学了。南开师生有负这种责任的义务。如是南开大学不独为中国未来私立大学之母,亦将为中国全国大学之母。"1925年11月,北京民国政府教育部考察南开后说:"就中国公私立学校而论,该校整齐划一,可算第一。"1930年5月,国民政府教育部视察员也在评语中说:"南开大学设备虽受经济限制,然颇能以一文钱作两文钱用,如数学系近购有十三种曲面及曲线数学标本,为国内其他大学所不经见者。其教授待遇虽不优,而能奋勉从事。有教授在职近十年,他大学虽以重聘邀约,亦不离去者。其学生程度亦甚整齐。余等观察时,见商科二年级上经济课,男女生俱以英语笔记,敏捷正确,全班皆然。"

· 南开大学初创时的校舍

· 早期校园南部全景

更为重要的是,南开的创办者们在实践的探索中，将办学模式逐步向着"土货化"即中国化的方向转变。1928年，张伯苓主持制定的《南开大学发展方案》正式颁布，明确提出了"土货化"的办学方针。值得注意的是，这里的"土"实际上强调的就是本土化、中国化，就是中国特色，要"知中国、服务中国"，着力建设"以中国历史、中国社会为学术背景，以解决中国问题为教育目标"的大学。为的是炼得彩石，织成锦绣，解救苦难的中国，复兴伟大的民族。1934年，张伯苓在总结前期办学经验基础上，正式颁定"允公允能，日新月异"校训，明确以"爱国爱群之公德"与"服务社会之能力"作为学生培养目标。到抗日战争全面爆发前夕，南开大学已经拥有3个学院、13个系和2个研究所，教职员110多人，学生429人，成为中国著名的高等学府。当时天津民间流传着一种说法："天津卫三桩宝：永利（碱厂）、南开和《大公报》。"著名学者陈平原也曾指出，如果说20世纪中国高等教育有什么"奇迹"的话，很可能不是国立大学北大、清华的"得天独厚"，也不是教会大学燕大、辅仁的"养尊处优"，而是私立学校南开的迅速崛起。

但是南开大学的良好发展势头为日寇的侵华战争所破坏。1937年7月29至30日，南开因爱国抗日而遭日寇的野蛮轰炸，被迫南迁，与北京大学、清华大学组建长沙临时大学，继而再迁昆明，合组举世闻名的西南联合大学。三校融合"清华和南开的严谨教学的精神，及北大自由研究的传统"，精诚合作，共济时艰，在抗战烽火中刚毅坚卓，弦歌不辍，创造了中国乃至世界高等教育史上的奇迹。

抗日战争胜利后，南开大学于1946年北归复校并改为国立。此时南开的办学规模较抗战前有了很大发展，共有文、理、工、商4个学院、16个系，学生总数达到1200多人。复校后，南开"重视学术研究自由"，"强调热心社会服务，发扬'公能'精神"，"一切设备、教员皆正规化，重视课程，考试严格，学生素质好、朴实，学习研究风气盛"。

这里还要特别指出的是，南开自建校以来就是中国共产党组织活动的重要堡垒。周恩来、马骏、于方舟、陈镜湖等一批南开学子都是党的早期党员和地方党组织创始人。1926年，南开大学教师范文澜加入中国共产党，负责学校党的工作。1933年5月，中共天津市委领导8个支部，南开大学党支部就是其中之一。南开的党组织尊重创办人的办学理念和办学宗旨，团结进步师生，在学校发展中起到了非常重要的积极作用。南开北归复校后，学校党组织累计有党员110余人，外围组织成员210余人，是解放战争时期天津进步力量最强的高校之一。

二是从1949年到1978年的曲折发展时期。这一时期南开在党的领导下，积极探索创办社会主义新型大学，并在曲折中不断发展，奠定了南开在新中国高等教育体系中的重要地位。

中华人民共和国成立后，南开大学进入历史发展新阶段。1950年，毛泽东主席为学校题写校名。1952年，全国高校实施院系大调整，天津大学的数学、物理系及津沽大学的贸易、会计、企管系等并入南开，南开的工学院等调出，并入天津大学等高校。调整后，南开大学共设14个系，有18个专业、3个专修科，教师和职工各有270余人，学生1600余人。杨石先校长在《新南开大学的成立和它的方针任务》报告中指出：随着祖国经济建设的发展，也赋予新南开大学以新的历史任务，为国家培养全

· 20世纪50年代南开大学东门

心全意为人民服务的人才,发扬学术与提高文化。这两项任务的提出,为新中国成立后学校的发展指明了方向。

20世纪50年代,南开大学根据国家经济建设的需要,对学科专业及教学科研方向又作了进一步的调整。广大师生积极响应党中央"向科学进军"的号召,在教学科研一线拼搏作为,取得了多项重要科研成果,农药化学、离子交换树脂等研究达到当时国际先进水平,哲学社会科学的一批高水平研究成果也得到了国内外学界的高度关注。1960年,南开大学被确定为全国重点高校。

在此期间,学校于1950年成立党总支,1953年建立党组,1956年成立党委。1959年8月,学校召开第一次党员代表大会,党对学校的领导得到进一步加强。

南开的发展始终得到党和国家的亲切关怀与大力支持。1958年8月13日,毛泽东主席来校视察,参观了化学系生产车间,并在视察后做出重要指示。他说:"高等学校应抓住三个东西:一是党委领导;二是群众路线;三是把教育和生产劳动结合起来。"这一重要指示在全国高校引起强烈反响,成为我国高等教育发展的重要指针。南开杰出校友、敬爱的周恩来总理于1951年、1957年和1959年三次重返母校视察,使广大师生受到了极大的鼓舞。

南开在这一时期的发展中,也曾受到"文革"和地震的严重影响。"文革"开始后,学校正常教学秩序受到极左思潮的严重冲击。1976年波及天津的唐山大地震,使我校31名师生蒙难,房屋震损近8万平方米,直接经济损失500万元以上。面对种种困难,南开人始终保持对党和人民事业的忠诚,发扬"越难越开"的优良传统,在困境中坚持教学与科研,终于迎来了全面发展的新阶段。

三是从1978年到2012年的发展新时期。改革开放以来,南开大学加快全面发展,这一时期是南开建设中国特色社会主义大学的探索期、建成国际知名高水平大学的奋斗期、向世界一流大学迈进的蓄力期。经过全面的拨乱反正,学校的优良传统得到继承和发扬,办学水平和综合实力显著提升,发展目标更加明确,办学特色日益凸显。

这一时期,南开的发展始终得到党和国家的亲切关怀。邓小平同志会见国际数学大师陈省身,批示成立南开数学研究所;江泽民同志几次来校视察;胡锦涛同志来津接见学校主要领导;李鹏、朱镕基、温家宝等党和国家领导人都曾来校视察,对学校发展作出重要指示,对取得成就给予充分肯定。

这一时期,学校党委认真贯彻落实党中央的战略部署,及时做出"把学校工作重点转移到教学科研上来"的重要决定,明确提出把南开"办成教学和科研两个中心",并主动适应社会主义现代化建设的需要,发挥学科基础好的优势,率先设立了一批应用型系科专业和具有南开特色的研究机构。1981年建立旅游系,1982年恢复社会学系,1983年重建经济学院,1984年组建研究生院,1985年成立南开数学研究所等。经过一系列改革调整,南开改变了从20世纪60年代起持续20年的"老九系"传统格局,发展成为一所包括人文社会科学、自然科学、技术科学、生命科学、管理科学及艺术等多学科综合大学,形成了"文理并重、基础宽厚、突出应用与创新"的办学新格局。

进入20世纪90年代,学校在保持、发扬南开传统优势和特色的同时,积极服

·新世纪的东校门

务国家科教兴国战略，明确提出并实施了"社会主义是方向，学科建设是龙头，深化改革是途径，提高质量是中心"的办学方针，各项事业都取得较大发展。1995年，南开率先通过"211工程"预审。评审专家对南开"得到的比别人少，做的不比别人差"的实干精神给予高度评价。2000年，教育部和天津市人民政府再次签署共建协议，南开跻身"985工程"，成为21世纪国家重点建设大学。

四是2012年至今，南开大学进入了创建南开品格、中国特色、世界一流大学的全新阶段。学校党委高举中国特色社会主义伟大旗帜，以习近平新时代中国特色社会主义思想为指导，紧紧抓住津南校区建设和国家统筹推进"双一流"建设两大历史性机遇，坚持立德树人，注重质量特色，改善办学条件，调整学校布局，开启了创建南开品格、中国特色、世界一流大学的新征程。2015年9月，津南新校区建成并正式启用，学校初步形成了八里台校区、津南校区、泰达校区"一校三区"的办学新格局。2017年，南开大学首批入选国家"双一流"建设A类学校。学校制定并实施了"建高原、起高峰、收缩握拳式发展"战略和"4211卓越南开行动计划""南开大学高质量发展改革攻坚行动计划（2023—2025年）"，各项工作出现了加快发展的局面。具体表现在，教育教学取得新成效，师资建设呈现新进展，新增各类国家级人才225人，新当选院士3人，涌现出全国教书育人楷模、全国黄大年式教师团队等先进典型。学科建设迈上新台阶，6个学科进入国家一流学科建设，在全球学科评价体系中，前1%学科达到19个，其中化学、材料科学、工程科学、环境科学与生态学进入前1‰，化学学科率先进入前万分之一，达到世界顶尖层次。科学研究实现新突破，基础研究和原始创新研究得到加强和巩固，并且在"大平台、大项目、大团队、大成果"上持续发力。周其林院士荣获2019年度国家自然科学奖一等奖，习近平总书记为周其林院士颁发了证书。学校重磅研究成果多次发表于国际顶级期刊，哲学社会科学重镇优势持续彰显，高端智库决策咨询功能充分发挥。

2019年是南开大学建校一百周年，习近平总书记在1月17日来南开视察并发表重要讲话，高度评价学校的光荣传统和办学成就，使海内外的南开人受到极大鼓舞。学校党委制定了《关于深入学习宣传贯彻习近平总书记视察南开大学重要讲话精神的实施意见》，明确以习近平总书记重要讲话精神为元为纲，以谱写"六个新篇章"为抓手，推动学校各项工作高质量快速发展。

· 八里台校区

· 津南校区　　　　　　　　　· 泰达校区

2022年2月，学校召开了第十次党代会，明确提出南开今后五年的发展目标是：以"四个服务"引领南开品格、中国特色、世界一流大学建设，综合实力和国际影响力显著提高，标杆大学作用发挥更加充分，为2035年基本建成世界一流大学、2050年全面建成世界一流大学奠定坚实基础。蓝图已经绘就，号角已经吹响，当下，全体南开人正乘新时代的强劲东风，朝着这一宏伟目标勇毅前行。

二、南开道路、南开品格、南开精神

南开大学诞生于五四运动的时代大潮之中，有着与生俱来的爱国主义基因，历经抗战烽火的淬炼，更成为南开的魂脉所系。一百多年来，一代又一代南开人与国家、民族命运与共，谱写了一篇又一篇感人至深的南开华章，创  造了一个又一个催人奋进的南开辉煌，汇聚成以爱国主义为本色的南开道路、南开品格、南开精神，三者内涵相通、逻辑相联，是一个完整的统一体，生动体现在南开百余年办学育人的实践中，形成了南开百余年发展中的鲜明特色。

（一）爱国奋斗的南开道路

道路是实现目标的途径。回顾百余年的历史，我们会真切地感受到，南开走过的道路并不平坦，既有阳光灿烂的日子，也有蹉跎困顿的时刻，但南开人始终坚持正确的方向，砥砺前行，从未偏航。这个方向就是扎根中国大地，办爱国、救国、兴国、强国的大学教育。

一是矢志不渝的爱国初心。 习近平总书记在参观南开校史展时，曾对南开的办学初心作了精辟的概括："当年开办南开大学，就是为了中华民族站起来去培养人才的。"我们可以说，爱国救国是南开道路的起点。历史回溯到南开肇始之时，严修与张伯苓两位先生都因国势危难而深受刺激，因忧国忧民而携手合作，开启了教育救国的共同事业。

从严氏家塾到南开系列学校，南开发展的每一步，都与国家命运起伏同频，南开也无时无刻不在提醒自己，爱国救国是这所学校的灵魂所在。还在南开初创时，严修就告诫各位学子："勿志为达官贵人，而志为爱国志士。"当年张伯苓曾在东北发表题为《中国前途之希望》的演讲，他说："如果大家都奋勉图强，自己奋勉自己，牺牲一切，为国家大众服务，把国家兴亡的责任，放到自己肩上。自己坚定信念，中国的前途就是我"，"愿大家从今日起，决心励志，说中国不亡有我！"这一席话使全场为之振奋，也令在场的张学良深受刺激、没齿难忘，对其影响至深。1935年华北危机时，张伯苓在南开大学始业式上发出了著名的"爱国三问"："你是中国人吗？你爱中国吗？你愿意中国好吗？"这三问堪称灵魂之问，让南开学子们真切感受到了国家的危难和南开人的责任，深刻反思了"我是谁""干什么"这个终极问题，激励一批学生投身到爱国运动之中。从"国帜三易"到"爱国三问"，随着先贤们痛定思痛的反思与振聋发聩的追问，爱国初心深深植根在南开人成长的基因之中。

二是投身革命牺牲报国。在五四运动以来的历次革命、救亡运动中，都能看到南开人的身影。五四运动期间，"南开最好的学生"周恩来因领导天津学生爱国活动被捕入狱。出狱后，学校和严修资助他赴欧留学。1921年春，周恩来在法国加入巴黎共产主义小组，这是中国共产党的八个发起组之一。后来在延安与外国记者谈话时，他曾说：我参加革命是有南开教育影响的。

马骏、于方舟、陈镜湖都是出自南开的革命英烈，他们分别在天津、北京、吉林、辽宁、内蒙古等地创建党的组织，领导群众开展革命斗争，是中国共产党的早期地方领导人。在民主革命的艰苦斗争中，他们先后英勇牺牲，为人民的事业献出了年轻的生命。在抗日救亡运动中，南开是华北抗日爱国的重要基地，被日寇视为"有名的共产大学"，说"南开学生是反日的，是共产主义者""南开非炸掉不可"，南开也因此而罹难。抗日战争期间，许多南开学子投笔从戎、奔赴沙场。西南联大烈士纪念碑上列在首位的，就是南开经济系学生、响应号召从军、牺牲在鲁西抗日前线的何懋勋。

新中国成立后，在党的领导下，南开大学进一步加强对师生的爱国主义教育，并且注入了新时代的要求。在天津解放后的短短几个月里，就有300多名南开学生报名参加南下工作团。抗美援朝战争爆发后，全校500余名青年学子踊跃报名参军参干，当年的校报《人民南开》刊登的文章《祖国的好儿女光荣地走上国防线》，公布了最终批准入伍的61名学生名单。他们是南开学子将"爱国之心"化作"报国之行"的优秀榜样。

为了报效祖国，南开校友郭永怀放弃优厚待遇，冲破美国政府的重重阻挠回到祖国，投身导弹、核弹与卫星事业，做出了重要贡献。1968年，郭永怀从青海试验基地赴北京汇报，因飞机失事不幸遇难。闻此噩耗，周恩来总理痛哭失声。1999年，郭永怀被中央授予"两弹一星荣誉勋章"，是该群体中获得"烈士"称号的科学家。

在和平年代，一批批南开学子继承先辈传统，携笔从戎。2017年9月，阿斯哈尔·努尔太等8位参军入伍的南开学子收到习近平总书记的回信，总书记在信中鼓励他们把热血挥洒在实现强军梦的伟大实践之中。

三是立足国情科研报国。南开大学建校之初便提出"文以治国，理以强国，商以富国"的办学理念，要办"土货化"的南开。

"土货化"必须从学术独立入手。在日寇侵华野心日益显露之时，南开创办的东北研究会组织师生开展对东北三省的实地调查，在获得大量第一手材料的基础上，出版了《东北地理教本》，这"是当时国内有关东北地理有限著作之中最好的一部"。南开经济研究所坚持理论联系实际，深入社会开展实地调查，开创了中国经济学实证研究的先河，发布的"南开指数"享誉中外。南开应用化学研究所特别强调"应用"二字，就是要研究我国工商业实际问题，辅助工商界改善出品质量，获得学校与社会合作的实效。教学方面的"土货化"改革同样引人注目——"以大自然为教室，以全社会为教本，利用活的材料，来充实学生之知识，扩大学生的眼界"。学校开设了"当代中国政治问题""中国经济问题""乡村社会学""乡村建设概论"等研究中国现实问题的课程，在教学上注重对学生进行基础理论、实践能力和科学研究三位一体的系统训练。

新中国成立后，在1952年的院系调整中，南开最具优势的工学院，包括化学工程系等整建制调出，但南开的化学学科依然保持了全国领军位置。其中一个重要原因，就是南开人坚持将自己的研究方向与国家急需紧密结合在一起。当时国内农业因为虫害严重，农作物要减产三成左右。1956年，年近六旬的杨石先校长接受周总理的委托，毅然放弃从事多年的药物化学研究，转入农药化学等国家急需的领域，合成出敌百虫、马拉硫磷等有机磷杀虫剂，填补了我国农药领域的空白。此后，南开元素有机化学研究所成立，相继研制出久效磷、螟蛉畏、灭锈一号和除草剂一号等农药品种，为国家农药发展和粮食安全做出了重大贡献。

多年来，南开人赓续传统，努力建设扎根中国大地、研究解决中国问题的社会主义标杆大学。APEC研究中心、人权研究中心、京津冀协同发展研究院、滨海开发研究院、当代中国问题研究院、中国公司治理研究院、跨国公司研究中心、生态文明研究院、中国新一代人工智能发展战略研究院、中国式现代化发展研究院等国家级研究平台，连续多年发布相关报告，成为服务国家战略和区域发展的高端智库，多项重要成果赢得广泛赞誉，展示了"知中国、服务中国"在新时代的新作为。

四是立德树人育才报国。1908年，南开学校第一届学生毕业时，严修勉励学子要志为爱国志士。他还特别强调:"鄙人所期望诸生者在此,本堂设立之宗旨亦不外此矣。"张伯苓也多次告诫学子,学校是"教之为人"的地方,"何以为人?则第一当知爱国"。南开人坚信:爱国主义教育出英才。正是在以爱国主义为核心的育人理念下,南开涌现出以周恩来、吴大猷、陈省身、曹禺、郭永怀、刘东生等为代表的一大批优秀人才。

沧海横流,方显英雄本色。南开的爱国主义教育经受了血与火的考验。1947年,张伯苓一行来到南京,南开校友、中央通讯社编辑部主任唐际清告诉他:"据我所知,抗日战争胜利后,在被立案惩处的汉奸之中,没有一个是战前的南开学校毕业生。"张伯苓说:"这比接受任何勋章都让我高兴!"

在爱国主义教育的熏陶下,南开大学百余年来培养了数十万人才,成为社会各领域的骨干、国家民族发展的栋梁。2019年,学校设立"南开大学杰出校友"荣誉称号。首批20位来自8个院系的校友获此殊荣。中国科学院院士刘新垣、中国社会科学院学部委员方克立等获得称号的校友激动地表示:南开大学是一所有着光荣传统的学校,我为能在母校接受教育感到无限光荣。为传承南开育才报国传统,学校还设立了"周恩来班",作为南开本科生班集体的最高荣誉,鼓励和引领青年学子以周总理为楷模,履行时代责任,用才华和实干爱国报国。

百余年来,南开在爱国奋斗的道路上砥砺前行。当年,南

· 学校举行纪念一二·九学生爱国运动火炬接力长跑活动

开先贤在国难危机之时高呼"中国不亡有我在",点燃多少青年爱国之志。今天,新一代南开人以"强国复兴有我在"的使命担当,一如既往地在爱国奋斗的道路上继续驰骋。

(二)"越难越开"的南开品格

品格是指人的基本素质,也是一所大学给人的最深刻印象,是社会对一所大学及其师生最直观的共性认识。一流的大学必然有一流的品格。巍巍南开,美哉大仁,智勇真纯,以铸以陶,文质彬彬,涵养的正是这种高尚的品格。

一是志存高远。早在南开大学创办之前,南开学校专门部主任张彭春就希望,将来的南开大学生要在学问上与欧美大学并驾齐驱。这实际上就设定了创办世界一流大学的目标。周恩来在进入南开时就决心"为中华之崛起而读书",出国求学前又表示,愿与同学们"相会于中华腾飞世界时",充分展示了南开人的远大志向。1944年南开大学开办25周年,张伯苓校长再次激励南开人,要抱百折不回之精神,怀勇往直前之气概,齐心协力,携手并进,务使我南开学校,能与英国之牛津、剑桥,美国之哈佛、雅礼并驾齐驱,东西称盛。

大志向成就大作为。20世纪二三十年代,北方的硫酸市场完全被日货垄断。为此,有爱国实业家慕名求助南开应用化学研究所。研究所所长张克忠带领研究人员仅用了1年时间,就设计并建成了利中硫酸厂,天津从而发展成为酸、碱、盐产业完备的中国最早的化工基地之一,打破了日货对中国市场的垄断。张克忠自豪地说:"中国问题可以由中国人自行解决。"

20世纪80年代,被国际数学界尊为"微分几何之父"的陈省身,在邓小平同志的亲切关怀下,回到母校创立南开数学研究所,以"立足南开、面向全国、放眼世界"为宗旨,打造高级数学人才的培养基地。1988年,陈省身提出"中国将成为21世纪的数学大国"。这一论断被数学界称为"陈省身猜想"。进入21世纪,中国已经成为数学大国,陈省身又有了新的愿景:希望中国能够再进一步,成为数学强国。陈省身曾在给关门弟子张伟平的信中写到这样一句话:"让中国的数学站起来。"这句话张伟平一直铭刻在心底。陈省身去世后,他时时不忘老师的嘱托,表示:"责任重大,但责无旁贷,唯有更加努力。"为此,张伟平放弃了其他院校给予的优厚待遇,在南开潜心治学,取得了斐然的研究成果。2022年,他担任了有着数学界诺贝尔奖之称的菲尔兹奖评选委员会委员,成为中国内地第一位担任如此重要职务的数学家。

二是坚韧不拔。南开大学创办初期是一所私立学校,与同时期的国立学校相比,办学资源一直不算充裕,办学刚刚进入第二年,年度支出就超出收入近三分之一。张伯苓常常自称为化缘的老和尚,在四处募捐筹款的过程中,既有收益,也坐过冷板凳,挨过白眼,但他坦然面对,并不介怀。他说:"虽然有时向人家求见捐款,被其挡驾,有辱于脸面,但我不是乞丐,乃为兴学而作,并不觉难堪。"

南开是由一群不服气的中国人创办的!当年,南开大学秘书长黄钰生掷地有声地指出:"到南大来,要读书,要做实验,要守规矩,要受考验,怕难的不必来,求安逸的不必来,要奉承的不必来,服了这口气的不必来","失败了,不服气,拧着脖颈再干"。这就是南开的品格!

南开的历史可谓命运多舛。1937年遭到日寇野蛮轰炸,变为一片废墟,成为全面抗战爆发后中国第一所罹难的高校。张伯苓在南京闻此噩耗,悲痛不已,但他在接受记者采访时坚定地表示:"敌人此次轰炸南开,被毁者南开之物质,而南开之精神,将因此挫折而愈益奋励!"1976年唐山大地震波及天津,学校遭受了严重损失。面对突如其来的灾难,南开人没有退缩,积极投入到抗震救灾的各项工作中。南开师生在地震棚中坚持学习,不仅教学科研工作从未中断,还在70年代末、80年代初迎来办学的又一个春天。

从经费筹措的困难、人才流失的困难、外部环境的困难，到校园被毁、背井离乡的困难，南开建校以来，遇到的困难多不胜数。毋庸讳言，当前我们依然面对许多严峻的挑战，但今天的困难与先辈们所顶过的艰险相比，完全不能相提并论。正如张伯苓所说："我想南开一向是顶着向前干的，今日不许颓唐，仍要向上，继续顶着向前干下去！"

三是沉潜务实。曾经有些单位负责招聘的人说：南开学生毕业后初到工作单位，不显山不显水，但是三年之后必然发力。南开人给人的印象是沉稳、踏实、不争名利，这样的气质源自南开的校风、教风、学风，源自南开深厚的文化底蕴。对于当年的南开人来说，入学第一课就是一面镜子，上面刻着严修先生亲自为南开学生写下的"容止格言"，摆放在学校门廊立镜处，这一传统沿袭至今。校友们将"镜箴"与校训、校歌并称为"南开三宝"。正是这些看似简单的话语，起到了非常好的效果——入校学生有了一个良好的面貌，精神状态也就一定会焕然一新；学生内在气质上，以一个平和的心态去学习，以一个平和的心态待人处事，不骄傲，不狂暴，不懈怠。当年，美国洛克菲勒基金会代表到南开考察时，被南开人的这种精神风貌感动，专门给"容止格言镜"拍摄照片，刊登在美国报刊上。

在这样的环境中，南开师生呈现出沉潜务实、不求个人名利的气度，南开很多"甘坐冷板凳"的大师就是如此。化学家何炳林当年在极端困难的条件下，带领科研组开展离子交换树脂研究，用于提取国家急需的制造原子弹的铀。由于涉及国家机密，长期以来，他的工作并不为人所知。比何炳林这项研究起步晚三年的捷克科学家因为发表了类似成果，被世人誉为"吸附树脂之父"。对此，何炳林平静地说："那是由于保密的需要。我个人的荣誉问题不大，最重要的是服从国家的安排。"经济学家杨敬年在治学的黄金年龄被错划右派，但是他坚持跟踪国际学术前沿，71岁获得平反后，在国内率先开设了"发展经济学"课程，88岁写完20多万字的《人性谈》，90岁翻译了74万字的亚当·斯密的《国富论》，100岁出版了27万字的自传《期颐述怀》……在他108岁高龄时，被问及思考最多的问题，他说："我还是在想，中国的未来。"

南开人的沉潜务实还体现在重视教风、学风上。陈省身、叶嘉莹等学术大家，年过九旬依然给学生授课。申泮文院士有近70年站在讲台上，被誉为中国执教时间最长的化学教师。数学学院顾沛教授，数十年来坚守本科讲台，他的"数学文化"课备受欢迎，每次下课都会收获掌声。他作为第一完成人在5个方面连续5届获得国家级教学成果奖，这个国家级大奖每4年评选一次，连续20年顾沛一直榜上有名，这在全国高校都是罕见的。

1995年，《人民日报》记者来南开采访，所到之处，生机勃勃，书声琅琅。当时，社会上"读书无用"等论调正在盛行，一些高校受此风潮影响，学生读书的积极性下降。记者不禁由衷地感叹："南开大学的学习风气何以如此浓厚？"于是写下了题为《南开学风，堪称一流》的报道，在《人民日报》上发表，引起社会的广泛反响。南开人沉潜务实的品格正是在这样的校风、学风下形成的。

四是团结乐群。张伯苓当年曾将中国的时弊总结为"愚弱贫散私"五病，特别对"私"和"散"痛心疾首。他每去演讲时，经常用一把筷子演示"分则弱，合则强"的道理，强调团结的重要性。现在的八里台校区和津南校区都有乐群路，乐群即是南开人对团结、合作的另一种表述。周恩来就读南开期间曾与同学一起成立敬业乐群会，组织各类活动呼唤合群、乐群的精神，还曾发表《爱国必先合群论》等文章。

南开创校先贤严修、张伯苓携手合作超过30年，创造了教育史上的佳话。早期管理团队中，华午晴、孟琴襄、喻传鉴、伉乃如有"四大金刚"之称，如同四根支柱，稳稳地托住张校长这根大梁，他们之间相互紧密合作,为南开各项工作的顺畅运行提供了有力保证。南开经济研究所的两位负责人配合默契:何廉善于运筹帷幄,主要负责对外联络、筹集资金等工作;方显廷精于学术,负责教学与科研。二人可谓黄金搭档,被世人称为"何不离方,方不离何",共同创造了南开经济研究的辉煌。

南开人还常常在更大范围内发挥团结作用。抗战时期,长沙临时大学迁往昆明,身体合格的300余名男生组成湘黔滇旅行团,步行赴滇,南开大学秘书长黄钰生担任旅行团指导委员会主席。在旅途中,他十分强调三校团结,并言传身教,使三校学生深受感动,成为同甘共苦的朋友。

南开人的团结还表现在强烈的身份认同上,不仅在校的师生,曾在南开就读、工作过的校友都珍视"南开人"这一共同身份。南开校友会始创于1929年,是当时规模最大、影响最佳的校友组织,有"民国第一校友会"的美誉。今天,南开已经拥有海内外94个地方校友组织,以及26个学科校友会、6个行业校友协会。南开大学百年校庆之际,校友们"点亮"全球多个地标,全球南开校友会会长论坛成功举办百年校庆专场,学校累计筹款协议额超过10亿元,文中馆、海冰楼先后揭牌,创造了"全球南开人,共筑新南开"的大团结局面。

南开以青莲紫为校色,取意荷花"出淤泥而不染,濯清涟而不妖"的品格,荷又有"和合"的寓意,正象征着南开人志存高远、坚韧不拔、沉潜务实、团结乐群的品格。叶嘉莹先生当年回国选择在南开任教,曾作诗说"为有荷花唤我来"。马蹄湖畔荷花每年盛开,湖中

・马蹄湖中荷花盛开

岛上矗立着周恩来总理纪念碑，正面为周总理手书"我是爱南开的"，背面为杨石先亲笔碑文。杨石先、吴大任等多位老一代南开人逝世后将骨灰撒在马蹄湖畔，与莲花常伴、与南开常伴。这里我们想说，马蹄湖畔的"青莲紫"正是南开品格的具象表达！

（三）"公能日新"的南开精神

精神的内涵有宗旨、灵魂的意义。人无精神不立，国无精神不强。张伯苓就多次强调："有精神者与无精神者竞争，则无精神者必败。"实践证明，南开精神形成于南开道路、南开品格的践行中，进而又引导、鼓舞着南开人坚定地走好南开道路、光大南开品格。正如一生传承南开精神的申泮文院士所说的："南开精神是内容丰富和深刻的，它代表了一整套有哲理基础的思想体系，是中国人民优秀传统的集中与升华。"

南开校训"允公允能，日新月异"，是南开精神的集中体现。早在南开创校之初，严修便提出"尚公、尚武、尚实"的主张，并由学部上奏，使之成为中国第一个由国家正式颁布的教育宗旨。1933年，南开学校开始明确使用"公""能"二字表达南开的教育旨向，1934年正式颁布了"允公允能，日新月异"校训。张伯苓说："南开精神，即南开训练目标，第一是'公'，第二是'能'"，要求"全体同学发扬南开'公''能'精神，服务国家社会，为建设新中国而奋斗"。

一是爱国奉献，淑世为公。张伯苓说："允公，是大公，而不是什么小公，小公只不过是本位主义而已，算不得什么公了。惟其允公，才能高瞻远瞩，正己教人，发扬集体的爱国思想，消灭自私的本位主义。"张伯苓和他的家人堪为大公的践行者。1937年南开被日寇毁校后，张伯苓正在空军任飞行队长的小儿子张锡祜来信安慰父亲，信末写道："望大人不以儿之生死为念！若能凯旋而归当能奉双亲于故乡，以续天伦之乐；倘有不幸，虽负不孝之名，然为国而殉亦能慰双亲于万一也。"其后不久，张锡祜驾驶轰炸机开赴前线对日作战，不幸以身殉职，年仅25岁。张伯苓闻讯后，默然许久，缓缓说道："吾早以此子许国，今日之事，自在意中，求仁得仁，复何恸为！"他还表示，"我本人出身水师，今老矣。每以不能杀敌报国为恨，而今吾儿为国捐躯，可无憾矣"。

南开人为了事业公而忘私。当年日寇毁校时，留守学校的秘书长黄钰生的私家财产也荡然无存。当他见到妻子梅美德时，梅美德说："论君之职守，校产毁，私产亦毁，心无愧，苟校产毁，而私产存，斯可耻矣。"理论物理学家葛墨林有一件事念念不忘。1985年杨振宁推荐他到南开，帮助筹建南开数学研究所的理论物理研究室。来南开后，在时任校长母国光、副校长胡国定的关心下，葛墨林很快解决了住房问题。当时校长共掌握三套住房，让他挑选。令人感动的是，事后葛墨林去母校长家中谈事，发现母校长的住房面积还不如给自己的大，而当时胡国定的住房面积也不大。这种大公无私的精神，令他感动不已。

面对来势汹汹的新冠疫情，南开师生员工众志成城，共克时艰。附属医院响应国家号召迅速集结，广大医务人员踊跃报名参加支援湖北医疗队，2020年疫情最为严峻时，先后两批驰援武汉，不顾个人安危，白衣执甲，逆行出征，经过52天的一线奋战，圆满出色地完成了任务。在新冠病毒持续肆虐之下，为守护师生安康，众多的共产党员奋战一线，很多学生工作者、后勤工作者不顾自家老人孩子，坚守工作岗位。有的年轻同志就是"累哭了"，也没有丝毫的犹豫退缩。在一个又一个昼夜奋战、风雨兼程的日子里，南开人用自己的行动对"公"的精神做出了新时代的诠释。

二是全面发展，追求卓越。张伯苓说："允能者，是要做到最能，要建设现代化国家，要有现代化的科学才能，而南开大学的教育目的，就在于培养具有现代化才能的学生，不仅要具备现代化的理论才能，而且具有实际工作能力。"南开杰出校友周恩来在青年时代曾写道："大江歌罢掉头东，邃密群科济世穷",矢志为中华之崛起而进德修业、炼才增能。爱国,从来不是空谈和口号,欲践报国之志,就要掌握"济世穷"的能力,就要进行"邃密群科"的艰苦奋斗。

南开人有很多用科学方法研究解决实际问题的例子。20世纪70年代,滕维藻在国家还处于半封闭状态下,率先开展跨国公司研究,推出一系列开拓性成果,得到国内外同行赞誉。谷书堂在国内率先提出"按生产要素贡献分配"的重要观点,为党和国家决策提供了理论参考。母国光院士研发的光学信息处理机,符合军工产品设计定型标准投入应用,为国防科技事业做出重大贡献,并且在国际上首创黑白胶片作彩色摄影技术。李正名院士倾尽一生心血,为中国农药"正名"。他带领团队,经过20多年努力拼搏,成功研制出我国第一个具有自主知识产权的绿色超高效除草剂单嘧磺隆,使中国成为世界上少数几个具有独立创制除草剂能力的国家。进入新时代,周其林院士团队围绕不对称催化反应的效率和选择性这一核心科学问题,经过20年潜心研究,将手性分子的合成效率提升到一个新的高度。

南开人讲的"能"还要求学生全面发展,培养健全的人格。在这一思想指导下,话剧和体育成为南开育人的两大特色。编演话剧的过程,可以提升组织协调能力,锻炼面向公众演说的能力,提高文学修养和审美能力,培养关心社会、思考问题的责任感。体育运动不仅能锻炼健康的体魄,同时也能培养集体荣誉感和克服困难的意志,团队合作、敢争第一不服输的意识,公平竞争和遵守规则的意识。"南开五虎"篮球队、话剧大师曹禺等,可谓南开体育、话剧育人的典范。近年来,学校坚持实施以"公能"为目标的《南开大学素质教育实施纲要》,目的就是要进一步弘扬南开传统,探索完善"三全育人""五育并举"的新格局,并且取得了积极的成果。南开女排代表国家参加世界大学生运动会并夺得冠军,南开合唱团多次在国际舞台斩获大奖，南开话剧《杨石先》、南开京剧《爱国三问》等在全国巡演，南开师生同学同研、同讲同行的"四同"做法，创造了南开人发挥科学才能、开展社会实践的新模式。

三是开拓创新，永远年轻。张伯苓说："所谓日新月异，不但每个人要能接受新事物，而且要能成为新事物的创始者；不但要能赶上新时代，而且要走在时代的前列。"南开是最早将倡导"新"的话语写进校歌、校训的高校。校歌中的"汲汲骎骎，月异日新"，就是强调要与时俱进、自强不息、勇于求变、善于创新，学校的事业发展及人才培养日新月异，前程不可限量，犹如大河川流，势不可挡，恰似奔马驰骋，一往无前。

"新"的开创性首先是创新的精神。南开建校之初就十分关注世界科学发展前沿、培养创新型人才，提倡"Pioneering"（开拓）或"Pioneer Spirit"（开拓精神），教育学生要努力创新、勇于开拓。南开校友、国家最高科技奖得主刘东生曾回忆说："当年南开的师生都很喜欢'创新'，干了许多首创第一的事情。"

"新"的开创性蕴含着青春的精神。正如国务院前总理、南开校友温家宝同志的题词"南开永远年青"。南开注重培养学生的自动精神，基于这种理念，学校实行通才教育模式，促进学生德智体美劳全面发展，而且在校园文化活动上进行了许多创新，形成了良好机制，营造了生动、活泼、自由、开放的育人环境。学校还注重组织各种学术报告、科普讲座、知识比赛等，以此开阔学生视野，营造学术氛围，增强学生对未知世界探索的兴趣；开展制度化的社会实践活动，增强学生观察社会、了解社情、解决问题的能力；组织多种多样的学生社团，开展丰富多彩的集思想性、艺术性、趣味性、服务性于一体的文化体育活动，为学生的交往与自我教育提供广阔的天地。正是在这样的校园氛围中，南开人充分展现出了"青春"的精神。

以"公""能""新"为核心的南开精神具有宏大的格局，它是基于对世界大势的考察和对中国问题的思考而提出的，并且是一个具有开放性的框架体系。值得注意的是，阐明南开精神不仅需要作历史的追述，还应结合时代"日新月异"的发展，不断丰富对"公""能""新"精神的诠释。抗战时期，周恩来面向南开学子做报告，结合当时形势对"公能"校训作出时代的解读。他强调："在当前，公，就是国家大事，就是抗战到底，取得最后胜利，把日本侵略者赶出我神圣的领土；能，就是学习，学好抗日的本领、建国的本领，打倒日本帝国主义，建设一个强大的国家。"2016年，习近平总书记在全国高校思想政治工作会议上指出，南开大学"允公允能，日新月异"的校训与社会主义核心价值观的内在要求是一致的，充分体现出南开精神内涵的时代发展。

· 著名书法家吴玉如手书南开校训

综上所述，南开百余年的厚重本色和鲜明特色告诉我们，南开道路、南开品格、南开精神都充分体现着爱国之魂。爱国奋斗的南开道路揭示了我们从哪里来，指引着我们向哪里去。走好南开道路，需要我们不断砥砺"越难越开"的南开品格。而公能日新的南开精神，则是走好南开道路、光大南开品格的思想基础。南开道路、南开品格、南开精神是南开人价值取向、文化特质和思想理念的独特表达，是百余年南开大学的最大特色。作为新时代的南开人，弘扬南开传统、赓续南开血脉，永葆南开道路、南开品格、南开精神的璀璨光芒，是我们义不容辞的责任！

三、以史为鉴、牢记嘱托、开创未来

实践充分证明,南开百余年的历史,是爱国救国兴国强国的历史,是我们的宝贵财富。重温南开百余年的历史,是为了从中总结经验、汲取智慧,勿忘昨天的苦难辉煌,无愧今天的使命担当,不负明天的伟大梦想,坚定砥砺前行的理想信念,强化爱国强国的使命担当,练就迎难而上的过硬本领、凝聚力量、振奋精神,以崭新的姿态开创更加美好的未来。

党的十八大以来,中国特色社会主义进入了伟大的新时代,以习近平同志为核心的党中央高度重视南开大学的发展,多次给予肯定和勉励。

2014年5月4日,习近平总书记在与北京师生座谈时指出,办好中国的世界一流大学,必须有中国特色。世界上不会有第二个哈佛、牛津、斯坦福、麻省理工、剑桥,但会有第一个北大、清华、浙大、复旦、南大等中国著名学府。我们要认真吸收世界上先进的办学治学经验,更要遵循教育规律,扎根中国大地办大学。

2016年12月7日,习近平总书记在全国高校思想政治工作会议上的重要讲话中,特别指出南开大学"允公允能,日新月异"的校训与社会主义核心价值观的内在要求是一致的。

2017年6月1日,习近平总书记在听取中央第十二轮巡视情况汇报时,明确要求南开等大学,作为我国高校的标杆,巡视整改理应成为标杆。

2017年9月23日,习近平总书记给南开大学8名新入伍的大学生回信,充分肯定他们携笔从戎、报效国家的行动,鼓励他们把热血挥洒在实现强军梦的伟大实践之中,在军队这个大舞台上施展才华,在军营这个大熔炉里淬炼成钢,书写绚烂、无悔的青春篇章。

2017年12月31日,习近平总书记发表新年贺词,再次提到南开大学入伍学生，指出"他们的故事让我深受感动"。

2018年3月1日，习近平总书记在纪念周恩来诞辰120周年座谈会上，以六个"杰出楷模"高度评价了南开杰出校友周恩来。

2018年9月10日，习近平总书记在全国教育大会上指出，1935年，在中华民族危急存亡之际，著名教育家张伯苓在南开大学开学典礼上问了三个问题：你是中国人吗？你爱中国吗？你愿意中国好吗？振奋了师生爱国斗志。这三个问题是历史之问，更是时代之问、未来之问，我们要一代一代问下去、答下去。

2018年9月21日，中共中央办公厅向学校传达了习近平总书记对南开大学8名入伍大学生的勉励语，希望他们珍惜军旅时光，锤炼过硬本领，把忠诚报国、担当奉献作为毕生追求，为实现强国梦、强军梦贡献力量。

特别是在2019年南开大学百年校庆之际，习近平总书记专程来校视察，看望师生员工并发表重要讲话，对百年南开的办学方向、理念、特色和成果给予充分肯定。在参观南开百年校史主题展时，他驻足在一幅幅照片、一份份史料前，端详着、思考着。当读到"勿志为达官贵人，而志为爱国志士"时，习近平总书记轻声念诵，细细揣摩，语气坚定地称赞道："说得好！"在"允公允能，日新月异"展板前，习近平总书记的目光久久停留。他语重心长地对大家说："学校是立德树人的地方。树什么人，这很重要。""培养社会主义建设者和接班人，首先要培养学生的爱国情怀。"他勉励南开人，爱国主义是中华民族的民族心、民族魂。南开大学具有光荣的爱国主义传统，这是南开的魂。当年开办南开大学，就是为了中华民族站起来去培养人才的。我们现在迎来了从站起来、富起来到强起来的阶段，我们要把学习的具体目标同民族复兴的宏大目标结合起来，为之而奋斗。只有把小我融入大我，才会有海一样的胸怀、山一样的崇高。希望你们脚踏实地,在新的起点作出你们这一代人的历史贡献,成为南开大学新的骄傲。在天津的考察路上,习近平总书记念念不忘在南开的一幕幕。他强调,我们的历史责任就是"两个一百年"奋斗目标,就是中华民族伟大复兴。南开大学张伯苓老校长有"三问"——你是中国人吗?你爱中国吗?你愿意中国好吗?这既是历史之问,也是时代之问、未来之问。我们就要把这个事情做好。

习近平总书记的殷殷嘱托,给予南开师生巨大的精神鼓舞,也让我们深深体会到,爱国从来就不是抽象的、空洞的,而是具体的、实际的,需要用热血挥洒,用奋斗书写。新时代是奋斗者的时代,只有把爱国情怀转化为奋斗激情,才能在时代洪流中谱写精彩的人生。当一个又一个"小我"朝着共同的目标努力奋斗时,就能汇聚成一个"大我",这便是中华民族伟大复兴的强大力量。

· 2019年5月,3000余名师生校友在主楼前共同唱响《歌唱祖国》

心有"大我",志在万里。在今天的南开园,爱国主义的旗帜始终高高飘扬,爱国奋斗的身影处处可见。新时代的南开人在各自的工作岗位上奋力拼搏,再接再厉谱写"高举旗帜、牢记嘱托"学习宣传阐释的新篇章,"爱国奋斗、公能日新"筑牢南开之魂的新篇章,"把准方向、强基固本"加强党的领导和党建思政工作的新篇章,"融入大我、勇担使命"人才培养的新篇章,"素质提升、德业双馨"教师队伍建设的新篇章,"开拓创新、勇攀高峰"一流大学和一流学科建设的新篇章。

不忘初心,方有始终。回顾百余年发展的历史,南开大学是一群不服输的中国人本着爱国、救国、兴国、强国的初心创办的,在百余年的办学实践中,走出了爱国奋斗的南开道路,塑造了"越难越开"的南开品格,铸就了"公能日新"的南开精神。这是南开最深厚的历史积淀,也是我们自信自强的底气!回溯历史,不能忘记走过的路,走得再远,都不能忘记来时的路,不能忘记为什么出发,更不能忘记向何处去、怎么去。我们要从校史中了解百余年南开取得的成就和贡献,准确把握当前南开所处的历史方位,增强历史自觉,把苦难辉煌的过去、日新月异的现在、光明宏大的未来紧密贯通,牢记习近平总书记的殷殷嘱托,在伟大的中国特色社会主义新时代争创南开的更大荣光。

以史为鉴、牢记嘱托、开创未来,必须从百余年南开的奋进历程中汲取精神滋养。百余年的历程充分证明,"南开大学具有光荣的爱国主义传统,这是南开的魂"。新征程上,我们要从赓续传统中开掘时代新义,在教育变革中不忘南开初心,把胸怀"国之大者"、担当复兴使命的南开特质在新时代发扬光大,让爱校荣校成为爱党爱国的切入点,让为党育人、为国育才的底色更厚重,让爱国奋斗、公能日新的特色更耀眼。

以史为鉴、牢记嘱托、开创未来,必须从过去不凡的成就中积蓄发展的新动能,让创新竞进成为新征程的主旋律。"日新月异"校训所蕴含的创新精神，是推动南开进步的不竭动力。新征程上，我们要把志存高远、创新竞进、追求卓越、勇创一流作为内涵式高质量发展的强大驱动，大力深化提质增效、务求实效的各项改革，敢闯敢干，奋勇争先，在加快实现新发展中再创新辉煌。

以史为鉴、牢记嘱托、开创未来，必须万众一心苦干实干拼命干。今天的南开，比历史上任何时期都更接近、更有能力实现建设世界一流大学的目标。但这样的目标绝不会是轻轻松松、敲锣打鼓就能实现的，必须为之付出艰辛的努力，必须有全体南开人的同心奋斗。一定要明确，新征程上，每个南开人都是主角，都有一份沉甸甸的责任，每个南开人前进的脚步，必定化作南开发展的进步。南开发展有我在！全体南开人要树牢"南开发展共同体"理念，以南开之心为心，与南开共命运、同荣辱，不抱怨、不敷衍，从我做起，从点滴小事做起，兢兢业业靠自己去干，共同为南开发展添砖加瓦、深耕助力，在事不避难、义不逃责中，跑好属于当代南开人的这一棒。

历史只会眷顾只争朝夕的奋进者、搏击者，从不等待犹豫观望的懈怠者、软弱者。南开人只有锲而不舍、驰而不息地艰苦奋斗，才能无愧于历史和时代、无愧于国家和人民。在南开新百年、争创"双一流"的新长征路上，让我们从历史中感悟初心，在担当中践行使命，坚持南开道路、光大南开品格、弘扬南开精神，以接续奋斗、建功立业、勇做标杆的新作为，为实现中华民族伟大复兴挺膺担当，做出我们这一代人新的更大的贡献！

第一讲 严修、张伯苓与创校先贤

- 校父严修"国士无双"
- "巍巍大校长"张伯苓
- 一群"不服输"的教育家

南开的历史缘起于近代中国遭遇的"三千年未有之大变局"。资本主义浪潮席卷全球,东西列强鹰视狼顾,此时中国的旧王朝日暮西山、腐朽无能、积贫积弱。时代变革、内忧外患之下,中华"巨轮"在历史的惊涛骇浪中,随时都有倾覆崩析之险。震荡之剧,令人瞠目,国势沉浮,何去何从?不过就像《诗经》中所歌诵的那样:"风雨如晦,鸡鸣不已。"在风雨交加的黑暗中,总有一些有识之士,如同雄鸡一样呼唤着光明,他们以天下为己任,是"不服输"的爱国志士。严修与张伯苓堪为典范,他们具有伟大的人格精神、家国情怀和世界眼光,一起携手走上"教育救国"之路。以他们为中心,围绕南开的事业,形成了一支爱国教育家团队,艰苦创业、精诚合作,共同书写了中国乃至世界教育史上的佳话。

一、校父严修"国士无双"

严修号范孙,天津人。南开人将他尊为"校父",这是极不平凡的称号。在中国,几乎再没有哪位教育家被一所学校正式尊为"校父"。张伯苓曾发出感慨:"我们学校真幸会由严先生发起,我个人真万幸,在严先生指导之下做事","他的伟大是一般人不能理解的"。为什么张伯苓会发出这样的感慨?南开的校父又是一个怎样的人呢?

在外人看来,严修本应该是一个旧时代的既得利益者:拥有优渥的家庭条件,父亲是天津有名的盐商,自

· 南开校父严修(1860—1929)

己接受过良好的传统教育，科举之途十分顺利，年仅23岁便考中进士，27岁成为翰林院编修，走上了读书入仕的捷径。按说他完全可以坦然自足，安守旧制度、旧传统。但事实恰好相反，他很早就跳出个人局限，关注到更宏大的时局、天下，开始深刻地思考。就在考中进士后不久，他写下这样一首诗：

> 世事艰难少不更，悔从纨绔度生平。晏安况味真无赖，剽窃工夫浪得名。知耻方能成大器，有才便不畏虚声。男儿胆气须磨厉，要向风波险处行。

写这首诗时，清王朝正处于所谓"同光中兴"——"安抚"英法联军侵略者、镇压太平天国起义后，有了二三十年的喘息发展。实际上，"盛世"之下仍是危局，但朝野中苟且偷安、自欺欺人者不乏其人。青年严修敏锐察觉到"世事艰难"的真实情况。他对自己曾经少不更事、享受富足生活、晏安自逸感到惭愧，更视科举成绩不过是没有任何原创性的"剽窃之学"。严修渴望获得真才实学，渴望经世致用、兴利除弊、改变时局。于是他与友人一起下功夫自学天文算学和新近传来的科学文化知识，也开始尝试了解世界大势。

"男儿胆气须磨厉，要向风波险处行。"这正是严修性格的真实写照。不了解严修的人，只知道他是位温良恭俭让的君子，处世平和，其实严修有着刚强不屈的一面，遇大事从不畏缩。这与他青年时代的人格锻炼是分不开的，也与他超越个人的家国情怀是分不开的。正如张伯苓所说："彼（严先生）之国家观念，我人今日尚未能追及。"

正因为不畏风险，严修很早便成为一位有名的教育改革者。1894年，35岁的严修被任命为贵州学政，主持全省教育考试事务。适值中日甲午战争爆发。前线战败消息让严修深受震动，促使他进一步反思中国贫弱的原因。一代代读书人皓首穷经，将人生最宝贵的年华和精力用于"应试"，拿"四书五经"做敲门砖为个人谋个好出身，这样下去国家能好吗？基于这些思考，到任伊始，严修就告诫学子要明白"读书将以致用"，要以天下为己任，去探寻国家富强的方略和民生利病的根源。为了转变士风、改变读书人，他在任上进行了一系列改革，如创办贵州官书局、改革学古书院、支持成立黔学会等。更重要的是，1897年他向朝廷上书，提议在八股文考试之外，另开设"经济专科"。所谓"经济"，是指经邦济世之学。开经济专科就是要为选拔了解各地经济社会状况，懂得数学、制造、测绘技术，熟悉国际法、外交等"新学"的人才开辟一条通路。这是改革科举的重大建议，在全国引起巨大反响。

奏折呈递后，光绪皇帝认为建议周详可行，同意先开"特科"进行试验，梁启超后来将此称为戊戌变法"新政最初之起点"。严修也积极参与到维新派的活动中。

然而严修的建议为朝廷中的守旧势力特别是他的座师、体仁阁大学士徐桐所不容。徐桐是当时重臣中思想保守者的代表，据说他一听到"维新"二字就会愤怒地拍案而起，没想到自己的门生和维新派走到了一起。1898年，严修任满回京，四次去拜见徐桐，但连徐家大门都没能进入，徐桐在门房贴出字条"严修非吾门生，嗣后来见不得入报"，将严修逐出师门。在当时新旧斗争激烈、山雨欲来的政治环境下，严修被迫离开政治中心，归隐乡里。不久百日维新惨遭扼杀，康有为、梁启超流亡海外，六君子血染菜市口。经济特科没有来得及施行，就被慈禧太后废止，胎死腹中。

戊戌维新虽然遭遇重挫，但是严修并未放弃改革教育。1898年冬天，他开办家馆作为新的试验场，聘请从北洋水师退伍的张伯苓来馆任教，开始了又一次探索。严氏家塾正是南开学校的"胚胎"。

1900年庚子之变爆发，经历了八国联军侵华后，严修于战争废墟中立志教育救国、广开民智。1902年，他自费赴日本考察，回国后推动官、绅、商各界兴办新式学校。1904年，严修受直隶总督、北洋大臣袁世凯之邀，再度出山从政，担任直隶学务处督办。上任前严修又赴日本，专程考察教育制度，回国后推出多项兴学举措。他主持的直隶教育改革成为全国的典范。在直隶省、在天津，20世纪初创办的新型学校大多与严修有关。

与此同时，严修委托张伯苓在严氏家塾基础上，创办私立中学堂，后来更名为南开学校。在此前后，严修家中还相继创办了严氏女塾、严氏蒙养院、严氏保姆讲习所、严氏女学等，开中国北方女子教育、学前教育、幼儿师范教育先河。这些学校也可说是南开系列学校的前身。

任直隶学务处督办时，严修赞同和支持袁世凯等废除科举制度的举措。1905年8月8日，严修与学绅卢靖等面见袁世凯。他们说，现在虽然有了学校，但很多人对上学并不积极，人们还是将科举视为正途，仍在观望朝廷对新事物的态度，只有停科举，才能排除旧观念、旧制度干扰，使读书人安心进入新学校学习。随后袁世凯会商张之洞等联衔上奏。9月2日，朝廷颁上谕停科举，从此中国教育正式进入学校制时代。科举制度的终结是中国历史上的一件大事，严修也因此成为当时最重要的教育家之一。1905年末，清廷在新政中创立学部。严修受命署理右侍郎，很快转任左侍郎，主持学部日常工作。

作为中国教育改革的顶层设计者，严修将明确教育宗旨作为第一要务，制定了中国历史上首个国家颁布的教育宗旨。当时各地都在兴办教育，但尚未对教育宗旨形成共识。为此严修拟定了五项宗旨——忠君、尊孔、尚公、尚武、尚实，后由朝廷颁示全国。五项宗旨中，前两项体现了晚清意识形态的局限性，是当时政治环境的产物。重要的是后三项，切中时弊。严修认为，我们国家要在列强环伺之下"图存"，就要普及教育、造就国民，关键是要通过教育医治"中国之大病"。我们的"病"是什么呢？是私、虚、弱：上到官员、下到百姓，人们没有公心，只顾自己不顾他人，只知有家不知有国；做事不务实，只会清谈，就像做八股文一样，高谈阔论，没有实质内容；身体、精神都处于疲弱萎靡状态。要治这"三病"，就要在教育中尚公、尚武、尚实。

> 总以尚公为一定不移之标准，务使人人皆能视人犹己，爱国如家，盖道德教育莫切于此矣。
>
> ——严修

所谓"尚公"，即培育"爱国合群"的精神，"务使人人皆能视人犹己，爱国如家"；"尚武"是要让学生"发育其身体、严整其纪律、造成完全之人格"；"尚实"则是反对空谈，要培养能办实业、求实利、"下益民生，上裨国计"的人才。严修结合对中国出路的思考、对中外教育的观察，从当时各类学说中择善而从，推动颁布德智体并重的"三尚"宗旨，该举措在中国教育史上具有里程碑意义，对中国教育产生了长久影响。后来南开学校确定的"公能"校训亦是与严修的教育思想一脉相承的。

严修在学部还积极推动建章立制，创立起从中央到地方的近代教育行政体系；选调严复、罗振玉、王国维、张元济、范源廉、陈宝泉等教育人才到学部任职；颁布考验游学毕业生章程；议定女子师范、女子小学章程，初步承认女性受教育权利。

不过兴学的道路并不顺利，特别是当权者的颟顸、政局的腐朽让严修对官场失去信心。1910年，他辞职回乡。进入民国后，各方势力纷纷邀请严修出山，他一概婉言谢绝。

严修并非不关心政治，更不是明哲保身。1915年，得知袁世凯欲复辟帝制，严修进京当面直谏。他与袁世凯原本是有深厚交谊的。一方面，两人在重大改革问题上有共识，曾在推行新政方面惺惺相惜、相互倚重；另一方面，光绪皇帝、慈禧太后死后，小皇帝继位，袁世凯遭到摄政王载沣的排挤、打压，当时几乎没有人敢与他来往，只有严修为国惜才，上奏劝谏，也因此得罪了摄政王。所以袁世凯对严修非常感激、敬重，辛亥革命后，他多次想对严修委以要职。但此刻袁氏逆历史潮流，妄图复辟帝制，身边无人敢劝，又是严修再"捋虎须"，与袁世凯长谈了约一个小时。严修说：如果改行帝制，就是背弃当初对全国的誓约，还有什么节义可言，就算您为所欲为，各派人士恐怕也不会拥护。我之所以说这些，既是为避免天下大乱，也是为老朋友尽一句忠言。

尽管未能阻止袁氏逆行，但严修的人格风骨得到各方称誉。不久袁世凯事败退位，病重临终前他深悔没有听从严修的劝诫。一次保袁，一次力谏，都是直接挑战最高统治者，严修为了国家两次甘冒杀头之险，不可谓不勇。可是当时的乱局也并非一两个君子就能够改变的。严修从此不再踏足政坛。

晚年严修专心从事文教、公益事业。他遍走日本、欧洲各国，了解世界，考察市政、教育、文化。年近六旬、身体孱弱的他又远渡重洋，专程赴美考察，与张伯苓等回国后一同创办南开大学，并使南开成为大、中、女、小俱全的教育体系。

严修不仅多次给南开捐款、捐书、捐地，还在社会上积极为南开奔走呼吁。严修与那些政客军阀不是同路人，但他们都想拉拢严修，利用他的美好声誉粉饰门墙。严修拒绝与他们合作，但收下了给学校的捐款。有学生对此表示不满。严修和同学们讲："盗泉之水"虽然不能饮用，但也不妨拿来洗洗脚。这在当时环境下是一种无奈之举，否则不可能办起自成体系的南开学校。在学界，严修更是德高望重的元老，教育界主事者多是其门生故吏。难得的是，北洋以外的学人如梁启超、蔡元培、胡适等也多赞佩严修。依靠严修的地位、人脉与声誉，南开得到各界的共同支持。

严修深刻认识到"教育之系于国家密且大矣""教育不普及则民族日趋于拙劣"。他注重发现、栽培、提携、团结人才，在他身边出现了张伯苓、林墨青、陈宝泉、刘宝慈、陶孟和、张彭春、梅贻琦等一大批教育家、社会活动家，形成了影响深远的教育家群体。严修还是著名的学者、诗人、书法家，他在中国的公共博物馆、图书馆、出版、文物保护、社会慈善、公共卫生等事业中，都是重要的开拓者。严修一生致力的各项事业，核心都在于移风易俗、改良社会、振兴国家。严修的精神风骨获得当时新旧各派人物的称誉，被称为"经师兼为人师""教育界之道德家""真国士""一代完人"。周恩来深受严修影响，赞颂其人格风范"清而有味"。

爱国是南开之魂。南开将爱国作为立校之本，这追根溯源是由严修提出的。饮其流者怀其源，学其成时念吾师。严修一直是站在历史前沿、与时俱进的旗帜性人物。他心中有大我，坚守教育初心，是南开教育发展勇毅前行的先导。正如张伯苓所说，严先生"力倡教育救国……指给我人之方向，即是教育须为国为公"，诸生"应思如何为国为公，方不愧为南开学生，方不悖严老先生办教育之意"。

二、"巍巍大校长"张伯苓

张伯苓是南开又一位伟大的创校先贤。严、张两位都是具有大视野的教育家。如果说严修是由宏观到微观，一生从改废科举、领导学部，最终道不行于时，退而将事业收归于乡里、聚焦于南开，那么张伯苓则是从

• 南开创校校长张伯苓（1876—1951）

微观到宏观，在乱世中脚踏实地、迎难而上、"越难越开"，由办好南开学校、陶铸"公能"精神，逐渐成长为中国教育界的一面旗帜，蜚声海内外。

张伯苓也是天津人，名寿春，字伯苓，以字行世。他出身寒门，但自幼聪明好学，少年时以优异成绩考入了天津北洋水师学堂。这是一所在洋务运动中创办的学校，专门培养海军人才。海军是先进军事科技的代表，张伯苓因此得以学习到当时中国人很少能接触到的科学文化知识。

张伯苓毕业时正逢甲午中日战争，北洋海军一败涂地，而后列强掀起瓜分中国的狂潮。1898年英国强租威海卫，张伯苓目睹"国帜三易"的奇耻大辱。原本一心从军报国的他深受刺激，认识到要救中国，关键不在武器而在改变国人，从此退出海军，回到家乡。恰在此时，严氏家塾急需西学教师，22岁的张伯苓受聘而来。这是张伯苓与严修的历史性相遇，他们从此开启了携手兴学救国的共同事业。

严修与张伯苓一个为顽固守旧的当权者所困，一个受耀武扬威的侵略者所辱，两人都怀有一腔报国之志，一时无处施展，但又都不愿服输。他们的合作在当时颇具象征意义。以严修为代表的传统士大夫虽有救国之志，但限于自身认知结构，必须依靠熟悉新学者才能推动革故立新的事业。而以张伯苓为代表的新派学人要在当时做一番事业，也必须得到具有一定地位的开明之士支持，才能获得社会的认可。他们的思想中，家国天下的担当精神是一脉相承的。

在严氏家塾，张伯苓所授课程有英文、数学和物理、化学等自然科学的基本知识。张伯苓注重科学实验，后来还利用赴日本考察的机会，购买了多种理化仪器和标本，这在当时的中国颇具超前性。难能可贵的是张伯苓还引进了近代体育教育。在北洋水师学堂求学期间，他就较早地接触到近代体育知识和锻炼项目，兵操全班第一，还曾参加天津校际足球比赛。

在严氏家塾，张伯苓通过柔软体操、足球、跳高、角力、哑铃、棍棒等体育项目，给学生带来了"喜悦和生气"。那时体育器械还不多见，于是张伯苓因陋就简，依照自己在北洋水师学堂学习时使用过的体操用具，绘制哑铃和木棒图样，请人制作。他教学生跳高时，没有跳高架，就用椅子架一根长鸡毛帚代替；没有木马，就让学生曲身、两手撑膝排成一列，然后鱼贯腾越。

张伯苓非常注重教学方法，他从不要求学生死记硬背，注意在活动中进行教学。他用很多时间教学生下围棋、打旗语、摄影，和学生一起踢足球、骑自行车、玩whist（桥牌前身的一种游戏），从而与学生建立起一种新型的师生关系。老师和学生盘起发辫、卷起长袍跳来跳去，这在当时是惊世骇俗的举动，引起保守人士的强烈攻击，大骂"张伯苓小子不得好死"。严修不为流言所动，不但不节制张伯苓，还给他加薪，给予他莫大的支持。这些举措在当时的中国颇为先进。胡适在为张伯苓做传记时写道："伯苓当时的教授法已极新颖，堪称为现代教育而无愧色……张氏于此实为中国现代教育的一位创造者。"

张伯苓与严修并不满足于只办家塾，要改变中国、普及教育，就要兴办新式学校。为此他们专程赴日本考察，认真研究新学制，严氏家塾的学生们还参与翻译了日本文部省新颁布的一系列有关学制的文件，包括《小学校令》《中学校令》《女学校令》《实业学校令》等，合称《日本新学制》。《大公报·新书介绍》称"凡我国之有志教育改良者，亟宜先睹为快也！"

1904年，严氏家塾升级为私立中学堂，张伯苓担任监督，即校长。此后，他又将话剧、社团、办报刊等引入教育中，用以培养学生全面发展。张伯苓亲自创排编导并主演话剧《用非所学》《箴膏起废》等，使南开成为中国北方话剧的重要发源地。他还积极宣传奥林匹克精神，参与组织区域性、全国性乃至国际性的体育赛事，成为全国运动会、华北运动会、远东运动会的重要发起者、创始人,并长期担任各大体育赛事的总裁判。一百年后,中国人终于在北京成功举办奥运会,时任国际奥委会主席雅克·罗格(Jacques Rogge)表示:"这个首次在北京举办的盛会,圆了一个中国人——张伯苓先生一个世纪以前表达的梦想。"

第一次世界大战期间,中国民族经济得以喘息,迎来"短暂的春天",南开办学事业蒸蒸向上,开始计划创办大学。1917年张伯苓赴美,入哥伦比亚大学师范学院研究教育,受教于著名的教育学家杜威(J.Dewey)、孟禄(P.Monroe)、克伯屈(W.H.Kilpatric)等。而后,严修与范源廉等人也来到美国考察。和张伯苓会合后,常常是张伯苓白天在哥大上课,晚上便与严修等研讨,互相切磋、思考。他们走访了美国众多教育机构,对大学教育有了较为深入的认识,同时广泛接触留学生,积极物色师资。考察期间,张伯苓还就教育宗旨问题与严修、范源廉进行讨论,他们认为"教育宗旨不可仿造,当本其国情而定"。也就是既要学习外国的教育经验,更要从本国的实际出发,将学到的知识本土化,最终解决本国的现实问题。在张伯苓主持下,南开制定了"知中国、服务中国"的办学宗旨和"土货化"的学术方针。

> 我们所受的刺激,就是外侮,受了刺激后知道自己的弱点,才想用教育的方法解决这个困难,用教育改造国民,不但不使再受外侮,而且能适应时代的潮流而生存,这就是南开的生命。
>
> ——张伯苓

严修、张伯苓等考察回国后,于1919年成立南开大学。张伯苓表示,国内国立大学、教会大学虽然不少,然而真正民立的大学却不多见,这是创办南开大学的一个重要原因。在当时的乱世之中,为了尽可能避免军阀政客、外国势力干扰，张伯苓坚持南开的私立属性。但"私立非私有"，南开大学并非某一人或几人私有，而是要成为"由人民所立之学校"。

南开人受到五四新文化思潮感召，勇开社会先河，1920年南开大学招收女生，成为中国最早男女合校的大学之一。1923年，南开女中成立。1928年，南开小学成立，完整的南开教育体系初具规模。

作为一所私立学校，南开办学面临着重重困难，特别是经费极为紧张。张伯苓自称为化缘的老和尚。作家冰心回忆，张伯苓常常操着乡音说三句话："今儿难楷（今南开），枕难楷（真难开），缺介个（缺这个）!"说到最后一句，用大拇指和食指圈一个圆圈，意思是银圆，缺钱。冰心说，凭这句话，张先生一辈子募集到了许多钱，为中国人自己办教育做出了重大贡献。在四处募捐筹款的过程中，既有收益，也坐过冷板凳，挨过白眼，但张伯苓坦然面对，并不介怀。他说："虽然有时向人家求见捐款，被其挡驾，有辱于脸面，但我不是乞丐，乃为兴学而作，并不觉难堪。"

在这样艰苦的条件下，南开取得了令世人瞩目的办学成绩，孙中山称南开是"世界有名的好学校"，梁启超期待南开成为"中国大学之母"。当时各方纷纷希望引入南开教育的成功经验，一批省市教育厅长、知名学校校长由南开人担任，出现"南开系"教育家群体遍天下的局面。

社会上不仅普遍认可南开的教学质量和严格管理，更交相称赞"南开的精神好"。讲求"精神"是南开办学的一大特色。创作于1919年的南开校歌便以"巍巍我南开精神"为主旨。张伯苓认为精神对于学校发展、学子成长有重要意义。翻开张伯苓的教育言论，字里行间无处不透露出"精神"二字。他曾明确地说："有精神者与无精神者竞争，则无精神者必败。"张伯苓强调育人不仅要通过课堂教学讲授知识，更要将精神塑造贯穿于整个办学过程之中。南开学子也多表示，自己在学期间"获得了生活和工作的动力，这动力的源泉就是南开精神"。

人在顺利时固然精神振奋，但是学习、生活、工作中不可能总是一帆风顺，难免会遇到挫折。张伯苓常对学生们说："人可以有霉运，不可以有霉气。"如果一遇到倒霉事就垂头丧气、萎靡不振、精神颓唐，给人恶劣的印象，结果只会弄得更糟。所以越是倒霉，越要振作精神、心情愉快、言谈豪爽。他引用自己父亲常说的老话告诉学生："勤梳头勤洗脸，就是倒霉也不显。"要给人清新愉快的印象，不久就可时来运转，接获佳音。

张伯苓不仅这样说，而且身体力行、以身作则，将言教与身教相结合。南开流传着一个他撅烟袋的故事。南开禁止学生吸烟，张伯苓亲自督导此事。一次，有个学生盯着张伯苓的烟袋反问他："您叫我不抽烟，您干嘛还抽烟呢？"张伯苓一时语塞答不上来，随即他一把将烟袋一撅两断，坚定地说："我不抽，你也别抽！"回到办公室，张伯苓还把剩的纸烟和吕宋烟统统扔到痰盂里，弄得在场的校工连呼可惜。张伯苓坚持正人先正己，教育学生，先从教育自己开始。

张伯苓是实干家也是教育思想家、爱国宣传家。虽然他很少将言论写成文章、著作，但常常通过演讲、对话的形式与师生和社会进行交流。他的语言通俗易懂又深入浅出，显示着他对人性、对时代、对社会、对国家、对世界的严肃观察与深刻思考。如果用一句话来概括张伯苓教育思想的精华，那么南开校训——"允公允能，日新月异"是最为恰当的。这个校训言简意赅，是张伯苓在其人生历程与教育实践中，撷取中西文明精华、结合时代命题凝练而成，是对中华优秀传统文化创造性转化、创新性发展的典范，是具有高度原创性的教育思想。

从字面上看，"公""能""新"来自《礼记·礼运》"天下为公，选贤与能"和《礼记·大学》"苟日新，日日新，又日新"。但张伯苓不仅是引用古籍，更是紧扣了时代命题。1934年，张伯苓在中华基督教青年会第十二届全国代表大会作报告，讲到他为什么以"公""能"为南开的教育宗旨：

诸君知道，各国的教育学说很不一致，都是随环境的需要而改变的。一国有一国的需要，一时代又有一时代的需要，现在我国最大的需要，是要把"私"字去了。所以我们新定的教育宗旨是两个字，一曰"公"，一曰"能"。现在青年会也把这个题目抓住了，我实在非常高兴。青年会向来是以"能"字著称的，现在又提出一个合作的口号，来作努力的目标。如果国人能够渐渐的觉悟起来，力除自私自利的积习，偌大的一个民族是没有可以恐惧的。

可见"公""能"校训的提出是源自张伯苓对时代命题的认识。南开的办学初衷是"痛矫时弊，育才救国"。"时弊"是什么呢？张伯苓说"我中华民族之大病，约有五端"，即：愚、弱、贫、散、私。中国人口虽多，但在近代变局中，人民积贫积弱、一盘散沙，没有养成科学的思维方式、没有健康的体魄与精神，没有爱国为公的价值理念，这令张伯苓扼腕叹息。之所以南开以"公能"为校训，就是因为："惟'公'故能化私，化散，爱护团体""惟'能'故能去愚，去弱，团结合作"。

南开办学的目的在改变人，改变我们自身存在的"病"。所谓的"病"是指在现代化转型过程中遇到的问题。张伯苓之所以选择"教育救国"的道路，是因为他心心念念"我之教育目的，在以教育之力量使我中国现代化"。"允公允能"是张伯苓的育人目标，"爱国爱群之公德"和"服务社会之能力"，相辅相成，不可偏废。

"日新月异"也是南开校训的重要组成部分。《南开校歌》中就有"汲汲骎骎，月异日新"之语。为什么要"日新月异"，张伯苓说："这四个字是说每个人要接受新事物，而且能成为新事物的创始者，不但赶上新时代，而且还要走在时代的前列，这是南开精神。""日新月异"体现为一种先锋、开拓、创新的精神，张伯苓经常使用"Pioneer Spirit"（开拓精神）教育学生，甚至曾用"Pioneering"（开拓）概括南开精神。

"允公允能，日新月异"不仅是价值观，也是方法论。张伯苓曾说："孙中山先生常引用《礼记》上之'天下为公'，但那上所说的'公'，是公的结果，没有说过如何可以达到'公'的道路。"教育家要做的就是把理念融入学生培养的全过程。张伯苓制定的训练方针有五条：一曰重视体育；二曰提倡科学；三曰团体组织；四曰道德训练；五曰培养救国力量。

随着南开办学的蓬勃发展，张伯苓也逐渐成为声誉日隆的学界领袖。他参与创建许多重要的社会组织，比如先后参与发起成立中华体育协进会、中华教育文化基金会、中华平民教育促进会，并曾担任名誉会长、董事长等。他还参与了多所大学的管理，如兼任直隶高等学堂总教习、清华学校教务长、清华大学筹备顾问、直隶女子师范学校代校长、齐鲁大学董事长、北京师范大学董事、东北大学校务委员会委员、协和医学院董事、中山大学筹备委员会委员等。

九一八事变后东北沦陷，华北危急，南开办学遇到更大困难。张伯苓利用各种场合积极开展爱国主义教育，激发学生的爱国报国之志。根据对形势的判断，1936年张伯苓入川在重庆创办南渝中学。他曾赋诗言志："大江东去我西来，北地愁云何日开。盼到蜀中寻乐土，为酬素志育英才。"他还采纳建议，将南开大学的基金以及经济研究所的重要图书资料秘密转移至重庆，以备不测。1937年7月，抗战全面爆发。南开作为中国人自己创办的教育事业和爱国抗日的基地，被日寇当作首要打击目标。南开学校的大、中、小、女四部校园均遭毁掠。南开大学与北京大学、清华大学被迫南迁长沙合组临时大学，后又西迁昆明，成立西南联合大学。1938年，南渝中学改名重庆南开中学。此时，自贡蜀光中学因仰慕南开办学成绩，加入南开教育系列。抗战期间,张伯苓与南开人一起坚持办学、弦歌不辍,书写了教育史上的佳话。

抗战期间,张伯苓任国民参政会副议长,为团结各界、巩固抗日民族统一战线做出了贡献。1945年抗战胜利,9月6日,在南开校友、时任中共中央副主席周恩来陪同下,毛泽东主席专门到重庆南开中学拜访张伯苓。1946年,张伯苓七十寿辰之际,美国哥伦比亚大学授予其名誉博士学位。司徒雷登、胡适等中美学者共同编写论文集 There is Another China(《别有中华》),向张伯苓致敬。

1948年,国民党在内战期间,为粉饰其政权的合法性,导演"行宪国大",提名张伯苓任考试院院长。在蒋介石的一再敦劝下,张伯苓被迫就职。面对政局的腐败混乱,张伯苓很快就意识到自己是"一脚踏在臭沟里"。不久他便辞职,避居重庆,深居简出。国民党政权崩溃之际,蒋介石、蒋经国父子多次到重庆劝其前往台湾,均被婉拒。此时,周恩来也托人捎信挽留张伯苓。最终张伯苓留在大陆。

张伯苓一生思想虽然有其时代痕迹,但底色实际上是个人与世界、小我与大我这个"元问题",具有超越时代的开放性。新中国成立后,张伯苓看到人民政府的善政非常感慨,他说:"南开教育,特重'公''能'。惟'公'故能牺牲小我,完成大我。惟'能'方克事无不举,举无不成。今新民主主义教育,目的乃'为人民服务',而欲为人民服务,自必须要有服务之本领,则'公''能'训练,与新教育之主旨,亦相符合。"今天,虽然时代发展、科技进步、社会变迁,但小我与大我、私与公、公与能、创新与传承等,仍将是我们每一个人必须深思自省的问题,张伯苓的思想也依然有着重要的启示意义。

诗人柳无忌曾以"巍巍乎吾南开大校长"为题回忆张伯苓,他说:张伯苓体格高大,给人的第一印象便是"泰山般屹立"的身躯,但比他体格更高大的是他的为人与事业。确乎此论。巍巍南开，巍巍大校长，张伯苓可谓中国教育家精神的典范。张校长之为大校长，名副其实！

三、一群"不服输"的教育家

南开的事业是在严修与张伯苓的带领下，由一群"不服输"的爱国者共同开创的。在这支创业团队中，每位骨干都怀着不甘人后的初心各展所长，有的精研教育、善于谋划，有的忠于职守、踏实能干，张彭春、凌冰、黄钰生、华午晴、伉乃如、孟琴襄、喻传鉴等是其中的代表。

> 南开是不服气的中国人，为争这口气而办的。
> ——黄钰生

· 南开创校先贤张彭春、凌冰、黄钰生

张彭春是第一个正式提议办南开大学的人。他是张伯苓的胞弟，出生时父亲已59岁，为庆祝年届花甲又得一子，父亲给他取乳名"五九"。后来人们戏以"张九"相呼，而南开人则雅号其为"九先生"。1916年，他从美国学成归国任教南开，提出筹办大学"刻不容缓"，因为教育为救国之大本，南开要为国家培养更高层次的人才必须办大学。此时南开设专门部，办有高等师范班和英语专门科，类似今天的专科教育。张彭春邀集专门部师生举行茶话会，表示将在专门部基础上改办大学，并立下了要对标世界一流大学的发展目标。

经过两年多的考察，1919年2月，南开学校成立大学筹备课，以张彭春为主任，马千里为课员，负责规划校舍、草拟校章，撰写《南开大学计划书》。这份计划书是南开大学的首个事业发展规划，也是南开人用以向社会各界广为宣传、争取支持的重要文本。经过紧张筹备，是年9月25日南开大学开学，张彭春则被张伯苓校长称为"南开大学计划人"。

值得一提的是，张彭春还是中国另一所重要学府——清华大学创办的主要计划者之一。1923年张彭春应邀担任清华学校教务长，参与创办大学。清华成立"大学筹备委员会"，张彭春负责课程及计划组，承担改办大学方案中最核心的内容：谋划教育方针、应设科目、大学课程、校舍与设备。张彭春亲手擘画两所重要大学的创建，可见其才学与卓识。此外，他还是南开戏剧活动的重要引路人。更重要的是，抗战胜利后张彭春作为中国代表参加联合国大会，在联合国人权委员会第一次会议上当选唯一的副主席，与主席罗斯福夫人等共同主持起草《世界人权宣言》，发挥了关键作用。由此可见，张彭春不仅是南开教育事业和教育理念的重要缔造者之一，也是一位具有世界影响力的南开先贤。

凌冰是南开学校大学部第一任主任。他认为，"欲我中华强盛，必大力发展教育"。他先后就读于斯坦福大学、哥伦比亚大学、克拉克大学。1918年，张伯苓为筹办南开大学赴美考察教育，邀约凌冰毕业后来南开执教，他欣然应允，并积极为母校物色教员。翌年2月，张伯苓在谈到创办大学的决心时说："予前给在美留学生将来本校大学教员凌冰去信，告诉他将来在这办大学是一个很不易的事……而此次无论如何必极力去作。"6月，凌冰获得教育心理学博士学位后立即回国，担任南开学校大学部主任，投入到繁重的筹备工作中。与此同时，他在美国物色的8位教员相继来津。

在南开大学初创的艰难时期，凌冰协助张伯苓校长管理校务、延聘师资、募集经费，为学校的建设与发展做出重要贡献。作为一名富有远见卓识的教育家，他敢于打破传统，倡导女性平等接受教育。在严修、张伯苓的支持下，1920年秋学校开始招收女生，实行"受业学生男女合校的制度"，南开成为中国最早招收女生的大学之一。凌冰还是中国心理学研究的先驱之一，特别是在儿童学领域，成绩卓著。他在南开讲授心理学、教育学和哲学，先后在南京高等师范学校和南开大学暑期学校讲授儿童心理学、青年心理学，并在讲义的基础上编著《儿童学概论》，该书于1921年由商务印书馆出版，"是一部颇为系统的儿童学理论著作"，对中国心理学研究起到了奠基作用。凌冰还发起创办儿童心理学研究会，该研究会是中国第一个儿童心理学专业学会组织。

1927年，凌冰出任河南省立中山大学（现河南大学）校长，翌年6月，任河南省教育厅厅长。后来，他从事外交工作，担任中华民国驻古巴国全权公使等职。

南开是由不服输的中国人，为争这口气而办的。这是南开元老黄钰生的名言。从1925年至1952年，黄钰生在南开大学任职近27年，除教授教育学、心理学等课程，大部分时间是作为张伯苓校长的主要助手佐理校务。1927年，29岁的他被任命为大学部主任，后改称秘书长。私立南开大学的行政体制力求精简高效，不设教务长、训导长、总务长等职，只设秘书长一人，在校长领导下统管全校公务。黄钰生不负重托，始终不避繁难，兢兢业业，在南开大学发展过程中做出了不可磨灭的重要贡献。

黄钰生对南开的办学精神有着深刻的理解，曾向学生演讲《大学教育与南大的意义》，指出：大学的意义，一在润身，二在淑世。南大就是将淑世放在润身之先的一个学校。南开大学的意义，是要用人格与学术去争气，去实现中国的最高理想。他告诫学生要不畏困难，"怕难的不必来，求安逸的不必来，好奉承的不必来，服了这口气的不必来"。

在动荡时局下，保护师生安全和校舍校产成为黄钰生的一项艰巨任务。九一八事变后，日本浪人在天津策划便衣队暴动，到处抢劫破坏，黄钰生组织师生冒着生命危险保护校产完整无恙，为此张伯苓校长曾赠其"沉着应付"的条幅以示表彰。七七事变后，面对日寇加紧侵略平津的态势，黄钰生和杨石先等人奋力组织师生疏散和物资转移，并坚守学校，直至日军悍然毁校才无奈撤退。

西南联大成立后，黄钰生代表张伯苓参加联大校务管理，承担了繁重的建校工作，别人管不了的事，常常交给他来办，几乎成了"不管部"部长。抗战胜利后，黄钰生负责南开大学北返复校工作。回津后，他立即成立了"南开大学复校筹备处"，先后收回八里台原校舍，接收六里台和迪化道（今甘肃路）敌产，为南开大学战后发展预留了空间。1946年春，南开大学正式改为国立，黄钰生仍任教授兼秘书长，与杨石先、陈序经等人协同负责学校事务。天津解放前夕，他拒绝了南京教育部送来的南飞机票，完成了艰苦的护校工作，迎来了天津解放和新南开的诞生。新中国成立后，黄钰生调任天津市图书馆馆长，"文革"结束后当选为天津市政协副主席。晚年，他积极推进南开校友总会的成立，并担任理事长多年，为联系和团结国内外南开校友做了大量工作。

• 南开创校先贤伉乃如、华午晴、孟琴襄、喻传鉴

早期的南开有"家庭学校"之称，这反映了南开人之间的融洽团结。这种氛围的形成离不开管理团队不计名利的通力合作。在张伯苓的得力助手中，华午晴、孟琴襄、喻传鉴、伉乃如被称为"四大金刚"，他们如同四根支柱，稳稳地托住张校长这根大梁。他们之间紧密合作，为南开各项工作的顺畅运行提供了有力的保证。正如校友查良鉴所说，他们"赤胆忠心，不计报酬，不顾辛劳，爱学校胜于爱自己的家，是南开的中坚分子"。

华午晴是庶务课课长、会计课主任兼建筑课主任，相当于南开的"财政部长"。学校各种开支款项，由他经手，无不清清楚楚。当时南开的办学经费从国内外四处募集，来之不易。华午晴严格遵照规定，对所有款项都管理得井井有条。他厉行节约，避免浪费，将每分钱都花在该花的地方，即使一笔小小的经费支出，就算是张伯苓提出来的，他也习惯性地眼望天花板，慎重地思考一番。学校每年都将账目放在图书馆里供师生随时查阅，一目了然。张伯苓曾自豪地向来校参观的客人们说："你要想知道南开一共有多少资产，我五分钟之内就可以给你算出来。"

华午晴还有一项特殊才能——建筑设计。南开大学早期有两栋男生宿舍。第一宿舍由天津基泰工程司设计建造，外形装饰讲究，有地下室。随后建造的男生第二宿舍则是华午晴利用一宿图纸绘制的。基本结构大体一致，只是将外部装饰、三楼阳台和地下室的设计去掉，并将室内暖气片由进口的改成国产的。这几项改进，使得外观简洁大方，维修方便，更重要的是节约了近五分之二的工程造价。

孟琴襄1908年起服务于南开的事务工作，直至新中国成立初期，仍任南开大学事务组主任。他以行政管理行家著称，大家都很尊重他，知道他是一位办事周到、粗中有细的人。南开学校的大事小情，只要到了孟琴襄的手中，都能得到合理的安排和妥善的解决。1920年，受张伯苓委派，他赴美国调研各学校的后勤管理，对饭厅、斋舍及一切管理进行了详细考察。

归国后，孟琴襄担任庶务主任，他精明干练，认真勤劳，在他的管理下，南开校园井然有序，宿舍、食堂整洁卫生。他为南开食堂请来的厨师，都有一定的烹调手艺。每餐四菜一汤，有荤有素，伙食丰盛。南开校友、主持东北大学校务的宁恩承十分钦佩孟琴襄的才能，曾向南开提出借调他半年，以全面学习南开大学的管理经验和办学方法。孟琴襄在东大工作得力，节俭有方，使南开精心管理、扎实工作的作风在东大开花结果，赢得了东大师生的赞扬。当时沈阳有报刊说："南开精神由白河之津而北至辽河之滨矣。"

喻传鉴是南开中学第一届学生，后入保定高等学堂、北京大学学习；毕业后回到南开工作，曾参与开办南开暑期学校；后受学校资助，赴美国哥伦比亚大学深造，获教育硕士学位；归国后任南开学校中学部主任兼大学部教授。1936年，他赴重庆筹办南渝中学，即后来的重庆南开中学。1937年四川自贡绅商仰慕南开之名，邀请张伯苓指导教育，张伯苓携喻传鉴同往。自贡蜀光中学公推张伯苓为名誉董事长，聘请喻传鉴为校长。喻传鉴坚持"尽心为公、努力增能"的宗旨，义务担任蜀光中学校长5年之久。1943年，他回到重庆南开中学，历任校务主任、副校长、校长。抗战时期，"允公允能，日新月异"的南开校训得以发扬光大，与喻传鉴的努力是分不开的。

伉乃如曾为南开学校的化学教员，不仅教学出众，而且热心参与各种学生活动。他是南开新剧团的元老，因为经常与周恩来同台演出，二人结下了深厚的友谊。1920年，伉乃如出任校长秘书。他不仅要兼顾教学、行政，甚至还要协助张伯苓筹建南开大学八里台新校舍。从购地、勘查、建设到竣工，伉乃如事必躬亲，贡献良多。1922年开始，他兼代大学注册课主任，并一度代理男中、女中教务课主任。当时，注册课只有三位工作人员，工作却十分繁杂，不仅要制定授课、考试时间表，核算及宣布考试成绩、掌管和处理学生告假等，还要协助办理入学考试、保管注册事务统计图表、负责监考等。全凭伉乃如运筹帷幄、指挥若定，注册课的各项事务才得以正常运转。每逢新学期开始，同学们都要办理注册、缴费、领书、分配宿舍等入学事宜。由于注册课提前做好了各项准备，因此每个学生只要短短的几分钟就可以办妥各项事宜，效率非常高。

抗战期间，伉乃如继续做校长秘书，随张伯苓在重庆。非常时期，他的工作负担更重了，需要处理的事情特别多。西南联合大学南开大学办事处凡需请示校长的事情，多要经过伉乃如，有些干脆就由他决定、办理。抗战胜利后，伉乃如为南开复校倾注了颇多心血，1947年溘然长逝。张伯苓闻讯后十分悲痛，感叹："同事三十余年，竟先我而去，追念往昔，能勿湛然！"

除上面提到的南开创业团队成员，范源廉、颜惠庆、卢木斋等校董，邱宗岳、何廉、陈序经、杨石先等教职工都曾为南开早期事业做出过重要贡献。正是在创校先贤们的不懈努力下，南开学校表现出与旧中国截然不同的另一种"中国精神"，得到当时各界的认可，乃至在世界范围内产生了影响。

第二讲 从『国帜三易』到『爱国三问』

- 因国难而生的南开
- "志为爱国志士"
- 历史之问、时代之问、未来之问

南开创校校长张伯苓曾说:"南开学校系由国难而产生,故其办学目的,旨在痛矫时弊,育才救国。"南开是一所以爱国为初心的学校,百年校史始终贯穿着爱国救国兴国强国的主线。历史回溯到南开肇端之始,创校先贤们因国势危难而深受刺激,因忧国忧民而携手办学。也恰在此时,中国人的现代国家意识逐渐觉醒、中华民族意识开始形成。学校与国家、民族同步同向而行,爱国精神深深植根于南开基因之中。

一、因国难而生的南开

南开爱国精神源自哪里?早期学生常常提到上学时听过一个"国帜三易"的故事,是由张伯苓校长亲自讲述的。每当说起这个故事时,老校长便异常激动,因为这段经历中蕴含着他的人生转折、思想觉醒以及南开爱国精神的起点。

张伯苓原本是北洋水师学堂的学生,在他毕业时恰好遇到中日甲午战争,这是中国近代乃至世界历史上的重大事件,重塑了东亚政治格局。原本被视为蕞尔小邦的日本,一跃成为东亚第一强国、新兴霸权;而老大帝国清王朝却进一步暴露了其腐朽没落、不堪一击。张伯苓完成课堂学业后,本应上舰实习,但因战争失败太快太彻底,一时无舰可用,不得不在家赋闲了近一年。终于可以登上军舰时,他发现只有一艘劫后余生的练船可用。此时的北洋海军如伤弓之鸟,士气低落,官不管兵,兵不管舰,大家都抱着吃粮当差的想法挨度时光。这种萎靡的状态让张伯苓看在眼里,伤在心上。

甲午后,列强更加肆无忌惮地掀起瓜分中国的狂潮。1898年,号称"日不落帝国"的英国强租威海。这里原本是北洋海军的基地,因战败而被日军占领,日军要挟只有收到战争赔款才能撤离。英国趁机提出可以为此"贷款"给清廷,前提是签订条约,将威海卫"租"给他们25年,清政府

屈辱地接受了条件。于是1898年5月23日至24日，威海卫的刘公岛上演了这样一幕：5月23日下午，中日完成交接事宜，日军撤出，"太阳旗"降下，清军升起"黄龙旗"，宣示收回主权；5月24日相同地点升起英国"米字旗"；而后"黄龙旗"落下，主权再次沦丧。"米字旗"升起的日子正是英国维多利亚女王79岁生日当天，英军选择这一天举行占领仪式，颇有炫耀之意。升旗仪式上奏响英国国歌"天佑吾皇"，在场的中国官兵被迫一起为占领军的帝王祝寿，国格尽失。这就是所谓"国帜三易"。

• 张伯苓在威海刘公岛亲历"国帜三易"屈辱一幕

22岁的张伯苓因随军护送清政府官员前往办理交接手续，亲历现场。原本他希望从军报国，但现实如此残酷，民族悲剧深深刺激了他。国旗一次又一次更换，他的心也一次又一次被刺痛。侵略者的霸凌只是这个事件的一部分，更令张伯苓难以释怀的是，在此期间，他看到令人不堪忍受的另一幕活剧。就在交接仪式前后，张伯苓路过刘公岛上的海军提督公署，看到这里已经被英军接管。站岗的英国水兵体格魁梧，身姿笔直，穿着红的上衣、黑的下裤，神气活现，整洁干净，令人生畏，此刻正和一个中国兵交谈。反观这个中国士兵，身材矮小、面色憔悴、两肩高耸，佝偻着如"螳螂体式"，灰色的军服前后钉着一个"兵"字，破旧污秽。英国兵在看中国兵时，脸上满是瞧不起的神态。两相对比，真是天壤之别。

此情此景，使张伯苓受到强烈震撼，不由得思绪万千：我们中国兵为什么会是这样？更重要的，自己也是中国士兵的一员，是中国人中的一个。那一瞬间，张伯苓"好像自己照了镜子，丑态毕露"，不由得汗流浃背，自惭形秽，胸口如同受到了重重一锤。他一下子回想起在北洋水师学堂读书时上过的"舆地图说"（地理课），讲到中国地大物博、人口众多，然而如果众多的人口都是像这样的病夫，又有什么用呢？外在的仪态反映出内在的精神，精神颓废做事怎能成功？后来张伯苓办南开学校，专门在教学楼入口处放了一面镜子。镜子上方写有一段话："头容正，肩容平，胸容宽，背容直……"这是让学生们在做一切事前，先要挺直脊梁，打起精神。张伯苓永远挥之不去"两肩高耸""螳螂体式"和身形猥琐的羞耻。

　　知耻而后勇，知不足而后进，羞恶之心不仅让张伯苓重新认识了自己，也唤醒了他的国家意识、民族意识。他眼里看到的是两个士兵，心中思考的则是两个国家的对比，是存在这种差别背后的原因。北洋海军是当时中国装备、训练最先进的军队，可是战败之后不思卧薪尝胆、励精图治，反而一蹶不振、就此沉沦。这到底是为什么？战争、外交上的失败固然可怕，但更让人失望、痛心的是大家只顾一己眼前得失，不愿意承担起对这支部队的责任。进而，张伯苓又想到，甲午之后国内官吏腐败一仍其旧，全国从上到下还是如一盘散沙，究其根源，这反映的是"民族思想缺乏，国家观念薄弱"，人们不知道究竟为谁而战，也并不知道国家兴衰与个人的关系。想到这里，一个念头在张伯苓的脑海中萌发，他说："我当时立志要改造我们的中国人，但是我并非要练陆军、海军同外国相周旋，我以为改造国民的方法，就是办教育。"

> 念国家积弱至此，苟不自强，奚以图存，而自强之道，端在教育。
> ——张伯苓

　　如何通过教育改造国民？首先要普及

国家观念，认识到个人不仅属于自己、属于小家庭，同样也是这个国家的一分子。在近代以前，上到皇帝下到百姓，没有也不可能有我们今天所说的国家观念。统治者只是把天下视作私产，做着"天朝"幻梦，不屑了解世界。他们需要的是俯首听命的臣民。但伴随着中国逐渐沦为半殖民地半封建社会，时代的先行者们越来越清晰地认识到，必须从内心中唤醒全国上下的国家意识，建立现代国家，让人民真正成为国家的主人。只有如此，才能使每一位国人真正承担起保卫自己祖国的神圣职责，我们的民族也才可以真正屹立于世界民族之林。当然，这一历史目标不可能一蹴而就，需要经过几代人的努力。张伯苓正是为之而奋斗的爱国者的代表，他将普及国家观念、让更多人受教育、改变中国人的精神面貌作为了自己毕生的事业。

在日后，张伯苓常把亲身经历的"国帜三易"之耻讲给一届又一届南开学子，并用自己当时的所见所闻、所思所想启发学生们明确国家观念、兴起爱国之志，共同承担起自己身上为国报国的责任。

二、"志为爱国志士"

1898年，亲历国耻的张伯苓离开海军，回到天津遇见严修，两个怀有同样理想的人一见如故，开始携手合作，以严氏家塾为"试验田"，尝试探索教育救国之路。可是近代中国命运

· 张伯苓与严氏家塾弟子们

多舛，就在严宅师生如火如荼地开展新学实践之时，又一场浩劫迎面袭来。经此一难，严修、张伯苓更加坚定广开民智、兴学图强的决心，从此投身教育事业，始终不渝。

这场国难便是1900年的庚子之变，而天津首当其冲。一方面，人民的仇外心理被侵略者激起。义和团怀着朴素的爱国热情，反洋教、杀洋人，盲目排外，甚至扩大到反对一切与外国人有关的事。张伯苓任教严氏家塾，与学生一起学英语、研习科学知识，因此在乱局中被人指为"二毛子"，严宅险遭查抄，多亏邻里保证，才得以幸免。另一方面，八国联军大肆烧杀淫掠。当时天津遍地尸横，走路都要踏着死人而过。留在天津很难幸免；逃走避祸，兵荒马乱之中流离失所，也未必能够保全，家宅更会尽毁。几经徘徊，严修决定留守，同时收留了亲友三四十户，男女老幼300多人到家中避难。张伯苓也携老带幼举家来到严宅，亏得他利用英文专长，与洋兵周旋支应，严宅才没被劫掠。

严修想方设法为众人备办饭食，为病者寻觅医药，但不少人仍不幸罹难，他还要为死者安排棺木。这段时间天津死人太多，埋葬不及，引发疫情。可是混乱中缺医少药。张伯苓弟弟张彭春靠着父亲服药剩下的药渣才活过来。不幸的是，张伯苓一双四五岁的儿女，严修的侄女、幼子、长孙以及严氏家塾的一位教师陶喆牲都染病去世。天津城俨然成为修罗场。

八国联军占领天津后，建立起殖民统治机构——都统衙门，他们看中张伯苓的才能，想聘他为翻译，但张伯苓拒绝合作，凛然不就。张伯苓对侵略者的态度，赢得了当时天津各界的敬佩。

庚子之变造成的破坏甚于甲午，对严修、张伯苓内心的冲击也更直接、深刻。战乱狂飙中，严修、张伯苓深受洋兵侵掠暴行的刺激，又悲哀拳民的愚昧。痛定思痛，他们认为必须有一个强大的国家才能让人民免受欺辱，也必须要人人知爱国、能爱国，中国才能够强大。但究竟什么是爱国？应该怎样爱国？盲目排外仇外能不能救中国？如果空怀激烈情绪而看不清时代发展的大势、国家强盛的根本，很可能会"南辕北辙"，唯有以公化私、以智破愚，普及现代科学文化、广开民智、培养现代国民，才能够救亡图存。开展国民教育靠书院、私塾等旧形式是不行的，必须开办新的学堂、学校。

正是在这样的背景下，严修、张伯苓等"终日讨论学事"，在天津兴起办学高潮。1904年，严氏家塾也正式升级改办为中学堂，并很快以办学质量优异而闻名津门。1908年，南开中学堂第一届学生毕业，毕业生中包括后来成为清华校长的金邦正、梅贻琦，成为中法大学校长的李麟玉，著名教育家、外交家张彭春，担任南开中学部主任、重庆南开中学、自贡蜀光中学校长的喻传鉴等。

> 勉之勉之，勿志为达官贵人，而志为爱国志士。
> ——严修

当时已任学部侍郎的严修非常重视第一批由南开毕业的学生，专门从北京发来一篇书面训词。在训词中他勉励大家，"事无难易，有志竟成"，要走上正确的人生道路，首先要"立志"。在科举时代，读书是为了当官、走仕途，可是南开的学生不要这样，毕业后或是继续读书深造，或是从事实业、商业等，每个人可以有自己的志向，"人各有志，奚能相强"。但无论从事什么职业，都要"志于道德"。什么样的道德呢？严修在训词中说，我所强调的不仅是日常人伦道德，更是"国民道德"。它与传统时代看重私德不同，强调的是国家意识、民族意识、公共意识。严修说，国势不振，每个人自己的身家又怎么能独存？国家命运的转变，特别要靠"有志之少年"，因为你们学习过新知识，具有推动国家现代化的才干。也正因此，你们立什么样的志，秉持什么样的道德，极为重要。严修殷切嘱托少年们"勉之勉之，勿志为达官贵人，而志为爱国志士"。他说，这不仅是我对你们的期望，也是我们这所学堂设立的宗旨啊！

这段训词表达了严修、张伯苓等师长对南开学生的期盼。世上的事，无论难易，只要立志去做，就一定能做成。读书人的志向不能只是为了自己升官发财，而要立更大的志，要知道国家对每一个人的意义，也要明白我们每一个人对国家的意义。这段训词也第一次明确提出，培养爱国志士是南开这所学校的办学宗旨。

怀抱爱国之志的南开学校事业不断发展，可是近代中国命运多舛。1919年巴黎和会召开，列强将"和会"变成又一次瓜分世界的分赃大会。中国原本是第一次世界大战的战胜国，却仍被视为可以任意宰割的鱼肉，战前德国在山东的特权被全部转交给日本，中国利益再遭严重损害。这真是又一次国难、国耻！五四运动随之如同火山爆发般在各地兴起，中国人民和中华民族自鸦片战争以来第一次全面觉醒。正在紧锣密鼓筹备建校的南开师生积极投身于这场伟大的爱国运动，号召民众"警醒国魂""不忘国耻"。周恩来、马骏、马千里、时子周等成为天津五四爱国运动的领袖。南开大学应时破土，诞生于五四运动的时代大潮之中，与生俱来地将爱国主义精神深植于学校基因之中。

后人也许很少注意到，在此过程中，学校承受了巨大的压力。北洋政府不断给学校施压，要求对师生严加管束，这令学校难以处置。要维持正常的教学秩序，就要尽可能减少罢课活动，但这必然会与爱国师生的热情形成冲突。反过来，培养学生的爱国情怀正是南开的办学初心所在，当此中国主权遭到严重损害之时，又怎能要求大家袖手旁观？严修、张伯苓从内心深处对师生的爱国活动是赞成的，认为爱国请愿不是学生的过错。严修为此与师生进行深入交流，对其"爱国之诚"给予肯定，鼓励他们"正宜增长学识，引入正轨，以储异日之用"。8月，南开学子马骏因领导京津学生爱国运动被政府逮捕。张伯苓为营救被捕的爱国学生亲自赴京，接回获释的学生。创校先贤们爱护、珍惜学生的爱国激情，同时又尽可能地因势利导，鼓励学生将爱国的热情转化为学习的动力。此后，周恩来、马骏等都顺利地在南开大学入学。

经过艰苦努力，南开大学第一届新生开学典礼终于在1919年9月25日顺利举行。11月22日，学校召开南开大学成立纪念大会，校长张伯苓的致辞颇有深意。他说：南开自1904年最初创建以来已办学15年，虽然时代、学校都在不断发展变化，但我们的"教育精神从未改变"。一个人应具有自己的人格，学校也应当有独立的校风。我们的思想应与时俱进，但要"不失本来精神"。现在世界正处在风云变化之际，"愿南开学生以本校之精神为精神，以应付世界之变迁"。

南开精神的精髓就是爱国的精神。1920年1月，刚刚在南开大学入学不久的周恩来等再次因领导学生爱国运动被捕，被营救出狱后被迫退学。南开并没有放弃对周恩来的支持，设立"范孙奖学金"，资助他出国留学。

什么是爱国志士？爱国志士就是要在国家危难之际，主动承担起自己的一份责任。"中国不亡有我在"是张伯苓的一句立志名言。1916年，他在东北考察时，应基督教青年会的邀请发表的演讲，便以此为主旨。"奉系"少帅张学良恰好在现场聆听了张伯苓的演讲。一开始，他听到"中国不亡有我在"这句话非常生气，心想我们这些有权有势的人尚且不敢说能保证中国不亡，你一个教书的凭什么说这大话？但听到后来，他明白了张伯苓的意思是"天下兴亡，匹夫有责"。张伯苓在讲台上大声问道："试问国为谁国？国家之主人为谁？"就在听众们深思之时，张伯苓自己答道：我和在座诸君都是国家的主人。我们自己不能奋勉，而把责任推却给别人，能推给谁呢？我们都只是观望，要望之何人呢？

这时张学良只有十几岁，作为一个公子哥儿每日锦衣玉食，也见惯了那些军阀政客的钩心斗角、蝇营狗苟，对国家面临的内忧外患既麻木无奈又不愿多想。张伯苓的一席话，让张学良大受触动，他从此把张伯苓当做自己的老师，立下为国为民干一番事业的决心。十几年后，他以民族大义为重，搁置派系私怨，不顾日本人的百般阻挠，宣布"东北易帜"，为维护国家统一做出了重要贡献。1930年，他到南开大学演讲时，对学生们坦率地讲起自己少年时的转变："予之有今日，张先生一人之力也！"1936年西安事变前，张学良遇到周恩来，主动说起"我和你是同师""我们都是南开人"。这样的背景也促使他们很快形成共识。一直到张学良晚年，有记者采访："先生在年轻时受谁的影响最大？"他不假思索地回答："是张伯苓先生！"

南开教育的目的就是要点燃一只只"火把"。张伯苓常常对学子们说："吾甚愿诸生以火把自命"，不仅自己燃烧，更要去点燃更多人心中的志气。有时遇到"不易燃者"，要有耐心，想办法。被点燃的火把遇到风浪，如果火力不足，还有被扑灭的危险，怎么办呢？张伯苓说，火力分散则光焰微弱、燃烧力小，如果密集一处，则火光熊熊、燃烧力大。因此要团结，将每个人的光和热聚到一起。被点燃的人继续去助燃他人，"以次相燃，则功著矣""我们的火炬，将四万万人的心燃烧起来，四万万人的势力，何等大而可畏呢！""南开的火光，能否冲天，而烛照万里，就看我们南开今后供给燃物的质量如何。"让每一个"我"都自觉担当起自身的责任，立下爱国之志，让中国人中有越来越多的爱国志士，这正是南开爱国主义教育的重要内容。

"勿志为达官贵人，而志为爱国志士。"2019年习近平总书记视察南开大学，在参观百年校史主题展，看到南开人的志向后给予高度评价："说得好！"正是在中国人现代国家意识最初萌发之时，南开学校将培养国民道德、培养爱国志士作为了自己的"办学宗旨"。在此信念下，南开人排除种种困难，一步步推进事业向前发展。随着一批批接受新教育的新国民产生，中国社会也逐渐发生了根本性的变革。

三、历史之问、时代之问、未来之问

1931年九一八事变爆发，东北沦陷，国将不国。消息传到天津，南开师生义愤填膺。特别是东北同学，哀国家，思故乡，悲时势，恨自己不能立时报国救国，以至于终日面孔严肃，吃不下饭，傍晚靠在枕边暗暗啜泣。课堂上，南开大学教授蔡维藩、傅恩龄、陈逵因为关心国难，在讲课中每每忍不住泪眼盈盈。

9月正是开学季，学生刊物《南开双周》用鲜红的字体印着"中国青年对日本帝国主义野心的逞露应如何觉悟？""如今出兵占领沈阳，就是告我青年中国存亡只在这时这刻！"当时南开的大学部、中学部、女中部都行动起来，开展了积极的爱国运动。

愈是国难之中，愈思砥砺精神。也就是在这一期《南开双周》上，编辑部的学长们在新刊中写下他们理解的南开精神，"献给新来到南开环境里的同学"。这十条精神是：

1. 不知道有"不可能"。
2. 团体合作。
3. 脚踏实地去作，不说空话。
4. 拿得起，放的下。
5. 迎着头干！
6. 只知有大家不知有自己。
7. 尽情的玩，尽情的工作。
8. 没有虚伪的谄笑。

9.赤裸裸的心在天真的面部表现出来。

10.顶！

前面九条意思都比较清楚。1、5讲勇于任事、迎难而上。2、3、4讲做事要注意团结、要脚踏实地、要果断。6是讲小我与大我的关系，这是南开人贯穿始终的精神，也就是后来写入校训的"公"。7是富有时代气息的新作风，Work hard and play hard。8、9讲做人要真诚，保持天真，有独立的人格。

最后一条"顶"则既是天津人常用的方言土语，也是张伯苓表述南开精神的常用词汇。他常说："吾人要不怕困难，不怕危险，要做到一个'顶'字。""我们要干到底，顶到底！""十一二月北风刮的顶厉害的时候，顶着北风走，这样顶下来，才能做大事。"

"顶"就是逆风而行，就是迎难而上，就是坚持。对认准的事情要勇于去做，"不知道有'不可能'"。遇到困难要"迎着头干"，不退缩。困难越大越要"顶"！用张伯苓的话说："愈难愈顶，愈顶愈进步；愈进步愈不知足，愈不知足愈有进步。"时任南开大学秘书长黄钰生也曾说："失败了，不服气，拧着脖颈再干。"

南开师生善用这类"接地气"的语言，坦诚地讲道理、鼓干劲儿。这是一种高超的本事，尤其是面向青年，形象的白话比居高临下的说教更富感染力。当时的南开作为私立学校，能够独树一帜，最重要的就是对自己的精神讲得清楚、坚持得彻底，因此才能让社会对南开精神另眼相看。

为什么南开师生要一再提出"顶"，并将其作为一种重要的精神呢？这可以从国家、学校、个人三个层面来理解。

在国家层面，九一八事变后，南开大学成为天津的抗日救亡中心之一。张伯苓召集全体学生慷慨陈词："中国之前途较日本有为，吾不应畏日人。"

他要求南开学生把此次国耻"铭诸心坎，以为一生言行之本，抱永志不忘、至死不腐之志"。师生们随后组成了以张伯苓为主席的国难急救会，决定立即加入天津中等以上学校抗日救国会。九一八事变一周年，南开大学校钟连敲9响，次敲1响，再敲8响，用以警示国人，勿忘国耻。东北沦陷后，中国军民在长城沿线开展了抗击日本侵略者的英勇斗争，南开师生不畏艰险，赴前线慰劳将士，以实际行动支持长城抗战。南开是因爱国而生，为育才救国而创办的。面对这样的局面，怎能不提倡"顶"的精神？用南开人的话说，就是"把国难顶过去"。

在学校层面，南开建校以来，遇到的困难数不胜数，如经费筹措的困难、人才流失的困难、外部环境的困难等等。一路走来，正因为秉持"顶"的精神，才能愈难愈开，愈挫愈奋。张伯苓曾说："我想南开一向是顶着向前干的，今日不许颓唐，仍要向上，继续顶着向前干下去！"

在个人层面，"顶"是要克服自己学习、工作、生活中遇到的困难。南开精神不是小清新的"心灵鸡汤"，而是教人为公苦干的鞭策，它要人"不服气""不知道有'不可能'""迎着头干""拧着脖颈干""苦干、硬干、拼命干""傻不济济的干"。正是在"顶"住压力的过程中，出力长力，实现"愈顶愈进步"，培养锻造人格与能力。强调每一个人的力量和担当，这就是南开爱国主义教育背后的真谛。

1934年，第十八届华北运动会在天津举行，张伯苓担任总裁判。因为东北沦陷，流亡关内的东北运动员也参加了这届华北运动会。开幕式上，数百名南开学生组成的啦啦队，坐在主席台对面。他们在队长"海怪"严仁颖的指挥下，一边高唱"时时不忘山河碎"，一边挥动紫、白两色（南开校色）小旗，连续组成"毋忘国耻"四个大字。当时中日关系十分紧张，而运动会开幕式上又有各国驻津领事在场，因此三万余名观众先是一愣，一声不响，可是紧接着便响起来"狂风骤雨般的掌声"。掌声还未停下，啦啦队又用小旗组成"收复失土"四个大字。看到这里，观众再也抑制不住内心的激动，热烈地呼喊起来。

东北运动员入场的时候，啦啦队齐声高呼："练习勤，功夫真，东北选手全有根，功夫深，资格深，收复失地靠咱们。"察哈尔省运动员走过主席台，啦啦队高呼："察哈尔，有长城，城里城外学英雄，要守长城一万里，全凭你们众英雄。"南开学生的壮举激发起在场同胞同仇敌忾的强烈共鸣和爱国热情，许多人流下了热泪。

当时，参加华北运动会的日本驻津总领事气急败坏，当即提出抗议。张伯苓校长据理争辩："中国人在自己的国土上进行爱国活动，这是学生们的自由，外国人无权干涉。"事后，南京政府当局要求张伯苓约束学生。他把学生领袖找来说了三句话。头一句话"你们讨厌"，第二句"你们讨厌得好"，第三句"下回还这么讨厌，要更巧妙地讨厌"。南开师生的爱国壮举成为人们传颂的佳话。张伯苓不仅号召大家爱国，也在治校过程中切实保护着学生的爱国热情，让师生获得尊严、尊重。

东北沦陷后，华北随即面临着日寇的蚕食。1935年，日本政府通过一系列行动，制造事端，挑起摩擦，提出种种无理的要求，而国民政府一再退让，并于7月与日方达成"何梅协定"，表态对日本"所提各事均承诺之"。作为一位深具使命感的爱国教育家，张伯苓感到：何梅协定签字以来，平津一带随时可有战祸。环境的恶化，让南开大学遇到了空前的困难。为了将学校继续办下去，张伯苓与校董们反复思量，决定寻求当时国民政府的支持。为此，他不得不将本该在9月初举行的始业式推迟了一周，专程赶赴南京面见当时的国民政府教育部长。在南京，张伯苓对迎接他的南开校友们说，要"为救国而抗日"，不要因为学校有可能被毁，而对抗日心存顾虑。他呼吁校友们："同学们固应爱护母校，但尤应爱国。"只要国家在，学校"何患不能恢复",相反如果没有了国家,即使学校幸存,被敌人利用来愚弄国民,那"办南开学校又有什么意义?"

时局板荡,令张伯苓忧心忡忡。他感到,必须要通过一次演说,和全校新老同学"稍微谈谈现在的情形"。因此,虽然错过了开学日,但是从南京回来后,张伯苓仍然坚持为同学们做一场始业演说。演说中,张伯苓主要谈了两个主题,一是"认识环境",二是"努力干去"。

这里的"环境"指的是时局,这一年的不同之处,正是"环境有了许多的变化"。张伯苓并没有对同学们谈及学校遇到的困难,也没有过多描述外敌的凶恶。他强调的是中国人、南开人应如何认识这样的环境。他指出,人如果不能应付环境,就要被淘汰,而教育正是帮助人应付环境的。张伯苓说:"最近几年,特别是最近几个月,有个很不安全的感觉。我们自以为是一个国,而这个国可是没有门,没有墙,这怎么好!"国没有"门",是指国防的无力,对外不抵抗,门户洞开。"墙"则是指支撑国家的各方面力量。他特别强调:"以前的环境,四面的墙一齐倒,彼此互相支持住,没有倒下……现在几面墙都塌了,有一面墙要整个地倒下去,自己又没有柱子支着。"联系当时情况可知,"四面的墙一齐倒",是指军阀纷争的混乱局面。而在其他墙都塌了后,"一面墙要整个地倒下去",指的是国民党蒋介石虽然打败了其他新旧军阀势力,却照样在外敌面前软弱无力,同样也要倒下去。

最令张伯苓感慨的,是已处于危墙之下,人们还不能团结一致。不仅如此,很多人甚至没有意识到"不安全"。张伯苓语重心长地对同学们说:"希望我们南开的人,都有这个感觉。"也就是都要有危机意识,快快盖自己的墙,挡住那猛扑而来的势力。

"认识环境"之后,重要的是"努力干去"。怎样去干?张伯苓提出了三个要点:要公、要诚、要努力。要公是价值观,是方向;要诚、要努力是态度和作风。之所以要公，是因为很多人太自私、不能合作。之所以要诚、要努力，则是因为许多人爱耍小聪明、敦厚不足，做事总是浅尝辄止、知难而退。张伯苓主张："南开要的是傻子，不要聪明的。学厚、学傻，要钝。譬如刀吧，磨得很快的，锋刃太尖，这时候不要用。得把他那个尖磨去了，再用就行了。锋利的容易挫，傻的长，可以做事。"这里所谓的"聪明"用今天的话讲就是"精致的利己主义者"，南开不要培养这样的人，相反，南开要培养的是具有"公能"精神的"傻子"，即抱有利他精神的实干家。

讲到自私，张伯苓痛心疾首。他说，自己曾经面对小孩子做过一次讲演。张伯苓问他们："中国人多不多？"小孩子们说："多。"又问"中国强不强？"说："不强。""为什么不强呢？"小孩子们回答："不能团结。"张伯苓说，这个道理小孩子都懂得，但是实际上很多人却做不到。这是知与行的不统一。他让学生们想一想："我真爱国么？我自己对公家有好处吗？我自己对公家有害处吗？"张伯苓要求学生们每天都要想上三回。这可以说是"南开版"的"吾日三省吾身"，通过对每日行动的自省，将为公为国的精神从"知"的层面，落实到"行"的层面，实现知行合一。

他说，很多人有一个毛病，就是太狭隘，"总不愿别人好"。"大家在一块谈，谈到别人的坏处，大家精神百倍；说人好处，就不高兴了，好像不愿中国有好人。"张伯苓指出，"这就是亡国的根源"。讲到此处，张伯苓提出三个振聋发聩的问题：

你是中国人吗？
你爱中国吗？
你愿意中国好吗？

这三个问题看似平常，其实堪称灵魂之问。"你是中国人吗？你爱中国吗？你愿意中国好吗？"实际上是在民族危难之际，对身份认同、文化认同、价值认同的再一次叩问与确认。认同是一个由外到

· 1935年张伯苓在南开大学开学典礼上提出"爱国三问"

内、由认知经由情感再到意志、由观念到行为的连续推进过程。正如当年张伯苓亲历"国帜三易"刺激后，国家观念得以觉醒。他希望同学们不断自问自省，明确自己的国家观念与国家认同。

"爱国三问"无异于醍醐灌顶，激昂了学生们的爱国之志！张伯苓对学生们说，如果你是中国人、爱中国、愿意中国好，那么就改掉自私狭隘的毛病，为国家为公团结起来！他希望南开人要从自己做起，"由一班、一个学校起下功夫，练习为公！"

> 广义之言，学校则教之为人。何以为人？则第一当知爱国。
> ——张伯苓

始业式上的"爱国三问"，让初入南开的学子们真切感受到了国家的危难和南开人的责任，不少同学从此投身到救国运动之中。沧海横流，方显英雄本色。南开的爱国主义教育经受了血与火的考验。抗战胜利后，张伯苓一行来到南京，南开校友、中央通讯社编辑部主任唐际清告诉他："据我所知，抗日战争胜利后，在被立案惩处的汉奸之中，没有一个是战前的南开学校毕业生。"张伯苓说："这比接受任何勋章都让我高兴！"

2018年9月10日,习近平总书记在全国教育大会上指出:"爱国主义是世界各国教育的必修课。爱国主义是中华民族的民族心、民族魂,培养社会主义建设者和接班人,首先要培养学生的爱国情怀。1935年,在中华民族危急存亡之际,著名教育家张伯苓在南开大学开学典礼上问了三个问题:你是中国人吗?你爱中国吗?你愿意中国好吗?振奋了师生爱国斗志。这三个问题是历史之问,更是时代之问、未来之问,我们要一代一代问下去、答下去。"近年来,每逢开学典礼、毕业典礼,南开人都会把重温"爱国三问"作为重要环节。

· 南开学子重温"爱国三问"

南开的爱国精神始于威海刘公岛上的"国帜三易"。2023年,在"国帜三易"事件125周年之际,南开大学携手威海中国甲午战争博物院举办主题展览"从国帜三易到爱国三问——中国现代爱国主义教育的缘起和流变",将展览办到当年事件发生的地方。刘公岛碧波荡漾、海鸟翔集,美景愈美,"国帜三易"的历史就愈深入人心,这种鲜明的对比引发人们思考。新的时代南开人坚持将"爱国三问"作为必答题,赓续传统、发挥优势,坚持爱国和爱党、爱社会主义高度统一,把强国建设、民族复兴作为新时代爱国主义教育鲜明主题,培养德智体美劳全面发展的社会主义合格建设者和可靠接班人。

第三讲
「大学者,大师之谓也」

- "大学最要者即良教师"
- "办好学校的关键主要在教师"
- 教书育人大先生

南开学校首届学生、著名教育家梅贻琦曾说："大学者，非谓有大楼之谓也，有大师之谓也。"这一有名的"大师论"对中国高等教育影响深远。一流的师资是现代大学保持一流办学水平和强大核心竞争力的关键。百余年来，南开大学始终坚持以教师为主导，强调教师高水平，注重培养、引进名师和拔尖人才，涌现出一批批有理想信念、有道德情操、有扎实学识、有仁爱之心的好老师，他们承担起教书育人的神圣使命，成为兴校强校的核心支撑。

一、"大学最要者即良教师"

如前所述，著名学者陈平原曾说过，如果说20世纪中国高等教育有什么"奇迹"的话，很可能不是国立大学北大、清华的"得天独厚"，也不是教会大学燕大、辅仁的"养尊处优"，而是私立学校南开的迅速崛起。南开大学能在动荡的局势与激烈的竞争中生存并取得发展，其中一个关键因素即是学校自开办以来对师资力量的高度重视。

南开先贤在筹划建校时，便设定了一个宏大的发展目标，那就是南开大学要与世界一流大学"并驾齐驱"。然而他们深知办学不易，以私人之力办一所真正民立的大学更是难上加难。如何破局呢？对此，张伯苓明确提出"大学最要者即良教师"，强调学校要办得好，组建一支优秀的教师队伍至关重要。为此，严修、张伯苓在远渡重洋到美国考察教育期间，广泛联系中国留学生，积极争取优秀人才毕业后到南开任教。后来担任南开学校大学部首位主任的凌冰，便是在那时接受了严、张两位先生的委托，在早期引进师资过程中发挥了重要作用。

初创的南开大学规模不大，只有教职员18人。但学校秉持教育救国、为国育才的初心，在经费紧张的艰难情况下，想方设法延揽人才，立足实际培养人才，以诚挚的感情吸引人才、留住人才。经过努力，南开大学相继会集了一批知名学者和青年才俊，形成了一支优秀精干的教师队伍。

在早期教师名单中，你可以看到他们的名字：梁启超、凌冰、司徒如坤、司徒月兰、梅光迪、余文灿、徐谟、蒋廷黻、范文澜、楼光来、李济、萧蘧、萧公权、黄钰生、刘崇鋐、蔡维藩、竺可桢、汤用彤、张彭春、冯文潜、陈逵、柳无忌、罗隆基、姜立夫、邱宗岳、饶毓泰、钟心煊、薛桂轮、杨石先、应尚德、陈礼、李继侗、张克忠、张洪沅、熊大仕、顾静徽、孟广喆、潘孝硕、何廉、方显廷、袁贤能、陈序经、张平群、张纯明、王赣愚、章辑五、董守义、侯洛荀……真可谓群贤毕至、名师云集。张伯苓

·20世纪二三十年代南开大学部分教师

曾在一次全校大会上欣慰而自豪地讲道："在座诸教授皆一时之硕彦，从此教诲得人，诸生受益，当非浅显。"

学术大师梁启超对南开寄予了很高的期望。1921年9月，他在参加南开大学开学典礼时说："我们要希望大学能办得欧美那样好，能发扬中国固有的学术，不能不属望于私立的南开大学了。南开师生有负这种责任的义务。如是南开大学不独为中国未来私立大学之母，亦将为中国全国大学之母。"同年，梁启超便应邀到南开讲授"中国文化史"。这是一门面向全体学生的必修课，每周讲三次，每次两小时，不独南开师生聆听受教，很多外校师生也慕名而来。为讲好课，梁启超以其20余年治史经验，整理国故，增补新知，一丝不苟地撰写讲义，诲人不倦地讲好每一堂课。讲学终了，积讲义十万言，梁启超在此基础上整理完成史学著作《中国历史研究法》，该著作至今仍具有指引历史研究门径、启迪后学的重要价值。

早期应聘来校的更多的是选择南开为事业起点，后来在各自领域崭露头角，成为名家大师的青年学者。对此，曾于1921年至1931年在南开学习、工作的著名物理学家吴大猷感触颇深。他认为，"南开在声望、规模、待遇不如其他大学的情形下，藉伯乐识才之能，聘得年轻学者，予以研教环境，使其继续成长，卒有大成，这是较一所学校藉已建立之声望、设备及高薪延聘已有声望的人为'难能可贵'得多了"。年轻的南开以开放包容的胸怀，吸引有理想、有潜力、有才能的青年学者加入，给予他们成长的空间，提供展示的舞台，实现了大学与学人的双向奔赴、共同成长和相互成就。

这些初登讲台的青年教师，以教书育人的高度使命感和责任心，开启了在南开的教学生涯。1920—1923年，姜立夫、钟心煊、邱宗岳、饶毓泰、应尚德、杨石先等相继留学归来，执教南开，先后创办了算学系、化学系、物理系和生物系。他们年富力强，志同道合，在几乎"一穷二白"的基础上起步，以其扎实的专业基础、高超的教学水平和坚韧不拔的开拓精神，擘画学科建设，购置图书设备，践行"理以强国"的办学理念，并相继培养出刘晋年、江泽涵、申又枨、陈省身、吴大任、吴大猷、郭永怀、伉铁儁、殷宏章等众多优秀人才，为南开大学理科百余年来的薪火相传、赓续不衰奠定了坚实基础。

那时，南开教员都承担着繁重的教学任务，不可谓不辛苦，但大家都以一种忘我的精神投身其中。英文教授司徒月兰同时为低年级和高年级开设必修课与专题课，她热爱教学，要求严格，会当堂纠正学生的发音、指出学生的错误，也会在课后把每位同学请到家中，给他们逐字逐句地分析讲解试卷中的问题，外表严肃、做事认真的她赢得了大家的尊敬与爱戴。著名史学家范文澜曾于20世纪20年代在南开任教5年，其间为学生讲授《文心雕龙》。被南开学子"好学若饥渴，孜孜无怠意"的浓厚氛围感染，他夜以继日地埋首书案撰写讲义，不仅实现了为学生们更好答疑解惑的初衷，还在此基础上完成了个人首部著作《文心雕龙讲疏》，该著作得到梁启超"征证详核，考据精审"的高度评价。

为讲好每一堂课，教师们把所有时间和全部心血都倾注到学生身上。对此，长期担任南开大学秘书长职务的黄钰生衷心赞道：他们当得起"真、勤、正"三个字，他们没有兼差，都是对于学问有兴趣而情愿教学的人。正是这种严谨的治学态度和扎实的工作作风，为南开大学赢得了"教学认真，成绩卓著"的广泛赞誉，更为南开优良校风与教学传统的百年传承打下了坚实的基础。

在早期的师资队伍中，近80%的教师都是从欧美留学归来。这些留洋归来的青年学者，在极大提高南开教学质量的同时，勇立时代潮头，引领学术发展。享有"中国现代考古学之父"称誉的李济，是中国第一位人类学博士，1923年从哈佛大学毕业后应聘至南开，成立人类学系，讲授人类学、社会学、进化史等"新鲜"课程，在京津学术界备受瞩目。著名历史学家蒋廷黻是南开历史系的创建者，在主持历史系工作的6年中，他率先讲授中国近代外交问题，成为中国外交史教学与研究的先驱者。我国植物生态学奠基人李继侗，是美国耶鲁大学林学专业首位中国博士，执教南开期间，用气泡计数法发现了光合作用的瞬间效应，比西方学者的同类研究提早了近10年。著名哲学家汤用彤于20世纪20年代中期主持南开大学哲学系工作，其间几乎讲授过系内所有课程，他开设的不少课程和研究的领域都具有开拓性，范围兼容中、西、印三大文化体系，体现了当时国内甚至国际的最高水平。

值得注意的是，这些教师虽曾留学于欧美名校，但并没有以西洋知识获取名利，而是倾心教育，在南开走出了一条既借鉴西方又贴近国情的学术研究道路。以何廉、方显廷、陈序经为代表的南开经济学人，明确提出"经济学中国化"的主张，编制的"南开指数"享誉海内外，在国内率先开展中国工业化研究及乡村调查，并为国家培养了第一批经济学研究生，为中国经济发展和经济学研究做出了重要贡献。化工专家张克忠是麻省理工学院的第一位

> 我南开同仁，皆工作重，职务忙，待遇低薄，生活清苦。但念青年为民族之生命，教育为立国之大计，率能热心负责，通力合作。
> ——张伯苓

中国博士，博士学位论文《扩散原理》一经发表即轰动了美国科学界。他谢绝了导师的数次挽留，毅然重返母校，先后创建了应用化学研究所、化学工程系，培养本土化工人才，辅助民族企业发展，为中国化工学科建设和化工业发展做出了奠基性贡献。

更为关键的是，学人风骨融入南开精神，积淀为这所学校的宝贵财富。

张伯苓曾言："我南开同仁，皆工作重，职务忙，待遇低薄，生活清苦。但念青年为民族之生命，教育为立国之大计，率能热心负责，通力合作。"25岁的方显廷为加入南开教职而辞去了国家经济咨询局局长的职位。他在辞职信中写道："作为去国七载刚刚归来的游子，请给我机会首先通过教学和研究，来了解故乡的现状，以便日后能对我的国家做些更为有益的工作。"抗战胜利后，友人苦劝身体欠佳的司徒月兰赴美教书，但看似柔弱的她坚定地表示："吾更愿祖国富强。"1946年西南联大结束时，法商学院院长陈序经牢记张伯苓校长委托其复校的艰巨使命，辞谢他校的聘任邀请时说道："南开被炸得四壁全无，我有责任回去南开帮忙。"当他们辞去稳定高薪的公职，婉拒国外大学的邀请，跨山越海来到南开；当他们"待遇虽不优，而能奋勉从事"，其他大学"虽以重聘邀约，亦不离去"；当他们面对筚路蓝缕、日寇毁校、南渡北归、复校维艰等种种困难时，仍保持着创造与奋斗的精神，埋头苦干、努力实干、拼命硬干。正是这些人，使我们心中的"爱国""为公""敬业""担当"，有了一个个具体鲜明的形象。

二、"办好学校的关键主要在教师"

新中国成立后，南开大学进入了新的发展阶段，成为一所文理并重的综合性大学。为更好地承担起为国育才、发扬学术与提高文化的光荣

· 20世纪50年代南开大学部分教师

使命，南开总结办学经验，坚持"办好学校的关键主要在教师"。这一时期，学校认真贯彻执行党的知识分子政策，热烈欢迎并积极争取优秀人才加入南开教职，因时制宜地制定师资培养方针，有计划地执行师资培养方案，逐步形成了一支老中青结合的梯次化教师队伍。在这支教师队伍中，有几十年来兢兢业业的老南开人，有院系调整中加入南开的有生力量，有学成归来报效祖国的青年学者，有支持、参加革命的进步教授，有术业专攻的知名专家，他们合力组成了一支为国爱校、勤勉敬业、严谨务实的优秀师资团队。

著名科学家和教育家杨石先自1923年来校任教起，便与南开结下了不解之缘，曾任理学院院长、代理校长，并成为新中国成立后南开的首任校长。他一生三次赴美求学，都毅然回到祖国，始终不放弃"教育和科学救国"的理想与责任。
1947年，他以出色成绩结束访问学者工作，被印第安纳大学诚邀留校，他谢绝道："我们国家更需要人，我要把我的知识奉献给我的祖国。"解放战争胜利前夕，他拒绝国民政府"离津南飞"的要求，把南开大学完整地带进了新中国。主持工作期间，他始终把培养高质量人才作为根本任务，努力探索新的教育教学管理体制，推动学校各方面工作有序开展。同时，作为化学学科的带头人，杨石先坚持化学必须为国家经济建设服务，并根据周恩来总理的委托，调整了自己的科研方向，开展解决6亿人民吃饭问题所急需的农药研究，以花甲之龄带领团队躬耕不辍，为保障国家粮食安全和农业发展做出了杰出贡献，被聂荣臻元帅赞为"学者楷模、人之师表"。

吴大任是我国较早从事积分几何研究的数学家，早年求学南开时与陈省身同班，都是姜立夫先生的得意弟子。新中国成立后，本想在数学领域一展宏图的吴大任，先后被任命为南开大学教务长、副校长。面对事业的重大调整，吴大任欣然接受了任命。因为他坚信，科学的管理是我国高等教育事业快速发展的重要环节，对于祖国培养高级人才意义重大。因此，他全身心投入南开建设，并在领导教学与科研的实践中，不断研究、总结高等教育的规律，且一干就是一辈子。后来曾有人感慨，如果吴大任可以专心搞科研，在数学领域会取得更高的成就。闻此，他只是平和地说："搞管理工作是党的需要，不是我干就是别人干，党把任务交给我，我就全力以赴地去干。如果说我基本上完成了这个历史任务的话，那么我就终身无憾了。"

> 教师进行的是传道、授业、解惑的工作，教师在教学中起着主导作用。因此，教师一定要认真备课，认真传授自己的知识和经验，负责地教育学生，严格地要求学生。
> ——杨石先

杨石先与吴大任这两位"老南开"，以至诚无私之心，为学校建设与发展多方筹谋、呕心沥血，可谓道德文章皆为楷模。受其感召，南开学人在探索创办社会主义新型大学的曲折过程中，同心协力，奋勇前行。

一批在海外深造的优秀人才于新中国成立前后，毅然放弃国外优越的工作和生活条件，返回祖国，加入南开，以饱满的热情和干劲儿实践其报国强国的理想。为把国外大量的珍贵资料带回国，萧采瑜和綦秀蕙夫妇决定采用当时尚未广泛推广的缩微胶片摄影文献储存法。为此，他们节衣缩食，把省下的钱都用来购买照相器材和设备，经过长期的努力，回国时共带回了微缩胶片文献近3000篇，累计达50000页，还有2000余篇论文油印本和一大批昆虫分类学的专业书籍。这批文献资料是夫妇二人留学10年的全部心血，为学校生物学系的恢复重建发挥了重要作用。

何炳林和陈茹玉始终铭记赴美留学前，杨石先老师对他们的谆谆教诲："美国搞科研有独特的、优越的条件，但那不是我们的祖国，你们不能在那里待一辈子，学成之后，要赶快回来，为贫穷的祖国出力。"为此，夫妇二人在国外争分夺秒地学习，5年时间便双双取得了印第安纳大学博士学位。在因美国政府无理阻挠而被迫滞留国外期间，他们一面潜心从事国家建设亟需的化学研究，一面积极为回国做准备，用自己的积蓄购买图书、仪器，以及当时国内还生产不了的化学原料，并精心筹划，把平时搜集到的大量科技资料化整为零，分期分批地寄给国内的亲友。1956年，当他们历尽曲折回到祖国的怀抱时，热泪禁不住潸然而下。

很多学术精湛的老教师，将自己几十年来积累的宝贵治学经验倾囊相授，热情关怀和帮助青年教师快速成长。邱宗岳可谓南开化学系"第一人"，自1921年来校任教起，毕生坚守在教学一线，为国家培养了几代化学科技人才，留下了南开教授"一堂课换来一座楼"的佳话。晚年，他不仅讲课愈加炉火纯青，而且自觉承担起培养师资的重任，言传身教，授之以渔。他经常谆谆告诫青年教师："要想检查自己的教学效果，除了要看自己已经讲了多少、讲清楚了多少以外，更主要的是要看同学们吸收掌握了多少。"1961年10月，学校为邱宗岳举行了隆重的执教40周年庆祝会，号召大家学习他丰富的教学经验、学而不厌以及始终如一的勤俭办学精神。著名作家李霁野赋诗："执教南开四十年，喜看桃李满瀛寰"，"温文谦让待侪朋，化雨春风育后生。"向这位勤奋教学一生的南开人致以崇高的敬意。

冯文潜也是一位教龄超过30年的老南开人，讲授哲学、美学等多门课程，一生坚持"述而不作"，却留下了数十本讲稿和备课笔记。他总结教学经验，主张教师上课要将讲授内容融会贯通，切忌照本宣科，对学生应严格要求且循循善诱，注意培养他们的基础理论修养，鼓励学生精读原著并坚持撰写读书报告。课堂之外，冯文潜为学校发展贡献良多，深受师生敬重与爱戴。抗战胜利后，他以多病之躯出任文学院院长，为延揽人才、筹备复校而奔波操劳，又在新中国成立后担任校图书馆馆长，克服经费拮据、人手不足等困难，努力扩大馆藏，加强工具书建设和期刊选购，为教学科研做好服务。1963年冯文潜病逝，学校举行了隆重的公祭仪式，会场上摆放着治丧委员会委员周恩来与邓颖超合送的花圈。大会挽联上书："持真理勇往直前，百炼成钢，对人民深怀忠悫；为工作鞠躬尽瘁，一心向党，给师生永树风规。"

在"向科学进军"的大潮中，南开教师坚持以高质量的教学、科研成果服务国家建设。史学大师郑天挺和雷海宗在院系调整后相继加盟南开，分别担任历史系主任和世界史教研室主任。他们团结带领全系同仁，致力学科建设，改进教学质量，培养专业人才，使历史系成为名家云集的一流学术重镇，形成了"惟真惟新，求通致用"的史学传统，为新中国的史学研究和教育做出了重要贡献。著名诗人翻译家查良铮（穆旦）在外文系任教的日子里，迎来了译著生涯的黄金时期。为将外国作品更多更好地介绍给中国读者，他夜以继日地埋头译诗，并以严谨的态度辅以注释，为此几乎跑遍了各大学图书馆和北京图书馆查阅资料。功夫不负有心人，仅在1954年，查良铮翻译的三部长诗单行本、诗体小说《欧根·奥涅金》以及包含160首诗的《普希金抒情诗集》即先后出版发行。至1958年，他翻译出版的诗集和著作已多达17种，在国内掀起了"普希金热"。

数学系教授严志达响应党和国家的号召，于1952年学成归来，执教南开，为弥补当时国内数学领域的空白，将自己的研究方向确定为李群与李代数。自1954年起，他开设并长期主持"李群与微分几何"高水平讨论班，培养了众多优秀的专业人才。他在1959年取得的重要科研成果"严志达标准形"及"严志达图"，领先了日本数学家的相关研究至少6年。化学系教授陈荣悌多年潜心钻研，在当时十分有限的科研条件下，通过大量实验和数据分析，提出了配位化学中总的自由能和焓的直线关系的定量关系式。这项开创性的研究成果一经发表，立即引起了国际化学界的高度重视，来自20多个国家的70余位学者纷纷来函表示祝贺并索要论文单行本，提出学术交流的请求。正是这份教书育人的勤奋执着与求精图强的不懈奋斗，为南开大学确定在新中国高等教育体系中的重要地位，注入了最强大的底气。

更撼人心灵的是，即使在动荡岁月中，南开学人也始终不坠青云之志，凭借对党和人民的忠诚、对国家前途的责任和对教育事业的热爱，以坚韧不拔的毅力，顶住压力、克服阻力，坚持开展教学与科研。为在有限余生把满腹学识尽可能地传授给青年学子，雷海宗以病弱之躯重返课堂，讲授"外国史学名著选读"和"外国史学史"两门课程，在神圣的讲台上坚持到生命最后一息。生物系教授萧采瑜面对不公待遇不争不辩，只要能争取到一点儿工作时间，就走进实验室，对数万个半翅目类昆虫标本逐一在双目镜下分析研究，分出数百种盲蝽，为盲蝽科分类研究奠定了基础。中文系教授华粹深晚年疾病缠身，但仍心心念念古典戏曲小说研究室的工作，在轮椅上为研究生讲授"元杂剧研究""京剧史"课程，燃烧自己的生命之火照亮学生的治学方向。数学系教师王梓坤在钻研业务的同时，"不顾天昏室暗，不顾毛巾结冰，被头凝霜，虽手指冻烂而三易其稿"，完成《科学发现纵横谈》一书，该书于1978年出版后连印6次，成为畅销至今的科普名作……他们在困境中守正抗争，不改初衷，不忘本色，振作起南开精神，挺直了南开脊梁。

三、教书育人大先生

改革开放以来，南开大学继承和发扬重视人才、尊师重教的好传统。从提出"加强师资队伍建设是提高教育质量的决定因素"，到将人才视为学校发展的"首要战略资源"，南开始终将人才工作摆在突出位置，坚定实施人才强校战略，着力打造一支公能兼济、业务精湛、结构合理、充满活力的高素质教师队伍。

著名经济学家、教育家滕维藻于1981年出任南开大学校长，在学校百废待兴、改革发展的关键时期，团结带领全体教职员工，认真贯彻党的知识分子政策，努力营造人气和顺的工作局面，及时把全校工作重心转移到以教学科研为中心的轨道上来。为加快学校发展，他牵头制定了"加强基础，着重提高，发挥优势，补充短线"的办学方针，调整学科结构，大力发展国家急需的应用学科，为南开文理并重、比翼齐飞学科特色的形成做出了重要贡献。他积极推动学校的对外交流，带队访问国外知名大学，力邀在国际上享有盛名的学术大师与专家学者执教南开，支持经济学院与加拿大约克等大学合作培养研究生，创立了蜚声国内外的"南开-约克"办学模式。同时，作为我国世界经济学的奠基人，滕维藻在跨国公司研究领域取得了斐然成就，于1986年在南开大学主持召开了"跨国公司在世界发展中的作用与中国的开放政策"国际学术研讨会，论文结集以双语出版，使跨国公司研究成为学校的特色之一。

> 我们的希望是在廿一世纪看见中国成为数学大国。
>
> 为中国数学、南开数学，我将鞠躬尽瘁，死而后已。
>
> ——陈省身

沐浴改革的春风，南开积极延揽贤才加盟，呼唤游子归来。

国际数学大师、南开杰出校友陈省身从1972年中美两国关系刚刚解冻时，便开始回国访问讲学。他曾在一首《回国》诗中表达了深沉的赤子情怀："飘零纸笔过一

· 国际数学大师陈省身

生，世誉犹如春梦痕。细看家园成乐土，廿一世纪国无伦。"在吴大任、胡国定等人的几番奔走下，经邓小平同志批准，陈省身于1984年正式受聘为南开数学研究所所长。在数学所 成立仪式上，这位年过七旬的数学家深情地说："我把最后一番心血献给祖国，我的最后事业也在祖国。我要为中国数学的发展鞠躬尽瘁，死而后已。"从此，陈省身为南开数学研究所和中国数学事业的发展殚精竭虑。在他的推动下，从1985年到1995年，南开数学研究所先后举办了12次影响深远的学术年活动；1986年，南开首创"数学试点班"，着力打造本土化的高层次数学人才培养基地；1987年，陈省身力邀杨振宁来南开建立理论物理研究室，实现了数学与物理的高度结合；1988年，他在21世纪中国数学展望会议上，提出了著名的"陈省身猜想"——"中国将成为21世纪的数学大国"，并争取到国家"数学天元基金"的专项支持。为促进中国数学的进步与发展，在他的首发倡议和奔走推动下，有数学界"国际奥林匹克"美誉的国际数学家大会于2002年在中国成功举办。为纪念他对数学事业做出的杰出贡献，2004年11月2日，一颗永久编号为1998CS2号的小行星被命名为"陈省身星"。在这方有大师的星光照拂的土地上，南开人正在实现数学强国的道路上一往无前。

中国古典文学专家、"诗词的女儿"叶嘉莹在1979年终于实现了回国教书的夙愿，结缘南开。从那时起，她每年都利用假期回国授课，不分寒暑，往返于大洋两岸。40多年

• "诗词的女儿"叶嘉莹

来，相继应邀到国内几十所大学巡回讲学，举行古典诗词专题讲演数百场。2014年，90岁高龄的叶嘉莹决定定居南开大学，她说："结缘卅载在南开，为有荷花唤我来。"作为蜚声海内外的大师级学者，叶嘉莹著作等身，成果斐然，但她却坦言，自己从没想过要做一名学者或诗人，因为学者和

> 构厦多材岂待论，
> 谁知散木有乡根。
> 书生报国成何计，
> 难忘诗骚李杜魂。
> ——叶嘉莹

诗人的成就一般是属于个人的，而她更想做好的是教书事业和古典文化的传承。多年来，她始终坚守讲台，用诗词的美好回馈台下那一双双热切求知的眼睛。1993年，叶嘉莹受邀担任南开大学中华古典文化研究所所长，她捐出一半退休金，设立"驼庵奖学金"和"永言学术基金"奖掖后学。晚年，为了设立"迦陵基金"，她更将自己的积蓄和变卖房产的收入，累计3568万元全部捐赠给南开，支持古典文化研究事业。"莲实有心应不死，人生易老梦偏痴。"这位百岁学者的"痴心"，就是希望年轻人在美好的诗歌中，汲取到中华民族最宝贵的文化营养，中华诗教传统绵延不已、代代相传。2024年7月6日（农历六月初一）是叶嘉莹百岁华诞，她在生日寄语中谈到学习古典诗词的体会，鼓励大家坚持对古典诗词的热爱。她说："不向人间怨不平，相期浴火凤凰生。柔蚕老去应无憾，要见天孙织锦成。"

一批上了年纪的南开学人岁月不减老骥心，在时间赛道上加速奔跑，愈发彰显出生命的活力。经济学家杨敬年在治学的黄金年龄被错划右派，他以"能受天磨真铁汉"的顽强意志直面困顿，在做好力所能及工作的同时，坚持跟踪国际学术前沿。71岁恢复名誉后，他怀着"欲为国家兴教育，肯将衰朽惜残年"的心愿重返讲台，在全国高校中率先开设了"发展经济学"课程，编写的《西方发展经济学概论》和《西方发展经济学文献选读》

成为该领域的经典教材。从1978年开始,杨敬年坚持为学生和青年教师讲授了16年专业英语课,直到86岁退休。晚年,他笔耕不辍,88岁时写完20余万字的专著《人性谈》;90岁时,翻译完成了74万字的经济学世界名著《国富论》,十余年间连印16次、发行10多万册;百岁之年,出版了27万字的自传《期颐述怀》;105岁时,口述了一万多字,对《人性谈》进行修订再版……在他108岁高龄时,当被问及思考最多的问题时,他说:"我还是在想,中国的未来。"

著名化学家申泮文是地地道道的"老南开",经历了南开发展的蹉跎岁月,一生情系母校。他专注于无机化学教育事业,几十年如一日地讲好基础课,沥尽心血地推进教材建设和专业师资培养。在20世纪80年代,他相继发起组建了南开化学软件学会、分子计算中心,用活了化学的"三驾马车",助力其"让中国的高等化学教育走在世界前列"的梦想成真。与此同时,他积极致力于南开爱国主义精神的宣传教育。1987年,他组织学生成立了"南风宣传队",用自己收集的日寇毁校图文资料制作展板,在大中路上进行展览,警醒师生毋忘国耻校殇。1995年,他编写的《天津旧南开学校覆没记》正式出版,书的扉页上赫然印着"纪念抗日战争胜利50周年""沉痛纪念天津南开学校被毁58周年"醒目字样。申泮文终其一生不厌其烦地向一代代南开学子,讲述着南开往事和他所受到的南开教育,他说:"南开精神一直是鼓舞我在事业中不断前进的推动力量。"

一批优秀学者教学科研日趋成熟,成长为学校事业发展的中坚力量,肩负起振兴南开、培育新人、科教兴国的时代重任。

罗宗强于1956年考入南开中文系,师从王达津先生,研习中国文学批评史,以半生厚实的学问积淀,开创了中国文学思想史的研究方法与学科方向。他拒绝浮躁学风,坚持一一细读存世原著的"笨办法",力求在大量掌握一手资料的基础上做研究,尽量地接近历史的本来面貌。本着这样的治学态度，他相继撰著了《李杜论略》《隋唐五代文学思想史》《玄学与魏晋士人心态》等精品力作，《隋唐五代文学思想史》更是荣获教育部人文社科优秀成果一等奖。罗宗强的身体并不很好，当完全沉浸于创作中时，常常提着一股劲儿，夜以继日地埋首书案，这使他的健康受到严重影响，每当完成一部书稿时，往往会病上一场。最严重的一次，是他在倾10年之功写就《魏晋南北朝文学思想史》后，因积劳成疾而患上重症肌无力，连喝水都无法下咽。然而疾病不能熄灭研究的热情，他以顽强的毅力战胜病魔，深耕不辍，继续追求学术事业上的不断精进。

陈晏清于1962年在南开哲学系开启了从教生涯，也正是在那一年，哲学专业从政经系中独立出来正式建系。伴随哲学系的建设发展，陈晏清勤奋耕耘，走出了一条"返本开新"的治学道路。他坚持"哲学应当以哲学的方式为现实服务"，无论"返本"还是"开新"，都要有明确而强烈的问题意识引导，并适应于中国社会改革发展的现实需要。在这样的指导思想下，从撰著《"四人帮"哲学批判》《当代中国社会哲学》，到主编"社会哲学研究丛书""当代马克思主义哲学研究丛书"及8卷本《新时代政治思维方式研究丛书》，他带领团队不懈探索，为南开马克思主义哲学学科建设做出了重要贡献。80岁时，陈晏清在文集中写道："我在南开的半个多世纪里，一直努力弘扬符合于马克思主义的实践批判本性的哲学精神，为我自己、为我的学生、为我所在的学科培育一种新的学风，即强调现实关怀、注重理论与实践相结合的学风。"

李正名时刻铭记恩师杨石先的嘱托——"走中国自己的农药发展道路，赶上和超过国际先进水平"，毕生行走在创制农药的道路上。他带领团队，历经20余年的不懈探索，成功研制出我国第一个具有自主知识产权的绿色超高效谷田专用除草剂单嘧磺隆，实现了中国农药自主创制"从0到1"的突破。回顾人生经历，李正名深情地说："能将我的专业知识和祖国科教事业建设紧密地结合起来，在岗位上做出一定的业绩，感到自己的人生过得很有价值。"

数学家张伟平承袭恩师陈省身"把中国建成数学大国、数学强国"的志愿，瞄准国际科学前沿，孜孜探寻数学之美，取得了众多创新性成果，更因在微分几何中阿蒂亚-辛格指标理论方面的成就，被国际数学界誉为"该领域的领袖"。多年来，他始终坚守在数学研究所，与全所同仁一道，培育新时代数学人才。谈到未来发展，张伟平真诚地说：推动数学学科的发展，既是陈省身先生的梦想，也是自己毕生奋斗的目标，希望能带动更多人爱上数学，投身国家基础科学研究。

当前，在全面建设南开品格、中国特色、世界一流大学的新征程中，南开大学正加快构建进德修业、引育并举的人才新生态，实施面向2035年的高层次人才双倍增计划，全方位培养、引进和用好人才，强化高层次人才战略布局和梯队建设，优化"人才特区""百人计划"等系列举措，着力引育汇聚大师、战略科学家、领军人才、优秀青年学科带头人和顶尖团队，师资队伍质量持续优化提升，先进教师与优秀团队不断涌现。叶嘉莹先生获中国政府友谊奖、"感动中国"年度人物、世界中国学贡献奖；周其林院士获2019年度国家自然科学一等奖、全国教书育人楷模称号；由许京军教授领衔的光学与光子学教师团队、方勇纯教授领衔的智能科技教师团队，先后入选"全国高校黄大年式教师团队"；逄锦聚教授荣获2024年度全国教书育人楷模、"南开大学教书育人杰出贡献奖"；袁晓洁等10位奋战在教学一线的优秀教师，获评2023年度学校首届"卓越教学奖"；自2007年至今，200多位教师获评南开学子的"良师益友"……他们正在自己的岗位上奋力书写新时代的南开故事。

2019年1月17日，习近平总书记来校视察时强调，南开是出大师的地方，专家型教师队伍是大学的核心竞争力，要把建设政治素质过硬、业务能力精湛、育人水平高超的高素质教师队伍作为大学建设的基础性工作，始终抓紧抓好。百余年来，一代代南开名师学人用自己爱国荣校、秉公尽能、勇于担当、无私奉献的一生，完美阐释了"大师"的内涵，成为无数学子治学为人做事的表率，为南开发展注入了不竭的动力。在建设教育强国的征程中，南开将持续弘扬教育家精神，不断涵养南开"大先生"和"四有"好老师，以高素质专家型教师队伍为高质量人才的培养提供坚强保证。

第四讲
日寇毁校与西南岁月

· 暴日肆狂毁我南开

· 合组联大弦歌不辍

· 战火淬砺刚毅坚卓

1937年7月，日寇发动了全面侵华战争。南开大学作为天津抗日救亡运动重镇，惨遭日寇毁掠。8月，南开大学、北京大学、清华大学奉命到长沙组建临时大学，继而再迁昆明，合组西南联合大学。三校联合建校，精诚合作，刚毅坚卓，在战火硝烟中弦歌不辍，创造了世界教育史上的奇迹。

一、暴日肆狂毁我南开

1937年7月29日，日军野蛮强占天津后，召开中外记者会，公开宣布要炸毁南开大学。美国合众社记者爱泼斯坦（Israel Epstein）在抗日战争时期，向国外真实报道了日本侵略中国的行径。在1939年出版的《人民之战》一书中，他记录了这样一幕："雅致的受有英国教育的队长说：先生们，今天我们要轰炸南开大学。""但是，又有何理由去轰炸一个世界闻名的教育机关呢？""先生们，南开大学是反日的基础。我们必需毁掉一切反日的基础。""你是什么意思？""南开学生是反日的，是共产主义者。他们常常找我们的麻烦。"

凡是对侵略者的反抗，均被视为"挑衅"与"侮辱"，这是侵略者的强盗逻辑及本性使然。制造南京大屠杀的元凶松井石根曾无耻狡辩，"这就像是兄长在长时间的忍耐后，痛打其年轻而又不听话的弟弟一样，这绝不是出于仇恨，而是为了促使其反省的爱之深的手段。"时任日本驻美大使出渊胜次也宣称："日积月累，以致日本忍无可忍，没奈何才诉诸武力，求中国的反省。"

日寇为什么对南开恨之入骨？就因为南开是一所具有光荣爱国传统的学校。在中国人民反侵略斗争中，南开是最早投入反日侵略的学校之一。如前所述，南开学校肇端于甲午战败。从周恩来、马骏带领天津学生发起抵制日货、废除不平等条约的斗争，到南开学子一二·九运动中的抗争；从第十八届华北运动会上"毋忘国耻"的自强怒吼，到开学典礼"爱国三问"的灵魂叩问；从编写《东北地理教本》、开辟《大公报经济周刊》，揭露日本侵华野心，到与民族企业密切合作，打破日本对中国酸碱工业的垄断……日本侵略者对南开早就如芒在背，如鲠在喉，必欲除之而后快。

七七事变后，华北危急。日本军队不断演习，加紧了进攻天津的准备。在日军进攻天津前夕，日本特务和汉奸活动频繁。曾有汉奸冒充新闻记者图谋绑架南开大学学生会成员，引来留校学生群起自卫。此后，日本军部强迫天津警察局命令：南大全体学生立即离校，否则日人将自由行动。当时，张伯苓正在江西庐山参加国民政府召集的国是谈话会。南大秘书长黄钰生等决定疏散学生，动员学生回家，交通不便或无家可归的东北学生，集中居住在秀山堂，女学生及教员眷属迁往法租界暂避，同时紧急整理图书仪器运往租界。但是由于受到日军阻拦，装车备运的全校90%的物资中，仅有一半被运出。

7月29日、30日，日寇连续两天用飞机、大炮对南开进行狂轰滥炸。29日下午，炮轰曾一度停止。据目击者称，有一长列日军汽车，从南开开到海光寺，车上堆满了货物。事后得知，日寇停炮轰是为了抢劫尚未搬走的图书。"轰炸之不足，继之以焚烧。"30日下午3时许，日军百余名骑兵和数辆满载煤油的汽车，闯入校园，到处纵火。秀山堂、思源堂、图书馆、教授宿舍及邻近民房，尽在烟火之中。同时，日寇还轰炸了南开中学、南开女中和南开小学，在津的南开系列学校遭到全面破坏。

• 秀山堂残迹

爱泼斯坦如是记录了日寇的暴行："日本人炸了南开。他们的飞机一队队地飞过它，飞得很低几乎能够把炸弹放在校舍上。宏伟的图书馆以及它所有的典藏与其他的建筑一同毁掉了。当轰炸完成后，日本人带了稻草与火油来，把所有没有炸完的地方放火烧掉。这是他们对于学生运动的报复。"实业家周学熙的后人周淑昭当时是南开大学学生。她在天津英租界三叔家的小阳台上目睹了南开被毁的情景，"我们目击日本军队烧毁了南大的图书馆，一团熊熊火焰把南郊的夜空照亮的如同白昼，一所新盖好，美轮美奂的图书馆化为了灰烬"。当时住在天津的美国人格蕾丝·狄凡也是目击者："当燃烧弹击中政府大楼和南开大学的时候，浓烟夹着火苗冲天而起。林爱德（一位南开教授的美籍夫人，编者注）望着曾备受保护的校园被毁坏的情形，依在格蕾丝的肩头痛苦地抽泣起来。这个离城只有几英里远，有着莲花池、林荫道的舒适校园，因为有藏书众多的图书馆、大型的学术楼和研究设施而享誉国际。林夫人愤怒地指出这次袭击是对最近南开大学学生的抗日游行示威活动的残酷的报复。"

沧海横流方显英雄本色。日寇轰炸南开时，留守学校的有秘书长黄钰生、理学院院长杨石先、斋务负责人郭屏藩（郭平凡）等几位教工和少数学生。29日凌晨，海光寺的日寇兵营开始炮击南开时，黄钰生、杨石先等人组织师生分乘小船，向学校南面的青龙潭（现水上公园）疏散。炮火硝烟中，大家沉着镇定，礼让登船。日寇一架小型飞机紧紧跟随。每当枪弹袭来，郭屏藩下意识地低头躲避，黄钰生与他并肩而坐，乃打趣说："老郭莫要自私，你低头，炮弹不就打着我吗？"全船哄笑，气氛为之一松。由于日机不断扫射，大家只好跳下船，分散隐蔽在芦苇塘边的稻田里。

天亮后，黄钰生、杨石先、郭屏藩、张新波、赵世英和5名学生冒着危险回来检点校舍，并寻觅船只准备继续抢运物资。这时炮声仍然不断。日机又在南大上空投下一面指引目标的旗子，于是海光寺日寇炮火更为猛烈。大家相商请杨石先先行撤离，离开时他只有身上一套单衣和一架照相机，看到十余年心血毁于一旦，杨石先悲愤之余誓作复校之决心。其他人急回秀山堂躲避。少顷，芝琴楼门窗玻璃震落不绝，秀山堂楼顶也有爆炸声，一颗炮弹从屋顶直穿到地窖，幸未爆炸。知此地不可久留，黄钰生等人突围。无奈日寇火力猛烈，只好又折返回来，准备与秀山堂共存亡。这时，工友霍文来报，日寇坦克正向八里台开来。张新波建议："与其被敌人活活捉去，宁愿冒火网冲出。"他们二次突围至思源堂停船处，撑船工人老穆"持篙傍船，肃然恭候，忠勇若此，可谓难求"。至八里台村小桥，由于"目标暴露，敌人骤然集中射击"，郭屏藩不慎落水，"危急之际，又劳同伴提拔"，"种种细微之处，亦见南开精神"。师生经吴家窑，到佟楼，进马场道，暂住法租界南大临时办公处，后又迁到英租界。

撤离南开校园时，黄钰生浑身泥水，一脸烟尘，眼镜架只剩下一条腿，自己家顾不上，连一身换洗衣裳都没拿，手中却提着南开大学的全部"家当"——一大串钥匙。事后当黄钰生见到张伯苓，交上这串钥匙时说：我未能保护好南开大学，但我把南开各楼室的钥匙全部给您带回来了，我的历史任务完成了。张校长热泪盈眶，紧紧握住他的手说："子坚，你辛苦了！"黄钰生还写信告知夫人梅美德（南开女中部主任）家中财物尽失。梅夫人安慰道："论职守，校产毁，私产亦毁，于心无愧。若校产毁而私产存，就可耻了。"

这场劫难使南大损失惨重，教学楼、图书馆、教师住宅和学生宿舍大部毁于一旦，仪器设备破坏殆尽，珍贵的图书典籍和成套的外文期刊遭洗劫一空，重达13000余斤刻有《金刚经》全文的校钟亦被劫掠。据1943年9月25日《私立南开大学抗战期间损失报告清册》统计，学校损失的房屋、图书、仪器设备等财产物资，按1936年价值共计法币663万元（根据1936

年5月的《中美白银协定》，法币与美元挂钩，100法币＝30美元）。

南开被毁，国人愤怒，世界震惊。茅盾、郭沫若等56位左翼作家致电慰问张伯苓和南开师生。蔡元培、胡适等7人致电国际组织，报告日寇暴行。黄炎培发表《吊南开大学

> 敌人此次轰炸南开，被毁者为南开之物质，而南开之精神，将因此挫折，而愈益奋励。故本人对于此次南开物质上所遭受之损失，绝不挂怀，更当本创校一贯精神，而重为南开树立一新生命。
> ——张伯苓

并急告教育当局》，义正辞严地正告日寇，无法毁灭"无形的南开大学所造成的万千青年的抗敌精神"。英美各大学教授联名谴责日军暴行。中外通讯社也纷纷报道南开被毁惨状，声讨日寇的野蛮行径。

日寇暴行绝不会使南开人屈服。此前张伯苓即在庐山国民政府召开的国是谈话会上坚定地表示："南开凝聚了我一生之心血，战端一开，难以保全。""保不住就不保了，决不能向日本人屈服！打烂了南开可以再重建，国家一旦灭亡了，还谈什么教育！"听者无不为之动容。日寇毁校时，身在南京的张伯苓闻听南开大学、中学、女中、小学四部校舍被毁，"几难自持"，彻夜未眠，但他在接受记者采访时仍坚定地表示："敌人此次轰炸南开，被毁者为南开之物质，而南开之精神，将因此挫折，而愈益奋励。"7月31日，蒋介石约见张伯苓等人。席间，张伯苓第一个慷慨陈词："只要国家有办法，南开算什么？打完了仗，再办一个南开。"蒋介石当即表示："南开乃为国家而牺牲，有中国必有南开。"

是年8月，南开被日寇炸毁不到月余，张伯苓的四子张锡祜，作为空军飞行员奔赴前线与日作战，以身殉职，年仅25岁。牺牲的12天前，他在最后一封家书里写道：

"去年十月间,大人于四川致儿之手谕。其中有引孝经句:'阵中无勇非孝也。'儿虽不敏,不能奉双亲以终老,然亦不敢为我中华之罪人,遗臭万年,有辱我张氏之门庭……望大人勿以儿之胆量为念。"张伯苓听闻儿子牺牲的噩耗后,默然许久,缓缓说道:"吾早以此子许国,今日之事,自在意中,求仁得仁,复何恸为!"

南开被毁后,学校大部分地下党员、"民先"队员分赴各地参加抗日。庶务科、会计科二三人留守天津,借用法租界巴黎道青年会处理学校善后事宜。部分教师随经济研究所和化工系迁往重庆,绝大多数师生辗转南迁,加入长沙临时大学。

二、合组联大弦歌不辍

全面抗战爆发后,为赓续文化命脉,国民政府采取了应急措施,包括选定若干适当地点,分区成立临时大学,其中第一区由北京大学、清华大学和南开大学组成,校址定在湖南长沙。1937年11月1日,学校正式开课。当时正值全面抗战开始,举国振奋之时,青年学生纷纷要求参军参战。据不完全统计,南开从军学生70余人,经济系学生何懋勋等奔赴八路军抗日根据地。后因日寇对长沙轰炸日益频繁,学校只得继续南迁昆明。

长沙临时大学师生分三路入滇,其中湘黔滇旅行团行程最为艰险,成员为体检合格、自愿步行入滇的男生。全团师生共计300余人,实行严格的军事化管理。团长由湖南省主席张治中指派的中将参议黄师岳担任,同行教师11人组成辅导团,南开教师有黄钰生和侯洛荀。黄钰生担任湘黔滇旅行团指导委员会主席,旅行团的经费管理、行军路线、宿营、伙食安排,事无巨细,他都亲自筹划和指挥。为安全起见,他把全团数万元经费用布带缠在腰间并自嘲说:"我是腰缠万贯下西南啊!"迁徙途中,他十分强调三校团结，南开学生与外校学生发生争吵，他首先严厉批评南开学生。有一次，因为住宿分房问题，南开同学向黄钰生告状：北大、清华人多势众，我们吃了亏。他却说：我不爱听这校那校的，我不是经常说"三校一家"么？要好好团结。他还意味深长地说：如果南开同学与南开同学吵架，各打五十大板；如果与外校同学吵架，对南开学生加倍打。消息传出，学生们备受感动，很快便成为同甘共苦的朋友。在他的带领下，旅行团顺利抵达昆明。为此，他在手杖上刻了"行年四十，步行三千"的字样，深以为豪。

> 万里长征，辞却了五朝宫阙。暂驻足，衡山湘水，又成离别。绝徼移栽桢干质，九州遍洒黎元血。尽笳吹、弦诵在山城，情弥切。千秋耻，终当雪，中兴业，须人杰。便一成三户，壮怀难折。多难殷忧新国运，动心忍性希前哲。待驱除仇寇复神京，还燕碣。
>
> ——《西南联大校歌》

1938年2月19日，湘黔滇旅行团辞别长沙，踏上漫漫征程。出发前黄师岳团长发表讲话，认为这次行军的重要意义可以和历史上张骞通西域、玄奘游天竺、郑和下西洋相比，给全团师生以特别的鼓舞。一路上，师生们翻山越岭，艰苦异常。"一天走六十里路不算么事"，有时八九十里，甚至一百多里，师生"在农舍地上铺稻草过宿""与鸡鸭犬豕同堂而卧"。他们在湘西时常遭到土匪的袭扰，还一度因暴雨和大雪困于沅陵，也曾因铁索桥垮断而乘小木舟横渡盘江，水流湍急，惊险万状。4月28日，旅行团到达昆明。此次行军历时68天，辗转湘、黔、滇三省，行程3000余里，是中国教育史上的一次壮举。

湘黔滇旅行团的宗旨是"使迁移之举本身即是教育"。一路上，师生们宣传抗日，考察沿途风土人情，访问苗家山寨，旁听村民议事，了解民间疾苦，并随时随地开展科学研究，有的勘探地质，有的采集标本，有的写生作画，有的记录语言素材。南开哲学教育系学生刘兆吉收集到湘西、黔东、滇南各民族的民歌、民谣 2000 多首，后来筛选 700 余首，整理成《西南采风录》，于 1946 年由商务印书馆出版。该书受到著名学者闻一多、朱自清、黄钰生等人的高度评价，被誉为"现代诗经三百篇"。一批参加旅行团的学生后来成为著名学者，其中王玉哲、申泮文、严志达、查良铮（穆旦）都是南开大学的著名教授。

·西南联大校门

1938 年 4 月 2 日，长沙临时大学改称"国立西南联合大学"。三所中国著名学府以联合办学的方式重获新生。西南联大只有 8 年多历史，却成为中国教育史上的一座丰碑。

西南联大的辉煌，体现在教书救国的学者身上。西南联大是一所多学科、多层次、多规格办学的综合性大学。学校汇聚了众多名师巨匠，开设课程之多，学术领域之广，教师阵容之强，在国内堪称首屈一指。在教书育人的同时，西南联大教师投身科学探索和学术研究，他们的成果大多成为日后各个学科发展的奠基之作。

西南联大的辉煌，体现在读书报国的学子身上。从 1938 年至 1946 年，在西南联大学习过的学生达 8000 余人，毕业 3886 人，走出了 2 位诺贝尔奖获得者，8 位"两弹一星功勋奖章"获得者，5 位国家最高科学技术奖获得者，175 位院士以及大批蜚声中外的杰出人才。

南开在西南联大三校中规模最小。例如，长沙临时大学时期教育部拨发的经费分别为北大27416.65元，清华35000元，南开9333.33元。从师生人数看，南开先后参加联大教学工作的有50余人，约占全校教师人数的1/6。从昆明毕业的学生北大籍369人，清华籍716人，南开籍195人。南开规模虽小，但贡献却不小。南开许多教师在西南联大担任重要职务。例如，1938年长沙临时大学决定迁往昆明后，张伯苓多次拜访云南省政府主席龙云、云南省教育厅厅长龚自知、云南省经济委员会主任缪云台、云南大学校长熊庆来，协商借用校舍等各项事宜，为临时大学整体搬迁创造条件。联大常委会下设3处，初期为总务处、教务处、建设处。黄钰生任建设长，负责筹划新校舍的建筑工程，还在若干委员会中担任重要职务。杨石先任教务长，并时常在梅贻琦离校时代理常委会主席。1939年，根据教育部的统一规定设训导处，查良钊（后受聘南开大学）任训导长。西南联大有5个学院，其中法商学院、师范学院院长分别由南开教师陈序经、黄钰生担任。抗战胜利后，师范学院及其附属学校整建制留在昆明，成为云南的教育重镇，人们感怀黄钰生的办学业绩，称誉他将"无限遗爱永留西南边陲"。此外，张克忠、谢明山、丁佶、柳无忌、冯文潜、孟广喆等担任系主任，董明道任图书馆负责人。他们都为西南联大的建设和发展做出了重要贡献。

南开教师在战火与困境中坚持开展科学研究工作。姜立夫发表论文《圆素和球素几何的矩阵理论》，运用现代方法改造经典圆素与球素几何学，使之具有新的形式；陈序经撰写四册本《文化学概观》，由商务印书馆于1947年出版，学界评价该书"详征博引"，"诚为战后国内出版的一部巨著"；柳无忌、曹鸿昭合译并出版的《英国文学史》，被国民政府教育部指定为大学用书；蔡维藩致力于西洋史和现代国际关系史研究，撰写50余万字的《欧洲外交史》；李广田先后出版散文集《灌木集》《回声》

《日边随笔》，评论集《诗的艺术》，短篇小说集《欢喜团》以及长篇小说《引力》等，在学术界引起巨大反响；鲍觉民撰写文章批评重庆政府的经济政策，产生了很大的社会影响；吴大业撰写的《物价继长的经济学》，弥补了学术研究的一项空白；查良铮（穆旦）出版诗集《探险队》《穆旦诗集（1939—1945）》等，为中国现代诗注入新的活力；杨志玖（1941年到南开大学任教）发表论文《关于马可·波罗离华的一段汉文记载》，证实马可·波罗确实到过中国并订正其离华时间，是该研究领域的开创性成果。

南开经济研究所在西南联大时期亦称商科研究所经济学部。1939年在重庆南开中学恢复，在昆明设有办事处。联大期间，共招收7届研究生，后来成为知名学者的有陶大镛、桑恒康、杨叔进、滕维藻、钱荣堃、陈志让等。南开经济学人关注战时经济研究及战后中国经济建设等问题，"南开指数"的编制也未曾中断，同时出版了一批教科书和专著，在抗日大后方产生了重大影响。

20世纪40年代初，大半个中国都已沦陷。西南边陲的滇缅、滇越铁路成为连接国际的交通要道。云南省政府决定修筑石佛铁路，以加强边防、联通国际，并决定从筑路经费中拨出专款，委托一个单位对铁路沿线进行社会调查。黄钰生与冯文潜抓住机遇，创建了南开边疆人文研究室，聘请西南联大社会学系教授陶云逵为研究室主任。"创业艰难，更何况又是在战时的困难环境中。"邢公畹（邢庆兰）回忆说："这个研究室实在是简陋得难以想象。说是研究室，顾名思义，总该有间房子吧！可是，有其名而无其'室'，当然也就无须什么桌椅板凳之类的设备……奔忙了足有一年，终于在小西门西南联大新校舍附近的一个旧庵堂里，为研究室找到几间房子，还借到了旧桌椅板凳之类的应用家具，使研究室名符其实的有了一个室。"陶云逵、冯文潜、邢公畹、黎国彬、高华年等一批研究人员开展了大量的调查研究，完成了一系列经典之作，这些成为西南联大独具特色的学术成就。

南开人为发展云南的科教文化事业做出贡献。王赣愚、陈筼谷等应云南大学校长熊庆来之邀到云南大学长期授课，后来陈筼谷终生留任该校。三校复员北归后，西南联大师范学院继续留在昆明办学，南开的查良钊被借调担任院长，蔡维藩也继续留任。张克忠出任云南化工厂厂长，生产硫酸、碱、酒精、磷肥等市场急需的化工产品，并培养了一批工程技术人才。

南开师生始终坚持积极宣传抗战。1937年11月，张伯苓发表讲演《抗战前途的观察》时指出：中国抗战没有终止的时候，除非失地完全收复。他希望南开校友"随时宣传抗战的最后胜利"，尽"知识分子应尽的责任"。1940年1月，张伯苓在电台对美国发表广播讲演，呼吁美国停止供应日本军火，表示"中国为自由生存而战，准备一切牺牲，抗战到底"。南开师生还多次举行公演、义卖活动，所得款项全部捐献抗战。

南开人进行了一系列反对投降、反对分裂、反对倒退的斗争。1938年6月17日，张伯苓发表谈话，称"盖中国今日之局势，非全国共同一致奋斗，不足以挽救危亡"。同年12月，汪精卫公开叛国投降日本。翌年1月4日，张伯苓在重庆南开中学学生集会上斥责汪精卫所谓和平之论调，号召抗日到底。4月2日，张伯苓出席第一届国民参政会会议时，提出"声讨汪逆兆铭南京伪组织"的动议，获得一致通过。4日，西南联大与云南大学等专科以上学校校长及全体师生联合通电，声讨汪精卫叛国投敌，一致拥护坚持抗战。

南开人还在争取国际社会对华援助，促成国际社会对日制裁方面做出重要贡献。全面抗战爆发后，南开教授张彭春受国民政府委派开始从事外交活动。1937年9月，他赴伦敦参加自由教会主政者会议，痛陈日寇轰炸天津之情形,促使大会通过决议案,声讨日机轰炸中国不设防城镇,并促请英政府与国联采取种种方法制止日寇暴行。10月5日,他在英国阿尔伯特皇家大厅举行的抗议集会上发表演讲,揭露侵华日军暴行,题目是《日本对于平民的战争》。1939年1月,张彭春向西南联大请假一年,赴英美等国家宣传抗日,争取外援。1月19日,他在美国发起成立了"不参加日本侵略委员会",成功游说美国国会,促使其通过了《对日经济制裁案》,美国政府由此取消《美日商约》,有力打击了日本战时经济和侵华政策。中国驻纽约总领事向外交部特别赞扬张彭春的贡献:"此次美政府骤然取消《美日商约》,国际情势及内部党派原因虽多,而舆论方面督促政府采取积极步骤之力实大。抗战以来在美各方宣传救济工作,实促成舆论要素,不参加日本侵略委员会及张彭春博士奔走甚力。"

三、战火淬砺刚毅坚卓

西南联大为世人留下了宝贵的精神财富。同国家之命运、民族之前途紧密相连,就是西南联大精神的核心所在。

西南联大精神是爱国进步的精神。梅贻琦曾说:联大的责任是要塑造一个民族的灵魂,跟打仗一样艰巨和重要。在滇8年,联大师生结茅立舍、传薪播火。他们或著书立说,激扬文字引领思想;或砥志研思,恢弘学术发展科技;或匠心育人,传道授业果行育德;或唤起民众,共御外侮众志成城。更有大批师生投笔从戎,勇赴沙场。在西南联大历史上,曾先后有过三次规模较大的从军热潮,共有1100多人参军。而联大在滇办学8年,

学生累计不过8000余人,这意味着每百人中就有14人投身于硝烟弥漫的抗日战场,有些人甚至牺牲了年轻的生命。国立西南联大纪念碑上,镌刻有姓名者834人,人称西南联大"八百壮士"。

- 南开园内的西南联大纪念碑　　・西南联大旧址的革命烈士纪念碑，何懋勋列于27位英烈之首

还是在长沙期间，为应战时需要，学校就成立了以张伯苓为队长、黄钰生和军事教官毛鸿为副队长的大学军训队，同时还作出决议："凡本校学生有到国防机关服务者请求保留学籍，其有确定服务机关者并得由学校备函介绍"，"教职员有至国防有关机关服务者，经本校同意后，其所服务机关不能担负薪水时，本校得按在校服务薪水支给之"，有力地支持了从军热潮的兴起。长沙临时大学迁至昆明后，师生从军始终未断，杨石先还曾出任联大"知识青年志愿从军征集委员会"副主任委员。此时比较集中的从军志向是服从战场所需，征调翻译人员和报考空军飞行员，查良钊之子查瑞传等一批热血男女应征入伍。南开教师查良铮（穆旦）参加了入缅远征军，以中校翻译官的身份随第五军司令部奔赴缅甸前线。1945年9月，他根据入缅作战的亲身感受，创作了《森林之魅——祭胡康河上的白骨》这一中国近代诗歌史上的著名篇章。从军的学生中，何懋勋、黄维、缪弘、曾仪、吴若冲、朱谌、杨大龄、雷本瑞、戴荣钜、李嘉禾、朱晦吾、沈宗进、

王文、吴坚等人以身殉国，国立西南联合大学昆明师范学院革命烈士纪念碑上镌刻的首位英烈就是南开学生何懋勋。

联大师生的爱国主义还体现在对光明进步的不懈追求。抗日战争中后期，国民党顽固派推行消极抗战、积极反共政策，激起全国人民的强烈不满。由昆明青年学生发起并得到全国各地响应的"一二·一"运动揭开了解放战争时期第二条战线斗争的序幕，在中国青年运动史上树起了又一个里程碑。在中国共产党领导下，西南联大成为当时大后方爱国民主活动的一个重要策源地，赢得了"民主堡垒"的称号。

> 联合大学以其兼容并包之精神，转移社会一时之风气，内树学术自由之规模，外来民主堡垒之称号，违千夫之诺诺，作一士之谔谔。
>
> ——《西南联大纪念碑碑文》

西南联大精神是民主科学的精神。 联大校友、著名作家马识途在《且说"联大精神"》一文中指出："毫无疑问，爱国主义精神是联大精神的组成部分，除此以外，作为西南联大标志性的为联大人所共同崇奉的思想和精神是什么呢？我想最主要的恐怕就是三大学所继承下来的'五四'新文化运动的科学和民主精神了。"这种科学和民主精神深深融入联大师生的灵魂，体现在老师的教学科研，学生的学习生活，以至为人处世、社会活动中。

联大虽然由三校校长组成的常委会主持校务，但关于学校的大政方针却很尊重教授会议的意见。学生的事也多由学生无记名投票选举的学生自治会负责。在西南联大，不同的学术流派、不同的学术观点、不同的治学传统都可以存在，异彩纷呈，并行不悖。学生们在校园内可以各种形式的壁报来表达自己的观点，可以自由选课，也可以旁听，还可以与教师辩论。

有些学生直言教师的错误，反而受到教师的欣赏。著名数理逻辑学家王浩把他在联大度过的那段时光称为"谁也不怕谁的日子"。"联合大学以其兼容并包之精神，转移社会一时之风气，内树学术自由之规模，外来'民主堡垒'之称号，违千夫之诺诺，作一士之谔谔。"这种教学相长、自由民主、思想活跃的教育环境，自然能培育出优秀人才。

西南联大精神是团结合作的精神。《国立西南联合大学纪念碑碑文》指出："三校有不同之历史，各异之学风"，却能"八年之久，合作无间。同无妨异，异不害同；五色交辉，相得益彰；八音合奏，终和且平"，实属难得，可资纪念。

南开与北大、清华，可谓有着"通家之好"。梅贻琦是南开中学最早的毕业生，与张伯苓有师生之谊，其夫人韩咏华师出严氏幼师，并由严修介绍与梅贻琦结婚。蒋梦麟及北大教授丁文江、陶孟和、胡适等都是南开大学校董会董事，多年参与南开校务。张伯苓、张彭春曾担任清华大学教务长，北大汤用彤、罗常培、饶毓泰等都曾是南开教授。冯友兰说北大、清华也是通家之好，北大文学院院长胡适是清华人，而自己这个清华文学院的院长又出自北大。凡此种种，不胜枚举。这无疑增加了三校师生间的感情认同和内在凝聚力。

三校领导人"俱为君子"。早在决定筹办临大之时，蒋梦麟就写信给胡适并由其函告其他常委："虽职务各有分配，而运用应有中心。伯苓先生老成持重，经验毅力为吾人所钦佩，应请主持一切。"三校在合作中也难免会有矛盾，当有人主张拆伙时，蒋梦麟反对说："你们这种主张要不得，政府决定要办一个临时大学，是要把平津几个重要的学府在后方继续下去。我们既然来了，不管有什么困难，一定要办起来，……这样一点决心没有，还谈什么长期抗战。"他还经常说"在联大我不管就是管"。张伯苓也曾对蒋梦麟说，"我的表你戴着"（意即你代表我），对梅贻琦说，"联大校务还请梅先生多负责"。三位常委既明确分工又团结协作。蒋梦麟既有教育经验，又有行政经验，还与国民政府有特殊关系，因而主要负责与政府接洽。张伯苓在抗战期间曾担任国民参政会副议长和中央监察委员，行政事务繁忙，在西南联大的时间并不多，但他很注重利用自己在政府任职的条件，为西南联大争取政策和资源。在张伯苓、蒋梦麟的支持下，梅贻琦实际主持常委会工作，管理学校日常事务。他为人沉稳、少言、忍耐、刚毅，平易近人，作风民主，时人称他为"寡言君子"。在三位校长的影响下，联大师生团结合作，"为一体，如胶结；同艰难，共欢悦；联合竟，使命彻"。

西南联大精神是刚毅坚卓的精神。联大在颠沛流离中创建，在日寇轰炸中生存，办学条件异常困难，学校经费捉襟见肘，图书资料和仪器设备极为缺乏。师生们想尽办法自制或仿制一些实验仪器。显微镜用的载玻片买不到时，就切割被空袭震碎的窗户玻璃代替，盖玻片代之以当地产的云母片。电炉用黏土自制，兵工厂废弃的刨屑则是电炉丝的代用品。气象学系的师生把校舍附近残破不全的碉堡改装成气象台。凡此种种，在西南联大可谓处处可见。

因为经费紧缺，梁思成、林徽因夫妇将校舍设计方案一改再改，越改越简陋。梁思成终于忍无可忍了，拿着图纸冲到梅贻琦面前一顿咆哮。梅贻琦最后交了个底：别说茅草房了，现在师生连住的地方都没有。况且，日军一轮空袭下来，所有校舍都可能会被夷为平地。最后决定，图书资料室和食堂用砖瓦，教室用铁皮做顶，其余都盖成茅草房。当晚，梁思成夫妇重新设计图纸，林徽因一边改一边流泪，哭联大办学之艰辛，哭满目疮痍之国家。昆明雨多，每逢雨天，雨点打在铁皮屋顶上，叮当作响，"讲课要大声喊叫才行"。有一次，经济系教授陈岱孙上课时雨声太大，学生根本听不清他讲课，他索性就在黑板写下"停课赏雨"四字，此事在联大广为流传。教室如此，茅草宿舍的情况就更糟了。若是遇上大雨，"打伞睡觉"

司空见惯，墙倒屋塌都不稀奇。雨后，宿舍里变得泥泞不堪，甚至长起了杂草，学生们的鞋子往往穿一个雨季就烂了。同学们诙谐地称鞋底磨穿了是"脚踏实地"，鞋尖鞋跟开洞叫"空前绝后"。这样的乐观幽默，是西南联大的日常。

物资匮乏，物价飞涨，师生们的生活遇到了许多困难。1939年下半年昆明的生活费指数较战前增长4.7倍。到1943年下半年，联大教授月收入实值仅合战前的8.3元，普通教职工的生活更加困难。梅贻琦的眼镜在一次"跑警报"中弄丢了，家中竟无钱给他再配一副，而他没有眼镜就不能看书，一时非常狼狈。算学系教授姜立夫患胃溃疡、十二指肠出血，只能把糙米磨成粉面充饥。教师们不得不做些兼职以补贴家用。闻一多晚上要在油灯下为人刻印章养家糊口。杨石先靠典当衣物勉强度日，还不时资助困难学生。邱宗岳交不起房租，任教之余到大街摆地摊以维持生计。陶云逵因贫病交加而英年早逝，其夫人生活无着，竟投河自尽，幸被渔民救起，送医院抢救时，在她口袋里发现了一封遗书，人们才知道这位衣衫褴褛的投水女人，竟是堂堂教授夫人。教授夫人们更是各显神通，有的绣围巾，有的做帽子，也有的做一些小食品拿到街上叫卖。梅贻琦夫人韩咏华自制米糕售卖，取名"定胜糕"（即抗战一定胜利之意），一时成为街头巷尾的奇谈。

学生们的生活同样艰苦。1943年，英国著名学者李约瑟访问西南联大时看到："学生们住在糟糕拥挤的宿舍里，并且遭受着肺结核一类疾病的严重侵袭。因为缺乏洗涤设施，沙眼一类的感染非常普遍。"学生们吃的是"八宝饭"，"八宝者何？曰：谷、糠、秕、稗、石、砂、鼠屎及霉味也。其色红，其味冲，距膳堂五十步外即可嗅到，对牙和耐心是最大的考验"。即使这样的饭菜也不能吃饱，由于营养不良，有的学生晕倒在课堂上，一些学生因病休学。

最大的威胁来自敌人的空袭，"跑警报"成为联大师生的家常便饭。这本是生死关头，却被师生解读得十分浪漫："躲"，太消极，"逃"又太狼狈。唯有这个"跑"字于紧张中透出从容，最有风度，也最能表达丰富生动的内容。师生在日机频繁轰炸下仍坚持正常的教学活动。学校规定"如遇有空袭警报时，应一律停课疏散，于警报解除后一小时内，仍照常上课"。梅贻琦也记述："敌机更番来袭，校舍被炸之下，弦诵之声，未尝一日或辍。"

1945年8月，中国人民取得了抗日战争的伟大胜利。1946年4月23日，国民政府教育部电令南开大学、北京大学、清华大学恢复原校。5月4日，学校举行了庄严的结业仪式。至此，与全面抗战相始终的西南联大在完成历史使命后正式宣告结束。为纪念这段可歌可泣的苦难辉煌，校方泐石立碑，"以此石，象坚节，纪嘉庆，告来哲"。西南联合大学纪念碑由著名学者冯友兰撰文、闻一多篆额、罗庸书丹，碑文总结了西南联大艰辛的办学历程及其卓越的历史贡献。

西南联大结业式后，三校开始北归。云南社会各界纷纷前来送别，感谢联大8年来为云南经济、文化、教育发展所做的贡献。云南省暨昆明市商会分别赠送三校屏联一副，赠给南开的是："天教振铎泽被南滇看到满门桃李正开时为金碧湖山平添春色，夜话避戎事同西土列诸欧洲文艺复兴史愿乾坤抖擞早放曦光。"

8年的西南岁月，对南开的发展产生了重要影响，特别是使南开人"越难越开"的精神得到了进一步锤炼和升华。与众多兄弟院校不同，复员后的南开大学基本上是在一片废墟上重建的。正是在"越难越开""刚毅坚卓"精神的滋育和鼓舞下，广大师生在困难面前昂首向前，在挫折之后毅然奋起。1946年10月17日，重新焕发生机的南开园再次傲然屹立于渤海之滨。

"雄关漫道真如铁，而今迈步从头越。"当年需要救亡图存的精神激励，现在同样需要不忘初心的精神回归。每一代人有每一代人的长征路，每一代人都要走好自己的长征路。昂首阔步于新征程上,我们比任何时候都更需要时代精神的滋养、历史使命的担当。面向现代化强国目标,西南联大的故事正由新一代青年续写。爱国、奉献、团结、奋进的精神之光,必能照亮中华民族伟大复兴的前行之路。

第五讲
红色血脉与南开英烈

· 光荣的革命传统

· 血沃中华的英烈

· 红色基因代代传

第五讲 红色血脉与南开英烈

南开大学诞生于五四运动的时代大潮之中,有着与生俱来的爱国主义基因。在新中国成立前,它是中国共产党在北方开展革命活动的重要阵地。学校党组织建立以来,尊重创建人的办学理念,赓续南开爱国传统,组织领导开展一系列革命活动,为新中国的诞生做出重要贡献。

一、光荣的革命传统

在波澜壮阔的新民主主义革命中,南开大学党组织充分发挥战斗堡垒作用,带领师生投身革命洪流。

在党的创建时期,周恩来、马骏、于方舟、陈镜湖等发起成立觉悟社、新生社,传播马克思主义,为中共天津地方组织的建立做了重要的舆论准备。1921年,中国共产党诞生。1924年,中共天津地方执行委员会(以下简称中共天津地委)成立。在党组织的领导下,南开的反帝爱国运动迅速开展。五卅运动爆发后,党组织发动南开师生迅速展开声援,揭露帝国主义暴行,激励人民奋起抗争。学校的进步力量也不断壮大,一批爱国师生开始学习、研究、宣传马克思主义,其中一些人成为坚定的马克思主义者。

1926年,南开教师范文澜加入中国共产党,在中共天津地委负责人傅茂公(彭真)的直接领导下,开展学校党的工作。1927年蒋介石发动四一二政变,奉系军阀在天津大肆屠杀共产党人和革命志士,南开一名学生被捕,党组织遭到严重破坏,范文澜经张伯苓校长协

> 回望百年南开在民族危亡中诞生、在抗战烽火中坚守、在改革大潮中拼搏、在复兴图强中担当的非凡历程,我们有一个共同的感觉:与中国共产党相偕行、与国家民族共命运,是百年南开一路走来的生动写照。
> ——《中国共产党南开大学第十次党员代表大会报告》

助离开天津，但党的活动并没有因此中断。

1927年8月，中共顺直省委在津成立，中共天津地委改为中共天津市委，为恢复和建立党的各级组织做了大量工作。1929年8月，中共顺直省委在工作大纲中，明确提出要加紧建立南开大学等校的党支部。到1932年，南开大学已有四五名党员和数名共青团员，同时还建立了党的外围组织"反帝大同盟"。据中共天津市委组织部等单位编写的《中国共产党天津市组织史资料》记载，1933年5月，中共天津市委领导有8个支部，南开大学党支部就是其中之一。

随着中日民族矛盾的上升，党组织的主要任务转变为团结一切可以团结的力量，唤醒民众积极抗日。党员们开办工友夜校，组织进步社团，宣传抗日政策，扩大抗日救国运动的群众基础。是时，天津的白色恐怖日益严重，复兴社在天津建立了特务机构。日本特务机关也专门搜集有关南开大学抗日活动的情报。不久，天津的党组织又遭破坏。学校中的共产党员在白色恐怖中坚持斗争。1935年秋，学校党组织在学生中组织"铁流社"，后在此基础上组建了南开大学的"中华民族解放先锋队"。在同年爆发的一二·九运动中，党组织发动全校300余名学生乘车南下请愿，在沧州被当局阻截。蒋介石指派教育部高教司长及督学2人为专员，驰往沧州，强迫学生返校。列车被阻沧州时，"因食住困难，有百余人患病"，除病重者6人不得不返津治疗，"轻病者仍留沧"，在天寒地冻中忍饥挨饿坚持斗争，向车上旅客和车站附近群众宣传抗日救国，连教育部前来劝阻的特派员亦被感动落泪。爱国学生的正义行动，得到当地群众的热情支持，他们纷纷前来慰问，津浦员工消费合作社还给学生们送来大米。《大公报》发表短评指出："南大的学风，在华北是一大特色，这些优秀青年的爱国纯情，可以使人敬佩……南大此次是单独行动……我们盼望诸君，常能给学界表示模范的精神与行为。"

1935年后，南开的抗日爱国运动有了新的发展，在中国共产党的领导下，开始突破请愿、示威的旧格局，在与工农相结合的道路上迈出了可喜的一步。南开进步学生组成小分队，深入北仓、杨村一带农村，调查农民生活情况，宣传抗日。学校许多民先队员和学生积极分子参加学联组织的农村义务教育活动。他们到天津郊区的小园、姜井、李七庄、王兰庄一带开办小学和识字班，与农民同吃同住，白天给儿童上课，晚上教村民识字，宣传党的抗日主张，唤起农民觉悟，培养了一批积极分子，为王兰庄等地党组织的建立奠定了基础。

斗争形势日益严峻，南开党组织屡遭破坏，后又恢复重建。1936年7月，中共南开大学党支部成立，隶属该支部的党员有5人。至1937年暑假，共发展党员13人。天津党组织负责人老徐（姚依林）在南开大学男生宿舍为新党员上党课。同年7月，南开大学被日寇野蛮炸毁后南迁，与北大、清华合组办学。学校大部分地下党员、"民先"队员分赴各地参加抗日。一批南开学子受张伯苓鼓励从军报国。1937年8月下旬，张伯苓在南京召见南开学生会负责人时说：现在是全国抗战时期，不愿意继续在校学习的学生随意到哪里去都行，愿加入共产党抗日军队的，我可向周（恩来）校友介绍。同月，张伯苓向周恩来推荐冷新华（冷冰）等7名学生到南京八路军办事处，由叶剑英安排奔赴延安抗日根据地。1938年4月22日，张伯苓又致函周恩来，介绍南开教师傅大龄赴陕北参加抗日救国工作。

西南联大时期，党组织的建立和发展与学校办学历程相始终。1937年10月，长沙临时大学党支部成立，到昆明后有两个平行党支部，彼此不进行横向联系。1939年7月，根据中共云南工委的指示，两个支部合二为一，翌年3月改为党总支。是年底，根据斗争形势需要，建立了西南联大第二党总支。西南联大党组织是当时云南省党员人数最多、最集中、力量最强的基层党组织。此外，"民主青年同盟"等党的外围组织也在这一时期建立。

在中共和云南省工委的领导下，西南联大党组织团结广大师生、联合民主力量，开展了一系列坚持抗战、反对投降的活动，有力推动了抗日救亡运动的发展和爱国民主力量的壮大。

抗日战争中后期，国民党顽固派推行消极抗战、积极反共政策，国统区民主运动转入低潮。联大党组织按照上级要求，把已经暴露的党员和进步学生进行紧急疏散。1942年下半年后，西南联大不再设党总支，党员由中共云南省工委委员单线联系。他们在白色恐怖中坚持工作，积蓄民主力量。1943年春，西南联大恢复成立党支部，陆续发展了一批党员，壮大了党的力量。在党组织的带领下，西南联大的进步师生同昆明社会各阶层爱国民主力量相结合，形成了一股强大的进步力量，成为当时大后方爱国民主活动的一个重要策源地，赢得了"民主堡垒"的光荣称号。

抗日战争胜利后，中国面临两种前途、两种命运的关键抉择，西南联大党组织响应中共中央号召，"反对内战，争取民主"，领导了昆明的一二·一民主运动，揭开了解放战争时期第二条战线斗争的序幕。

1946年5月，西南联大结束了历史使命，三校北归复校。南开师生中既有在各地参加过学运斗争的积极分子，也有被派来津工作的中共地下党员，为天津爱国民主运动注入了新的力量。正如南开大学学生自治会在《献给新同学》的短论中所说：在多灾难的北方，"南开人"一直是在追随时代的洪流进行着争民主、争自由的斗争，不是冲动，更不是盲目的。这是因为在南开自由、民主的环境中，陶冶出了一支强大的队伍。在当时复杂的斗争形势下，根据党中央提出的"转地不转党"原则，南开共有3个分属不同系统的地下党组织，分别是：中共中央华北局北平学委领导的"北系"党组织、中共中央南方局平津工委领导的"南系"党组织、中共中央冀察热辽分局领导的党组织。按照组织原则，各系党组织互不联系，单独开展工作。后由于斗争需要，各系统党组织在不建立横向组织关系的前提下，建立了工作联系，在领导全校性的学生运动时密切配合，统一行动。1948年11月，为加强统一领导，按照上级党组织要求，校内各系统党组织合并，成立中共南开大学总支委员会。与此同时，"民主青年同盟""民主青年联盟"等外围组织也在进步学生中得到发展。解放战争时期，南开累计有中共党员110余人，外围组织成员210余人。据中共天津市委1949年2月编印的《天津解放半个月学生工作总结》统计：天津解放时，南开大学在校党员和"民青"共179人，占天津72所大中学校党员、"民青"的30%，是天津进步力量最强的高校。

在迎接新中国诞生的时刻，学校党组织积极争取和团结广大师生，不断发展进步力量，带领广大师生开展了抗议美军暴行，"反饥饿、反内战、反迫害"等一系列爱国民主运动，筑成与人民解放战争相配合的第二条战线。

值得一提的是，在解放战争中除了正面战场，还有一条至关重要的隐蔽战线，南开的党组织做出了重要贡献。1947年的上海被国民党列为"死守"的江南重地，层层设防，通往解放区的交通被重重封锁，地下党组织需要转移的人员很难撤离，因此急需派人到北方去开辟新的交通线。是年秋，经中共南方局决定，在南开大学建立地下交通站，由地下党员、数学系教师胡国定负责。此项工作危险极大，稍有不慎就会造成不可估量的损失。为此，他们制定了一整套周密的办法。根据输送人员的特点伪造身份、乔装打扮，有的假扮成夫妻、叔侄、婆媳、姑嫂，有的充做探亲的、看病的、做生意的，两人一组，三人一队，化整为零，转往解放区。他们还编制了一套缜密的联络暗号，如"高棠李爱何时了，清河骡马街头找。小楼昨夜又东风，故园花落知多少。"这首打油诗就暗含了怎样送人去解放区、送到何地、到达后找何人、何单位接头以及介绍人等重要信息。在掌握暗语的同时，去解放区的人还要领到一张"路条"，这些路条是国民党银行发行的小额钞票，由胡国定统一保管和发放，解放区的同志掌握这些钞票的号码以便接头时核对。据统计，天津解放前，经由南开地下交通站安全输送去解放区的革命人士，累计达400余人，其中包括知名人士楚图南、王冶秋、李何林夫妇、闻一多家属等。

统战与情报工作也是解放天津、保护城市的一项重要任务，南开党组织同样做出了重要贡献。早在1947年，地下党员周福成就在傅作义长女傅冬菊的帮助下，取得"华北剿匪总司令部"主办的《平明日报》驻津特派记者身份。他利用可以公开出入敌军政机关和参加军政会议的机会，收集情报上报给党组织。北平解放前夕，他协助傅冬菊开展对傅作义的争取工作，为北平和平解放做出贡献。

地下党员曾常宁的父亲曾延毅曾任天津警察局长等军政要职，与傅作义是把兄弟。1948年3月，受中共天津学委的指示，曾常宁开始做曾延毅的工作，父女俩经常坐在收音机前收听来自中共中央的声音，渐渐地曾延毅的思想有了转变。有一次，国民党塘沽专员崔亚雄来津，到曾宅临时借住。趁其在客厅会客的机会，曾常宁在他随身携带的公文包中，发现绝密文件《咸水沽兵力驻扎表》。她迅速抄写下来，并设法转给了党组织。此后，父女"联袂"又获取了国民党《塘沽城防图》等重要情报。曾延毅还利用自己的社会地位掩护中共党员、保释被捕学生，将住处作为地下党组织活动场所。南开学生风趣地说："敌人警察局长的家成了我们的保险库。"

1948年11月，曾任南开党支部委员的蓝铁白（李钧）秘密返津，通过其父与国民党天津市政府秘书处处长王余杞的同学关系，做王余杞的争取工作，要求他保管好市政府的文件档案。天津解放后，王余杞完整地将档案交给人民政府。与此同时，还有一批南开地下党员通过各种社会关系，调查大企业的资产情况，为解放后接收敌产做了准备。

南开党组织还积极协助解放军侦察天津守敌的城防火力点，通过学校以看管校产为名,派工友中的党员张德茂留守北院。他将敌人在此构筑的炮兵阵地位置、布防情况、大炮数量等一一摸清,通过党组织将这些重要情报发送给解放军前线司令部。1949年1月14日,解放军对天津发起总攻时,该据点敌人负隅顽抗,被解放军一阵炮火摧毁。敌人边逃边骂"共军的炮弹长眼睛啦!"当年平津战役天津前线总指挥刘亚楼曾于1960年发表在《人民日报》的文章中提到此事,由于掌握敌情,"我军做到歼灭敌人而未破坏学校,南开大学院内有敌人炮兵阵地,对我攻击部队实施猛烈阻击,我炮兵只还击敌人的炮兵阵地,不打南开大学校舍"。

1月15日拂晓,解放军攻到南开大学东院周围时,同学们冒着炮火,把用白床单连接而成、写有"热烈欢迎解放军"的标语挂到学校大楼外,还有学生主动在巷战中为解放军做向导。下午3时,天津解放。傍晚,南开大学地下党组织集结了300余人的宣传队,走向罗斯福路(今和平路)热烈庆祝。

天津解放后,南开学生踊跃报名参军、参干。据统计,天津解放之初,南开大学在校学生为810人,至1949年4月参军、参干的学生达329人,其

· 天津解放初期,300余名南开学子踊跃报名参加解放军南下工作团

· 1949年10月17日《天津日报》报照：南大中共支部公开

中党员24人，民青87人。仅在3月18日当天，就有117名南开学子集体举行了参加人民解放军南下工作团入团式。

1949年5月，因大批党员离校参加革命，中共南开大学总支部委员会改为支部委员会。10月，按照上级要求党支部举行公开大会，天津市军管会文教部部长黄松龄莅会并讲话，他说："南大党支部的公开，是南大支部的光荣，也是中国共产党的光荣。南大党支部的任务，是团结同学师长，帮助同学师长，保证新民主主义教育方针的贯彻，保证高教委员会教学计划和课程改革的实行，造成学习政治课的热潮，务求把政治课学习好，不断地向党反映群众的意见，向群众进行宣传组织工作，吸收优秀分子入党，壮大党的队伍。经常教育党员，全心全意为人民服务。"从此，南开党组织结束了秘密活动状态，肩负起团结全校师生改造旧教育、建设新南开的光荣使命。

随着社会主义革命的完成，党在高校的组织体系也逐步健全。1956年5

月，中共南开大学委员会成立，确立了党委领导下的分工负责制。1958年，按照中央"一切教育行政机关和一切学校，应该受党委领导"的规定，学校开始实行党委领导下的校务委员会负责制，正式明确了党委的领导核心地位。1959年8月，学校召开首次党员代表大会，选举产生了中共南开大学第一届委员会、中共南开大学监察委员会，健全了党对南开领导的组织体系。其后，高校领导体制几经调整。改革开放后，我国高等教育事业蓬勃发展，党对高校领导体制改革进行了有益探索，最终确立了党委领导下的校长负责制，并将之写入了《高等教育法》，明确了党委是领导学校事业发展的政治核心。

实践证明，建设好南开大学，必须坚持党的领导。学校党委充分发挥总揽全局、协调各方的领导作用，举旗定向、凝聚共识，引领全校师生向着建设世界一流大学的目标阔步前行。

二、血沃中华的英烈

自1919年建校以来，南开人始终将自己的命运同祖国和人民的命运紧密联系在一起，为了争取民族独立、人民解放和实现国家富强、人民幸福，谱写了一曲曲可歌可泣的壮丽篇章，有名可考的烈士就有36位。马骏、于方舟、陈镜湖、何懋勋、刘毓璠、袁永懿、倪民有是其中的杰出代表。

·南开英烈

马骏，1895年10月19日出生在吉林宁古塔（今黑龙江省宁安市）一个富庶的回族家庭。1915年，他考入了南开学校，在校期间是一个品学兼优的学生。他心怀大志，才思敏捷，立志"勤勉修己，将来身入社会，以救中国"。

五四运动爆发后，马骏是天津爱国运动的主要领导人之一。邓颖超回忆说："马骏是个不得了的人，他登高一呼，万众相随。"他与周恩来等人一起，发动了天津学界、商界的罢课、罢市斗争。正值爱国运动如火如荼之际，本来已经同意罢市的天津商会，迫于政府压力临时反悔。马骏听到这一消息迅速赶到商会，劝说他们履行承诺。一个商董问他："马君何处人？天津有无财产？你知道我们商人罢市一天损失多少银两？"马骏激愤地说："鄙人是吉林人，天津固无财产，然鄙人尚有生命热血可流于诸君面前。"言罢，头撞立柱，昏死过去。马骏血溅商会，其情其景慷慨壮烈，在场之人无不动容，当场宣布立即罢市。

1919年8月26日，为营救在声援山东惨案中被拘禁的请愿代表，马骏率领4500多人在天安门前进行了三天三夜的斗争，后遭逮捕。出狱后的马骏在《天津学生联合会报》撰文说："进狱以前的马骏是家人的马骏，出狱以后就是国人的马骏。"京津学生为了纪念他领导的这场天安门前的斗争，都叫他"马天安"。在人民英雄纪念碑的浮雕群像中，有位振臂高呼的青年，便是以马骏为原型创作的。

1919年9月，马骏与周恩来等人成立了觉悟社。他在《觉悟》第一期上发表了寓言诗《一个小蜘蛛》。在诗中把反动势力比作无情风雨，用蜘蛛顽强织网的精神，来形容革命者的不懈斗志。他在诗中所疾呼的"工作呀工作，努力呀努力，奋斗呀奋斗"，正是他一生为革命献身的真实写照。

1919年9月，马骏入南开大学，学号为2。他与周恩来等领导天津学生和群众积极开展抵制日货等斗争，遭反动当局逮捕。在狱中他依然坚持学习传播进步思想，并蓄起胡须，得名"美髯公"。1920年后，马骏加入了社会主义青年团，1921年加入中国共产党。

1922年马骏回到家乡吉林，组建了东北地区第一个中共党组织，是东北党组织的主要创始人之一。1927年春，白色恐怖笼罩大江南北，正在苏联莫斯科中山大学学习的马骏受命归国，任中共北京市委书记兼组织部长，肩负起党组织的恢复和重建工作。马骏作为一位知名的共产党人，容易暴露身份，但他并不惧怕，为党的事业四处奔走。敌人密布暗探搜捕马骏，12月初他被奉系军阀逮捕。张作霖许之以高官厚禄劝其归降，马骏坚决不从，他要过纸笔，为自己写下碑文"已故共产党员马骏之墓"，坚定地说："只要我还有一口气，叫我不宣传马列主义，不搞革命，这比太阳从西边出来还难！"张作霖恼羞成怒，直接宣判马骏死刑。1928年2月15日，马骏高唱《国际歌》慷慨就义，年仅33岁。

　　人民没有忘记马骏为寻求真理而斗争的革命壮举。1945年，在中国共产党第七次全国代表大会上，马骏被追认为烈士。1951年，北京市人民政府重修马骏烈士墓，并举行了隆重的公祭仪式。

　　于方舟原名兰渚，字芳洲，1900年9月15日出生于直隶省宁河县（现为天津市宁河区）俵口村一个富裕的农民家庭。1917年秋，他考入直隶省第一中学。这个书生意气的青年很快感受到时代洪流的冲击，"大好河山似锦，军阀混战乾坤。民心忧痛如焚，九河流水鸣喑"。北洋政府昏庸无能，列强步步紧逼，令他愤懑不已。救国之路究竟在何方？俄国十月革命的消息传入中国，他如饥似渴地阅读有关俄国革命的书籍和报刊，受到很大启发，开始寻找新的救国之道。五四运动爆发后，于方舟发起成立新生社，创办《新生》杂

> 吾人死为国死，死为争国不亡而死，死后唯愿全国父老以及后之来者，万不可把国忘了。将来如得幸福有日，则吾人虽死之日，犹生之年，死亦瞑目于地下矣。
>
> ——马骏

志，与周恩来领导的觉悟社一起冲锋在爱国运动的前线。1920年1月29日，于方舟因组织学生赴省署请愿而被捕，与周恩来等同敌人进行了半年的铁窗斗争，写下了"千古做完人，震撼三津，爱国不怕进狱门"的诗句。出狱后，在李大钊的指导下，新生社改组为天津马克思主义研究会。

1922年9月，于方舟化名于绍舜考入南开大学文科，学号为384。宁静的校园外是一片混乱的世界，于方舟的内心因"国破民悬"难以平静。他在革命洪流的激荡中坚定了自己前进的方向。1923年，经李大钊介绍加入中国共产党。翌年1月，他以共产党员的身份参加国民党一大，同毛泽东等人一起当选为中央候补执行委员，参与领导第一次国共合作。此时，他写下了著名的《方舟歌》："苍茫大海中，方舟一叶如萍梗。帆樯了不具，问君何以济群生？"从此，他将名字由"兰渚"改为"方舟"，誓要将这"负任方舟"的崇高理想付诸实践。

1924年9月，于方舟受上级委派主持成立中共天津地方执行委员会并担任委员长，成为天津党组织的创始人之一，领导了天津革命运动的蓬勃发展。1926年春天，奉系军阀卷土重来，白色恐怖愈加严重，但他坚持顽强斗争，经常彻夜不眠地紧张工作。于方舟的女儿于文郁回忆说："那时候，父亲和吕职人叔叔都没有经济收入，我们的生活条件很清苦。父亲对母亲说，以后穷人都要有饭吃，农民人人都要有地种，咱们要为孩子们这一代谋幸福，我们是为了造福后人。困苦，就要克服，风险也算不得什么。"

1927年大革命失败后，于方舟与毛泽东、周恩来等人作为"共产党首要"上了反动政府的通缉令，但他毫不畏惧，继续为党的革命事业奔忙着。八七会议后，于方舟临危受命，以中共顺直省委组织部长身份到冀东领导第二次玉田暴动。起义军虽浴血奋战，但终因寡不敌众而失败，于方舟不幸被俘。面对敌人的威逼利诱和种种酷刑，他严守党的秘密，始终保持着一名共产党员的高尚气节。"一行热血千行泪，泪有干时血不干。莫因逆境生悲感，且把从前作死看。"这首于方舟就义前挥毫写就的诗句，是共产党人面对死亡的最后誓言，也是对革命同志的殷殷嘱托。1928年1月14日，于方舟被敌人杀害，年仅27岁。他也是南开大学第一位革命烈士。

新中国成立后，宁河县烈士陵园先后修建了于方舟烈士墓、雕像、纪念馆等纪念设施。1984年，南开大学在新开湖畔敬立于方舟烈士纪念碑及石像，黑色大理石碑座的正面，镌刻着彭真同志手书的"于方舟烈士纪念碑"几个大字，背面刻有烈士生平事迹，记述着烈士短暂但伟大的一生。

陈镜湖，字印潭，号小秋，又名龙川，党内化名李铁然。1901年10月25日生于热河省（现辽宁省）建平县哈巴沁南井村一个富裕的农民家庭。他从小聪颖好学，怀有远大抱负，1918年考入直隶省第一中学。五四爱国运动爆发后，陈镜湖与于方舟等在天津组织成立了新生社，探求救国救民的真理。在李大钊等革命先驱的影响下，他的思想境界有了新的升华。

1922年，陈镜湖以优异的成绩考入南开大学文科，学号为325。入学前一天，他立下了"人当自强，不畏波涛之汹涌"的宏图壮志，表达了一个热血男儿为国家民族踔厉奋发的精神境界。1923年，陈镜湖加入中国社会主义青年团，后经李大钊介绍加入中国共产党。1924年，陈镜湖受党组织的派遣到热河、内蒙古地区建立和发展党的组织。为顺利开展工作，他的公开身份是冯玉祥麾下的西北军，出色地完成了各项任务。

大革命失败后，革命处于低潮时期，工作环境异常艰苦。陈镜湖为了党的事业，人民的解放，始终不渝地坚持战斗。1931年10月，陈镜湖当选为中共内蒙古特委书记兼组织委员。他奔走在热河、察哈尔、绥远等地区，播撒革命的火种，指导各地党的工作和抗日救亡斗争。1933年2月，日军大举进犯热河。陈镜湖受中共党组织的委派到冯玉祥领导的察哈尔省民众抗日同盟军中任参议。5月12日，陈镜湖奉命从张家口出发，前往张北县点验军队，途中遭遇反动民团袭击，不幸牺牲，时年32岁。

陈镜湖把年轻的生命献给了革命事业，然而烈士的英名却在历史的尘埃中湮没了整整半个世纪。因斗争环境复杂，他一直被家乡亲友误认为是军阀。直到1981年，他的战友王逸伦的回忆录出版，书中多处提到陈镜湖的名字，并亲切地称他是革命引路人，英雄的光辉业绩才得以昭告于世。1983年1月7日，辽宁省人民政府追认陈镜湖为革命烈士。1984年7月，建平县人民政府修建了"陈镜湖烈士陵园"，铭记他献身革命事业的不朽贡献。

何懋勋，又名何方，江苏扬州人，"英姿飒爽、文采风流"，1935年考入南开大学经济系，学号为1942。在校期间，他学习成绩优异，组织"白云诗社"，出版诗集，讴歌劳动人民，抒发爱国壮志。一二·九运动中，他怀着一颗炽热的心积极投入，并加入"中华民族解放先锋队"。南开被日寇炸毁后，何懋勋随校南迁，入长沙临时大学读书，继续开展多种形式的抗日宣传活动。他主演的抗日话剧《前夜》，极大地鼓舞了同学的爱国热情。目睹国土沦丧、同胞荼炭，何懋勋悲愤交加，他响应中国共产党的号召，投笔从戎。1938年3月，经武汉八路军办事处介绍，何懋勋赴鲁西北抗日根据地参加抗日救亡工作，任青年抗日挺进大队参谋长。挺进大队成立后，何懋勋和政委立即着手建立思想政治工作制度，给队员们讲授"十大纲领""论持久战"等课程，分析抗战形势，树立抗战必胜的信心，使队内的政治空气很快活跃起来。

1938年8月，为配合保卫大武汉，鲁西北抗日武装决定组织济南战役，青年挺进大队全体战士坚决要求参战报国。出征前，何懋勋慷慨陈词："报国之夙志，斯得酬矣！"在一场阻击战中，挺进大队遭到四五百名日伪军突然袭击。他率领30多名队员坚持与敌血战一小时，终因寡不敌众，何懋勋等21位英雄壮烈牺牲。他也是西南联大第一位捐躯抗日前线的学生。

何懋勋牺牲后，灵柩运到山东聊城东关华佗庙停灵3天，"朋辈无不失声"，聊城机关团体及城乡群众络绎不绝前往吊唁。聊城隆重举行追悼抗日将士大会，并立碑纪念。《新华日报》《教育通讯》等对何懋勋的英雄事迹做了报道。何懋勋牺牲的消息震动了校园，联大校刊开辟了追悼专刊，与何懋勋同年入学的刘兆吉于1939年写了两幕话剧《何懋勋之死》以纪念烈士。1995年12月1日，昆明师范学院（现云南师范大学）在西南联大旧址立烈士纪念碑，纪念碑基座上镌刻着为人民解放、国家富强而献身的27位英烈名录，列在第一位的即是何懋勋。

刘毓璠，安徽巢湖人，蒙古族，1912年出生于一个世代书香的家庭。1935年考取南开大学特种奖学金，被商学院经济系录取，学号为1949。面对日寇的步步紧逼，刘毓璠积极投身抗日救亡运动。一二·九运动爆发后，他加入中华民族解放先锋队，与贾明庸一起领导天津的抗日斗争。1936年，为抗议日本帝国主义增兵华北和屠杀我同胞的血腥罪行，刘毓璠组织学生参加了天津五二八大游行，唤醒国人团结抗战。同年刘毓璠加入中国共产党。7月，中共南开大学党支部成立，刘毓璠任宣传委员，后主持支部工作，主要负责组织发展和党内教育，举办新党员学习班，邀请中共天津市委负责人姚依林来校指导。他还组织支部党员、"民先"队员开展募集寒衣声援绥远抗日将士以及营救"七君子"签名运动，争取天津"洪帮"组织参加抗日，扩大了抗日救亡运动的群众基础。

七七事变后，刘毓璠毅然辍学，告别了新婚一个月的妻子，奔赴抗日前线，到达山西八路军总部，后受中共中央北方局委派到国民政府新五军十一团担任政训室副主任，经过周密策划和细致工作，说服该团团长王天祥弃暗投明，率全团起义加入八路军。1939年底，刘毓璠返回中共中央北方局工作，任宣传材料科科长，编辑《党的生活》《敌伪研究》《材料汇编》等刊物，宣传团结抗日，反对投降分裂，揭露日伪暴行，激励军民抗敌。1942年5月，侵华日军对八路军总部所在的太行山抗日根据地发动"扫荡"。

25日，为掩护军民突出重围，八路军进行了著名的"十字岭突围战"，刘毓璠在左权副参谋长指挥下随军作战，壮烈牺牲，年仅27岁。

2015年9月，为纪念抗日战争胜利70周年，河北省涉县建成"九千将士进涉县三十万大军出太行"大型红色抗战主题雕塑墙，左权、刘毓璠等在太行山牺牲的烈士镌刻其上，永远活在人民的心中。

袁永懿，又名袁永辉、于公，原籍贵州省修文县，1935年毕业于清华大学历史学系，到天津南开中学任教，1936年考入南开大学经济研究所，为第二届研究生。七七事变后毅然投笔从戎，南下抗日，并参加了抗日民族解放先锋队。后经中共西安八路军办事处介绍，到山西五台山八路军随营学校学习，1937年底被派往徐州，参加"平津流亡学生同学会"的工作，呼吁大家救亡图存，共御外侮，推动了徐州一带抗日救亡运动的蓬勃发展。

为培养更多的抗日骨干，1938年2月袁永懿到山东滕县"善堌农民抗日训练班"任军事教员，并组建了滕县历史上第一支共产党领导的抗日武装"抗日义勇队"，任队长。1938年秋袁永懿加入中国共产党，山东纵队成立后被任命为纵队参谋处作战科科长。他作战勇敢，指挥有方，屡建战功。

在1939年8月的"肃托"中袁永懿被错误审查，1940年4月在沂南县被错杀，时年29岁。1985年1月，中共山东省委组织部为他平反昭雪，恢复名誉。

倪民有，江苏省睢宁县人，1942年抱着知识救国的热望入昆明西南联大化工系，学号为31429。1944年下学期，他毅然投笔从戎，名字镌刻在了西南联合大学纪念碑从军学生名录中。抗战胜利后，倪民有于1946年11月复学，入南开大学工学院化工学系4年级。1948年毕业后在无锡的一所中学任教。

1949年渡江战役胜利不久，人民解放军拉开了解放大西南的序幕，与此同时组建西南服务团。27岁的倪民有再次投笔从戎。经过3个月的集训，他被编入川南支队二大队四中队，他们一路翻山越岭、长途跋涉到达四川内江。1949年12月6日，内江县宣告解放。倪民有被分配到内江县史家区一个乡，任征粮工作组组长。他深刻认识到："只有征好粮，才能保证新政权的巩固和支援前方，把解放战争进行到底。同时也是在新解放区同匪特展开的第一场深入的面对面的艰苦的斗争，共产党和人民政府的有些政策要从这里开始与群众见面与贯彻。这是建立人民政权、建设新解放区的一项关键的工作。"他满怀热情地投入了这一艰苦而光荣的工作，出色完成了征粮任务。1950年2月，他被任命为内江县人民政府税务局东兴税务所所长。2月4日，倪民有到五龙寺检查工作，突遭匪徒袭击，不幸被俘，他被严刑拷打数小时至筋折骨断，但坚贞不屈，被土匪枪杀壮烈牺牲，时年28岁。据匪徒交代，英雄的凛然气概令他们胆战心惊，不寒而栗。枪杀倪民有时，刽子手不敢正视他，而是绕到背后向其头部射击，之后草草掩埋了尸体。

1950年7月，为了缅怀先烈，内江县人民政府将散葬在周边各地的28位烈士遗体重新备棺入殓，集中葬于双才烈士墓。由于倪民有牺牲前没有暴露自己的身份和姓名，故多年来人们都称他为无名烈士，直到1985年才认定了身份。

如今，烈士用鲜血浇灌的土地上到处充盈着欢声笑语，革命先烈的愿景终于变成活生生的现实，他们的牺牲将永远被铭记。

三、红色基因代代传

南开历经百年沧桑，创造了光荣的历史，抒写了动人的故事。其中，最能标注南开特质和品格的就是家国情怀，最令南开人骄傲自豪的就是红色基因。"红色江山来之不易，守好江山责任重大。"学校坚持在办学育人中发扬爱党爱国爱社会主义的光荣传统，用党史教育青年学生，用革命精神涤荡年轻心灵，让红色基因、革命薪火在南开园赓续传承。

2019年，南开大学八里台校区入选天津市爱国主义教育基地名录，成为全国唯一一个以大学校区入选的省部级爱国主义教育基地。2023年，市政府公布天津市红色资源名录（第一批），南开园中的周恩来总理纪念碑、周恩来总理塑像、于方舟烈士纪念碑入选"纪念设施或者场所"类红色资源。众多师生校友和社会各界人士瞻仰参观，接受爱国主义教育和革命精神洗礼。

学校的一批老党员坚持教书育人，传承红色基因。中共一大代表陈潭秋烈士之子陈志远致力于中国政党史研究，始终关注青少年成长，常应邀到大中小学校，宣讲党史和共产党人的精神。他长期担任兼职组织员，负责党员发展、党员教育等工作，常与学生新党员谈心。他说："我的父亲陈潭秋就非常关注青年成长，培养了一批走上革命道路的有志青年。我想，我要继承好他的遗志。"2003年，他荣获"关心下一代工作先进工作者"称号。2024年4月26日，陈志远迎来入党70年的"红色生日"。在南开师生的帮助下，他通过视频连线"走进"湖北黄冈陈潭秋故居纪念馆，用自己教书育人的成绩告慰父亲英灵。这一刻，红色基因在党旗的见证下赓续传承。曾任学校地下党组织负责人的刘焱是国内周恩来研究方向的开拓者之一，几十年来培养了一批周恩来研究的后备力量，并有大量研究成果问世，去世前还主编了《解放战争时期南开大学学运史料纵览》，弘扬南开爱国传统。

如果说党史是一部厚重的"教科书"，那么校史则是师生身边的生动"教材"。"百年南开校史文化"课上，老师们引导学生重温百年校史中的红色基因，感悟英烈先贤的热血豪情。在南开园中，校史展成了最"火"的地方，一个个英烈的故事感人肺腑，一幕幕南开人投身报国的事迹震撼人心，学生们发自内心地感受到"南开百年的历史，是一部知识分子救亡图存的历史，是一部现代教育体系锐意探索的历史，更是一部无数青年与祖国共命运的爱国历史"。学校还组建了南开大学学生校史讲解团、爱国奋斗宣讲团、红色记忆宣讲团，通过讲述南开人、南开事，引导师生厚植爱党爱国爱社会主义情怀，努力成为堪当民族复兴重任的时代新人。

南开实践育人始终浸润着传承红色基因的使命担当。从南昌到瑞金，从井冈山到延安，"南开紫"遍布革命圣地、红色故里。师生们在循迹溯源中感悟革命精神，汲取红色力量。2016年，由180余名南开学子组成的16支

> 在几代南开人的不懈努力下，学校积淀形成了自己的办学理念、教育风格、精神特质和人文底蕴，走出了一条不平凡的南开道路，赢得了社会的广泛认可与高度评价。……我们要更加自觉地坚持南开道路，与时俱进地弘扬南开精神，敢于瞄准和追求世界一流，满怀信心，奋力拼搏，有所作为。
> ——《中国共产党南开大学第八次党员代表大会报告》

"长征专项社会实践校级示范队"格外亮眼。他们统一着装，佩戴红军领章，重走长征路。从古田、瑞金到遵义、扎西，他们沿途寻访红军事迹，基本走遍了红军长征经过的主要地域，感受老一辈革命家坚守初心的精神伟力，领悟革命先烈舍生忘死的英雄气概。学生们动情地说："走过这一程，长征和长征精神不再是冰冷的词条，变得真实、鲜活，震撼直抵心灵。""接过历史的接力棒，我们要把先烈未竟的事业进行下去，走好我们这一代人的新长征。"有感悟，更有思想沉淀后的切实行动。师生们在红色土地上接受革命传统教育，开展苏区振兴调研，以党的精神谱系和脱贫攻坚的生动实践铸魂育人。"周恩来班"实践队的成员作为唯一一支大学生代表队，应邀参加了由中国红色文化研究会等主办的"纪念中国工农红军长征胜利80周年研究成果报告会"。学生调研成果获第17届全国"挑战杯"红色专项赛一等奖。在

实践中成长的红色记忆宣讲团，成为南开大学学生理论宣讲队伍中的一支重要力量，荣获天津市普通高等学校先进学生集体称号。

每年一二·九运动纪念日，象征红色精神的火炬都会在南开园高高擎起。全校各学院的师生代表以火炬接力校园跑等形式铭记历史、砥砺前行。担任火炬手的师生动情地说："交接火炬不仅是物质上的承接，更是跨越88年仍熠熠生辉的一二·九精神的传承"，"接力跑让我们对一二·九精神有了更深刻的感受，鼓舞着我努力冲在最前"。庄严的校钟前，完成接力跑的师生依次领取印有"爱国薪火永相传，公能情怀勇担当"的纪念牌，并在签名墙上留下"以我之名"的宣言，以青春热血，点燃爱国情怀。

英雄是民族最闪亮的坐标。每一次对英烈的致敬，都是一次精神传承。于方舟烈士的外孙、著名剧作家阎晓明说："传承一方面是要从内心深处认定前辈选择的理想和信仰的正确性，由此坚定自身的信仰，无论个人能力大小，也要竭尽全力去践行，只要去做，就可以让这个民族一步步强大起来。"每逢清明节、校庆日、校殇日、抗战胜利纪念日、烈士纪念日等重要时间节点，学校都会举办"纪念先贤、缅怀先烈、铭记历史"主题活动，追思祭扫、京剧党课、英烈事迹图片展，以及《沸海方舟》《不屈炽焰》等一大批反映爱国颂党主题的话剧无不引导师生感受信仰的力量。参与演出的学生说："虽然话剧展现的只是中国共产党革命斗争恢宏历史中的一个片段，但是剧中人物探索救国救民道路、抛头颅洒热血的伟大壮举，他们的赤子之心，他们的政治自觉、思想自觉和行动自觉，却是我们永恒的学习榜样。"演出现场，师生们被信仰坚定、英勇无畏的南开英烈感动着、震撼着，接受了一番精神的洗礼。

如前所述，南开是出热血青年的高校，崇军尚武由来已久。在艰苦卓绝的抗日战争中，一批南开人参加八路军、新四军等抗战队伍，西南联大每100名学生中就有14人为保卫祖国而投笔从戎。在天津解放后的3个多月里，南开大学超过40%的在校学生，积极响应党的号召，毅然放下书本，奔赴各条战线。抗美援朝战争爆发后，全校500余名青年学子踊跃报名参军参干，当年的校报《人民南开》以《祖国的好儿女光荣地走上国防线》为题，公布了最终批准入伍的61名学生名单。

2017年，8名南开学子参军入伍并致信习近平总书记汇报心声，总书记回信充分肯定：

> 自古以来，我国文人志士多有投笔从戎的家国情怀。抗战时期，许多南开学子就主动奔赴沙场，用鲜血和生命诠释了爱国、奉献的精神内涵。如今，你们响应祖国召唤参军入伍，把爱国之心化为报国之行，为广大有志青年树立了新的榜样。
>
> 希望你们珍惜身穿戎装的机会，把热血挥洒在实现强军梦的伟大实践之中，在军队这个大舞台上施展才华，在军营这个大熔炉里淬炼成钢，书写绚烂、无悔的青春篇章。

· 习近平总书记给南开大学8名新入伍大学生回信

一年后，中共中央办公厅向学校传达了习近平总书记对南开大学8名入伍大学生的勉励语，希望他们珍惜军旅时光，锤炼过硬本领，把忠诚报国、担当奉献作为毕生追求，为实现强国梦、强军梦贡献力量。习近平总书记回信勉励引起南开师生热烈反响，大家纷纷表示会发扬南开光荣传统，时刻准备用青春热血在实现中华民族伟大复兴中国梦的历史征程中贡献自己的力量。

习近平总书记回信勉励的"入伍八学子"楷模示范作用充分彰显，五年来213名学子携笔从戎。一批批参军学子不仅在部队表现优秀，返校后更是发挥了积极的带动示范作用。8学子之一的阿斯哈尔·努尔太获评全国"最美大学生"、全国大学生年度人物，退伍返校后积极发挥党员先锋作用，毕业时坚定选择二次入伍、重返军营，战斗在父辈奉献牺牲的新疆武警部队反恐一线。他深情地说："请党组织和母校放心！我将以于方舟、周恩来等南开历代杰出的共产党人为楷模，传承南开共产党人红色基因，赓续南开共产党人精神血脉，矢志在边疆热土上守卫万千安宁，以实际行动践行新一代南开共产党人的担当，回报总书记的关怀与厚望，实现'把忠诚报国、担当奉献作为毕生追求，为实现强国梦强军梦贡献力量'的嘱托和梦想！"如今的南开园里，"强军有我"的接力棒在一届又一届入伍、退伍的学子之间传递。

历史因铭记而永恒，精神因传承而不灭。为党育人、为国育才，正是在这样的红色传承中弦歌不辍、历久弥新。

第六讲
『愿相会于中华腾飞世界时』

- "南开最好的学生"
- 求学不忘救国
- "我是爱南开的"

习近平总书记曾深情地说:"周恩来,这是一个光荣的名字、不朽的名字。每当我们提起这个名字就感到很温暖、很自豪。"这句话令人共鸣,也真切道出了南开人的心声。在南开,每逢周恩来的诞辰、逝世纪念日与清明时节,师生、校友都会组织活动,献花致敬,缅怀思忆。在南开两个校区广场,都敬立着周恩来总理的全身雕像;在校钟上,镌刻着"翔宇负笈,邦国之光"的铭文;在马蹄湖湖心岛的纪念碑上,周恩来"我是爱南开的"手书激励着所有南开人团结前行。

一、"南开最好的学生"

南开是周恩来青年时代读书和奋斗的地方。1913年8月,15岁的周恩来胸怀"为了中华之崛起"而读书的志向,考入天津南开学校,并在这里度过了四年学习时光。从15岁到19岁,正是青年人世界观、人生观、价值观形成的关键时期,南开学校的教育对年轻的周恩来产生了不可忽视的影响。后来,他在延安接受天津一家英文报刊《华北明星报》采访时谈道:"我在天津南开读中学、大学。这个学校教学严格,课外活泼,我以后参加革命活动是有南开教育影响的。"

南开是一所由爱国教育家严修和张伯苓秉持教育救国理念创办的

・在南开求学时期的周恩来

为中华之崛起而读书。
——周恩来

新式学校。学校首先令人印象深刻的是在教学楼中厅放置了一面大立镜，镜子上方的木牌上端正刻着严修先生题写的"容止格言"：面必净、发必理、衣必整、纽必结；头容正、肩容平、胸容宽、背容直；气象：勿傲、勿暴、勿怠；颜色：宜和、宜静、宜庄。这40字镜箴，是对南开学子仪容仪表与精神面貌的独特要求，也是周恩来在南开学到的第一课。入学之初，他就对自己提出了5个"不虚度"——读书不虚度、学业不虚度、习师不虚度、交友不虚度、光阴不虚度，并以此为要求，严格自律，勤勉不怠。

在校期间，周恩来勤奋刻苦，通过努力攻克了"英文非佳"的难关，国文才华也显露头角。他坚持读书写作，广泛涉猎，尤其爱读《史记》，这使他拓宽了知识面，广博了视野和思路。此外，他文思敏捷，提倡作文不打草稿，提笔直书而一气呵成。他很珍惜每次写作练笔的机会，将自己关于爱国、时政、人生、学业、友情、教育、戏剧等的思考诉诸笔端，写下了《一生之计在于勤论》《爱国必先合群论》《论名誉》《尚志论》《我之人格观》等多篇励志文章，认为确立志向对于人的一生至为关键，"若不志乎始，而能成乎终者，则未之闻也"，强调要立志于"20世纪竞争潮流中"，"立志者，当计其大舍其细，则所成之事业，当不至限于一隅，私于个人矣"。在他的笔下，我们可以看到青年周恩来对"莽莽神州，已倒之狂澜待挽；茫茫华夏，中流之砥柱伊谁"的深切忧虑，更能看到"险夷不变应尝胆，道义争担敢息肩"的使命担当。

1916年5月，学校组织一年一度的作文比赛，各班推举5名代表参加，卷子上的名字密封，由教师集体评阅。周恩来的《诚能动物论》一文被公推为全校第一；同时，周恩来所在班级以超出第二名一倍的分数，荣获班级第一。严修手书"含英咀华"4字，作为给他们班级的优胜奖励。四年后，周恩来以优异成绩毕业时，获得"国文最佳奖"。他将历次校中作文整理成册，悉心保留，这些成为我们了解、研究青年周恩来的宝贵资料。

丰富多彩的社团活动是南开教育的一大特色，学校课业严格，但反对学生死读书。在校期间，周恩来积极参加课外活动，编辑会刊、校报，并先后担任《校风》总经理、演说会副会长、国文学会干事、江浙同学会会长、新剧团布景部副部长、暑假乐群会总干事和班中干事，具备极强的组织和领导能力。入学的第二学期，周恩来便和同班同学张瑞峰、常策鸥共同发起成立了敬业乐群会，并先后担任智育部长、副会长、会长。在他的组织和领导下，敬业乐群会相继开展了阅读书报、实地调研、时事座谈、辩论讲演等活动。会员很快从最初的二十几人发展到二三百人，很多老师也大力支持并参加社团活动。周恩来主编的会刊《敬业》，编辑印制被公认为"全校冠"。

南开提倡新剧，借演剧讲道理、树新风，以达改良社会之目的，并自1909年起形成了校庆日公演新剧的传统。周恩来认为新剧是对国民进行通俗教育的重要渠道，他积极投身新剧活动，加入南开新剧团，担任布景部副部长，尝试剧本创作，认真排练演出。他在《一元钱》中的精湛表演给观剧师生带来了强烈的震撼和深刻的印象，并在毕业评语中获得"粉墨登场，倾倒全座，原是凡津人士之曾观南开新剧者，无不耳君之名"的高度评价。

面对学业的压力与繁杂的事务，周恩来从不抱怨或敷衍了事，凡是他参与的活动，必专心致志、忘我投入。对此，他曾在给友人的信中说："课外事务则如猬集，东西南北，殆无时无地而不有责任系诸身。人视之以为愚，弟当之尚觉倍有乐趣存于中。"南开学校《第十次毕业同学录》中对他有这样的评语："君性温和诚实，最富于感情，挚于友谊，凡朋友及公益事，无不尽力。"同学录的最后还写道："君家贫，处境最艰，学费时不济，而独能于万苦千难中多才多艺，造成斯绩。"经济的困窘确实是年轻的周恩来要面对的一大难题。因此，他的生活非常俭朴，常常从家中带些酱菜下饭，一件长袍洗得发白也舍不得换。所幸的是，由于他刻苦上进，在入学后的第二年，学校就免除了他的学费，并提供给他勤工俭学的机会，使他靠抄写材料、刻蜡版攒些费用贴补生活。周恩来很珍惜这样的机会，认为这既能使他自食其力，又能让他多为学校做工作。他曾对同学坦言："我现在能在这儿学习是很幸福的。"

在南开学校的良好氛围中，周恩来得到师长们的关爱与教诲，师生之间相处融洽。《敬业》创刊时，为表郑重，周恩来亲至严修家中拜访，请其为杂志封面题字，严先生慨然应允。后来，严修观周恩来言行文章，称其具有"宰相之才"。在校时，周恩来每隔几个星期，总要在休息日到张伯苓家去长谈，谈论社会问题和国内外大事，谈得晚了，校长总是留他吃饭，吃的是天津传统特色家常菜贴饼子、熬小鱼。张伯苓曾多次说过："周恩来是南开最好的学生。"此外，他还与伉乃如、马千里、张皞如等师长志趣相投、同台演出、诗文唱和，结下了深厚的师生情谊。

1917年6月，周恩来从南开学校毕业，准备赴日本考取官费留学生。出国前他到东北去探望伯父，并与昔日师友辞别，应好友相请，郑重地写下了"愿相会于中华腾飞世界时"的临别赠言。9月，周恩来出发前作诗自勉："大江歌罢掉头东，邃密群科济世穷，面壁十年图破壁，难酬蹈海亦英雄。"

周恩来在日本度过了将近一年半的求学生涯，其间并非一帆风顺。囊中羞涩、考学失利、对救国方案的探索、对亲人的牵挂与思念……时时萦结于心，也曾使他

·周恩来手书

感到孤寂与苦闷,但他却从未停止过思考。在1918年春节当天的日记中,周恩来写下了新一年的行动方针:"第一,想要想比现在还新的思想;第二,做要做现在最新的事情;第三,学要学离现在最近的学问。思想要自由,做事要实在,学问要真切。"也正是在这一时期,他阅读了日本早期马克思主义传播者的作品,开始接触、了解马克思主义。

旅日期间,周恩来和南开师友保持着密切的联系与书信往来。1918年4月,严修率队赴美考察教育路过东京时,周恩来每天都去看他,还亲手为他烧菜。严修笑着夸奖说:"翔宇的醋熘白菜真不错。"同年底,严修、张伯苓等访美回国路过东京时,再次和周恩来等留日南开同学聚会畅谈。在得知南开学校即将创办大学部的消息后,周恩来下定决心回国学习。

二、求学不忘救国

周恩来回到天津时,正值五四运动如火如荼之际,他以校友身份天天到南开去,积极投身爱国学生运动。1919年9月25日,南开大学正式开学,首届招生96人,周恩来经严修、张伯苓批准免试入文科学习,学号为62。至今,南开仍珍藏着当年周恩来的入校登记表和开学纪念合影。大学期间,周恩来利用业余时间建立了"南开出校学生通讯处",自任"办事人",为广大校友服务。他撰写了《南开出校学生通讯处细则》,并在校刊上发表了一封《给南开出校同学的信》,号召校友广提建议,"为南开谋精神上的发展,

· 1919年9月25日南开大学开学纪念合影,最后排左一为周恩来

事业上的改造"。此外，周恩来还受张伯苓委托，在修身班上向全体师生宣布学校改革草案和宣言。

周恩来深受南开爱国传统的熏陶，将主要精力投入到了领导天津爱国学生运动中。1919年7月，他受邀主编《天津学生联合会报》，明确提出"革心"与"革新"的办报宗旨，并以"飞飞"笔名撰写了大量时评文章。该报一经推出即备受关注，因观点突出、特色鲜明，被誉为"全国学生会报冠"。9月，周恩来联合马骏、郭隆真、邓颖超等进步同学组织创建了觉悟社，亲笔起草了《"觉悟"的宣言》，阐明觉悟的宗旨是"本'革心''革新'的精神，求大家的'自觉''自决'"。觉悟社很快就成为天津爱国学生运动的领导核心。10月，为抗议反动当局对爱国运动的镇压，南开等13所学校宣布实行短期罢课，周恩来起草了《天津中等以上男女学校学生短期停课宣言书》，表明青年学生"救国不忘求学，求学不忘救国"的坚定决心。

1920年1月29日，周恩来等带领天津各校学生数千人到直隶省公署请愿，遭到残酷镇压，周恩来等4名代表被捕，13名南开学生受伤。南开教职员立即发表《敬告各界书》，谴责军警暴行，声援学生运动。从警厅到检厅，在长达170天的羁押期间，周恩来和马千里、马骏等南开师生团结带领难友坚持斗争。在狱中，他曾分5次作了系统介绍马克思学说的讲演，为马克思主义在中国的早期传播做出了有益尝试。在社会舆论的强大压力下，经多方营救，反动当局被迫于7月17日释放了全体代表。出狱后，周恩来撰写了《警厅拘留记》和《检厅日录》，在报纸上公开发表，使更多的人了解他们在狱中开展斗争的情形。

在这场与反动政府的直面较量中，周恩来重新思考了许多问题，思想上发生了巨大变化。用他自己的话说："思想是颤动于狱中。"是什么样的变化呢？入狱前，他是一个关心国家命运和社会改造、积极参加进步活动的学生；出狱后，他就逐步走上了职业革命家的道路。还是在狱中时，周恩来就有了赴欧洲寻求救国真理的打算，严修与张伯苓商定，在南开设立"范孙奖学金"，资助周恩来和另一学生李福景出国留学。为此，严修特地给北洋政府驻英公使顾维钧写了介绍信，还专门在严家账上为周恩来立了户头，每半年支款

> 我在天津南开读中学、大学。这个学校教学严格，课外活泼，我以后参加革命活动是有南开教育影响的。
>
> ——周恩来

一次，均托人负责转寄。后来有人对严修说，不要帮助周恩来了，他参加了共产党，严修只回答"士各有志"，一如既往予以资助。对此，周恩来十分感激，始终念念不忘。

在欧洲，周恩来经过反复思索，最终确立了崇高的共产主义信仰，并于1921年加入了中国共产党。这一年，周恩来23岁。他在给觉悟社社友的信中写道："我认的主义一定是不变了，并且很坚决地要为他宣传奔走。"表达了他成为共产党人后坚定的革命信念。从此，他把自己的一生毫无保留地献给了人类历史上最壮丽的事业。

抗日战争爆发前后，周恩来与南开师友有了较多联系与接触。1936年5月15日，周恩来在瓦窑堡给张伯苓写了一封亲笔信，赞扬了老校长呼吁停止内战、一致对外的救国热忱，阐明了中国共产党团结抗日的方针，恳请"负华北重望"的张伯苓"一言为天下先"。此后，张伯苓多次写信给周恩来，将积极参加抗日的进步青年、南开校友推荐到延安去工作。1938年5月13日，武汉100多名南开校友集会，欢迎到武汉为南开募捐的张伯苓，周恩来也应邀出席。他在讲话中分析了抗战的形势，指明抗战必胜的前途，同时深情地回忆了在南开所受的教育。他说："南开除严格之训练与优良之校风外，有两点至可注意：一为抗日御侮之精神，一为注意科学训练。"会上

放映了有关南开和校友的照片，当出现长征途中留着胡须、身穿戎装的周恩来时，有校友开玩笑说："校长，您可以领着周校友到蒋先生那里，向他要几十万块钱，这不是很好的募款方法吗！"周恩来笑了，张伯苓和校友们也一起开怀大笑。翌日，张伯苓应邀赴中华大学演讲，他自豪地说："我在北方，经常想到华中，想到华中，就想到'中华'。中华大学有恽代英，南开大学有周恩来，这都是杰出的人才，是我们两校的光荣！"

周恩来在重庆工作期间，常到沙坪坝津南村看望南开师友，宣传党的方针政策，激励大家团结抗日。1939年1月初，他应邀到重庆南开中学，向师生作题为《抗日必胜的十大论点》的报告，并结合当时形势对"公能"校训作了新的解释，他讲道："在当前，公，就是国家大事，就是抗战到底，取得最后胜利，把日本侵略者赶出我神圣的领土；能，就是学习，学好抗日的本领、建国的本领，打倒日本帝国主义，建设一个强大的国家。"他语重心长地对学生们说：青年们一定要关心民族的存亡，在中华民族面临生死存亡的历史关头，要把天下兴亡担在肩上，要把民族的利益看得高于一切。1月10日晚，周恩来应邀出席南开校友在重庆的集会，在会上发表了《抗战建国与南开精神》的讲话。他阐明，南开传统的精神就是"抗日与民主"，就是"苦干、实干与穷干"，并希望校友们能发扬这种可贵的南开精神，为抗战建国而不懈努力。这一讲话，在全民族抗战的新形势下，将南开校训与南开精神赋予了新的内涵，在南开师生和社会上引起了强烈反响，为团结动员民众抗战、坚定人民抗战必胜的信念发挥了重要作用。

三、"我是爱南开的"

新中国成立后，周恩来作为开国总理，肩负千钧，日理万机，却仍始终关心着南开大学和广大师生。

周恩来一生对张伯苓执弟子礼,对其发自内心的尊敬。犹记解放前夕,他通过香港校友捎信给避居重庆的张伯苓:"老同学飞飞不让老校长动。"张伯苓知道"飞飞"是周恩来在南开求学时期的笔名,立即感悟到这是周恩来在关键时刻对他的关照和保护,于是坚定了不去台湾的决心,留在重庆迎接新中国的诞生。1951年张伯苓去世后,周恩来亲赴张宅吊唁。他对南开校友说:"看一个人应当根据他的历史背景和条件,万不可用现在的标准去评价过去的人。张校长在他的一生中是进步的、爱国的。"这番话令在场者既佩服又感动,有的人不禁潸然泪下。周恩来领衔组成张伯苓先生治丧委员会,并在敬献花圈的挽带上书"伯苓师千古 学生周恩来敬挽"。

在担任共和国总理的26年间,周恩来三次重返母校视察,给南开师生留下了许多珍贵而难忘的回忆。

1951年2月24日,周总理到南开看望师生,这是他自1920年赴欧洲勤工俭学后第一次公开回到母校。他认真听取了关于学校情况的介绍,视察了工学院机械学系的实习工厂,语重心长地勉励同学们说:你们现在的学习条件与我们那时候相比要好多了,新中国成立后正百废待兴,国家建设需要多方面的人才,希望你们好好学习,将来为祖国多做贡献!

1957年4月10日,周总理陪同波兰政府代表团到天津访问,受到包括南开在内的天津六所高校的15000

· 1959年5月28日,周总理视察南开大学

余名师生热烈欢迎。周总理向全体师生发表讲话，深情回忆了他在南开受到的教育，勉励同学们在面对国家建设中出现的困难时，要能够艰苦奋斗、克服困难，有能力寻求新的知识、增加新的知识，更好地创造未来的世界，使它能够不断地前进。

1959年5月28日，周总理第三次来到南开视察。当天上午9时许到校后，他先在第一教学楼听取了学校负责人关于南开情况的汇报。之后，本打算就近到思源堂参观，可听说全校师生已在图书馆东侧汇集，便当即决定先赴会场与广大师生见面。面对3000多张热情洋溢的青春脸庞，周总理发表了亲切的讲话。他坦诚地讲到了国家在建设中遇到的问题，以及增产节约精神的重要性；明确指出在教育与生产劳动相结合中，教育是主导，学习是主导；强调办好一所大学，学生人数不宜太多，要保证教育质量。他向南开师生提出殷切期望："南开在新的时代，有新的校风，有新的教学特点，要保证质量，真正能够很好地为社会主义服务，为将来共产主义服务。"

中午时分，周总理临时起意到学校的职工食堂看一看。"总理会来到我们这儿？"炊事员们有些不敢相信，一时不知所措。这时，周总理真的出现在他们的面前，热情地与他们握手。炊事员们要为总理做饭，他婉言谢绝，买了一份中午卖剩下的萝卜、两分钱的咸菜和两个窝头，与随行人员一起用餐。他拿起窝头一边吃，一边讲起上学时在张伯苓校长家吃贴饽饽、熬小鱼的故事。饭后，周总理又一次来到厨房，与炊事员们一一握手道谢，并鼓励他们说："你们的工作很重要。"炊事员赵凤轩正在和玉米面，觉得手上沾满面粉不好和总理握手，便转过身来在水里涮了一下，结果更糟了，满手又湿又黏。周总理明白了她的心思，连声说不要紧，随即把手伸了过去与其握手。临离开前，周总理再三嘱咐警卫秘书，务必把粮票和饭费交给食堂。此后多年，南开大学职工食堂里一直悬挂着周总理到食堂就餐的珍贵照片。

午饭后没有休息，周总理先后来到第二教学楼的化学系高分子实验室和第三教学楼的物理系实验室。在化学系实验室，周总理听取了何炳林对科研情况的详细汇报，他指着实验桌上的小瓶问："这就是你们合成的离子交换树脂吗？准备不准备生产？"在得到肯定的答复后，他又问规模多大？原料有没有问题？价格贵不贵？何炳林一一作了回答。当听说预期能年产两三百吨时，周总理高兴地说："科研与生产结合起来很好，这样可以理论联系实际。但刚开始生产，规模不宜太大，产量应逐步增加。"在物理系实验室，周总理听取科研人员的详细介绍后，仔细询问了正在试制的新仪器需要用哪些材料，是哪些工厂生产的，在工作中遇到哪些困难和问题，等等。他指示科研人员：要谦虚谨慎，科研工作要为国家经济建设服务，为生产服务。

周总理还视察了经济研究所。当研究人员告诉他正在研究人民公社问题时，他立即详细了解情况并指出："人民公社是新的事物，你们要多下到农村去，深入调查研究，搜集更多的材料，不要忙于下结论。"他还指示说："你们搞的调查研究成果，可以送给我，这是我的订货。"周总理对新中国成立前南开经济研究所的科研工作给予肯定，并指出不仅要研究国内经济问题，还要加强对英、美等国经济状况的研究，同时要重视经济数据统计分析。周总理还十分关心在国外的南开校友，向吴大任、冯文潜一一问起他们的情况，真切地希望他们回来，参加祖国的社会主义建设。

周总理这次调研的重点之一是大学的教育质量问题。他深入到学生中间了解情况。在化学系，他与同学们座谈政治课教学，要求大家努力学习马克思主义理论和毛主席的著作；在物理系，他翻阅同学的读书笔记，询问学生课时安排和科研小组情况，参加了学生的"增产节约"讨论会；在外文系，他翻看书桌上的英文讲义，检查学生的听、读能力，并给同学纠正读音；在学生宿舍，他了解学生订阅报纸的情况，阅览学生办的时事政治墙报，鼓励同学们关心国家大事；在图书馆，他和历史系学生讨论有关曹操的评价问题，鼓励同学们独立思考，积极参加学术活动。他还一口气登上图书馆五楼，俯瞰操场上学生体育锻炼的情况。

> 南开在新的时代，有新的校风，有新的教学特点；要保证质量，真正能够很好地为社会主义服务，为将来共产主义服务。
>
> ——周恩来

周总理的到来，极大地鼓舞了全校师生的工作和学习热情。多少年来，南开人始终牢记周总理的殷殷嘱托，努力为中国教育事业的发展贡献力量。

建设新中国离不开教育与科学事业的发展，周总理对此高度重视，并对南开师生寄予厚望。1949年9月，南开大学校务委员会主席杨石先、工学院院长张克忠应邀出席在北京举行的中国人民政治协商会议第一届全体会议。百忙之中，周总理将这两位来自南开的化学专家介绍给毛主席，热情关怀他们的工作与生活，鼓励他们为新中国的科教事业贡献力量。1956年，党中央发出了"向科学进军"的号召。在当年召开的我国第一个"十二年科学技术发展远景规划"会议上，周总理将农药研制的任务交给了我国化学界领军人物杨石先，并嘱咐他说："你先找几个人工作二三年，先不要向国家要钱、要人，你们做了工作，国家自有安排。"回校后，杨石先立即组织团队进行科研攻关，并于1958年带领化学系师生办起"敌百虫""马拉硫磷"两个农药车间，毛主席来校视察时对其给予了很高评价。在周总理的关怀下，我国高校第一个化学研究机构——南开大学元素有机化学研究所于1962年10月正式成立，杨石先担任所长，专门进行支援农业的科学研究，为我国农药事业的发展做出了重大贡献。

周总理对南开师生时时惦念，每次学校派人到北京开会，只要他在场，就一定会问"南开来人没有"。南开人最后一次和周总理见面，是在1975年1月召开的四届全国人大一次会议期间。那时，周总理已身患癌症，但仍坚持作了《政府工作报告》。他利用休息时间专门来到天津代表团的休息室，跟每位代表握手交谈。杨石先看到周总理憔悴的面容和消瘦的身体时，心里很难过，他向周总理转达了全校师生的问候，周总理还笑着说："向南开大学的同志们问好，将来有机会一定去看你们。"

周恩来是中国共产党人的杰出楷模，是中国人民爱戴的伟人，更是南开人崇敬的学长、南开师生永远的榜样。1979年3月，经教育部批准，南开大学周恩来研究室正式成立（在此基础上1997年成立了周恩来研究中心），成为国内第一家专门从事周恩来研究的科研机构，推出了一批重磅研究成果，与中央有关部门合作主办了六届周恩来研究国际学术研讨会，成为周恩来研究的重要阵地。进入21世纪以来，南开大学又相继设立了"周恩来班"和"周恩来奖学金"，作为代表南开学子的最高荣誉，以"恩来精神"激励学生树立远大理想，勇担时代使命。2023年，立于八里台校区的周恩来总理纪念碑、周恩来总理塑像入选首批天津市红色资源名录。纪念周恩来，研究周恩来，学习周恩来，已在南开大学蔚然成风。

周恩来对母校有着深厚的感情。早年求学时，他曾在给留日南开同学会的信中写道："我是爱南开的。"这一句深情表达，具有跨越时空的力量，成为联结南开人的情感纽带。对于全体南开人而言，无论时间过去多久，周恩来都不曾离去。他的崇高理想和坚定信念，他的伟大人格和精神风范，永远是南开师生学习的楷模，永远激励着南开人砥砺前行！

第七讲
立德树人育英才

- "以德育为万事之本"
- 陶铸兴国南开人
- 德育"南开模式"的探索

立德树人是教育的根本任务，而培养什么人、怎样培养人、为谁培养人是教育的核心问题。南开秉持救国、报国的初衷而创办，繁荣学术、作育英才的宗旨从未改变，培养公能素质、全面发展的优秀人才更是成为南开的鲜明特色，彰显了立德树人的深厚底蕴。

一、"以德育为万事之本"

严修、张伯苓等南开先贤一生办学的目的，是为救国、报国培养人才。如前所述，针对"愚、弱、贫、散、私"的社会时弊，南开建校伊始便将"改造他的道德，改造他的知识，改造他的体魄"放在同等重要的位置。后来在长期办学实践基础上，张伯苓颁定"允公允能，日新月异"校训，致力培养学生"爱国爱群之公德""服务社会之能力"和日新月异、自强不息的创新精神。

南开育人以德为先。学校创立之初就把道德教育摆在突出位置，强调"教育范围，绝不可限于书本教育、知识教育，而应特别注重人格教育、道德教育"，提出了"以德育为万事之本"的命题。针对中华民族最大病根的"私"，南开教育以倡导公德、培育公德、强化社会责任，厚植爱国情怀为重中之重。严修说："总以尚公为一定不移之标准，务使人人皆能视人犹己、爱国如家，盖道德教育莫切于此矣。"张伯苓说："诸事可变，南开精神不可变，一致为公，始终不渝。"在他们看来，爱国是最大的公，"广义言之，学校则教之为人。何以为人，则第一当知爱国"。"公德心之大者，为爱国家，为爱世界。"张伯苓教导学生关心国家大事，重视中国近代屈辱挨打的历史教育，组织学生调查日本从经济、文化等方面对华的侵略和渗透。每逢五七国耻日、九一八事变纪念日，学校都要开展各种活动，甚至素食斋戒一天，以铭心志。张校长还利用每周开设的修身课和全体学生集会的机会进行爱国演讲。在一次南开大学的毕业典礼上，他问学生及其家长,"将来是为国?抑为私?来宾中或有诸生之家长,必以为供给子弟十数年之费用,今日毕业后,宜略为家庭打算。但试问若无国,何能有家?""诸生功课已毕业,此后应思如何为国为公,方不愧为南开学生。"

在南开创办者看来,"研究学问,固然要紧,而熏陶人格,尤其是根本",学校教育的目的,就是使学生养成良好习惯和健全的人格。这种对学生道德人格的熏陶培育渗透在育人的许多细节中。例如,严修手书南开容止格言,悬于教学楼走廊大镜之上,学生每天经过,对镜自照,鉴正容止,于潜移默化之中。张彭春将容止格言称为"气质教育"。黄钰生回忆说:"我们出校进校,确实常常在镜子面前,摩挲摩挲头发,整理整理纽扣,整饬仪容成了风气,南开学生走到街上,人们一看就看得出来。被人挖苦我们,说我们'臭',我们确实有自豪感。青年时期养成的习惯,很自然地保持到后来。南开同学,各行各业都有,政治和经济地位有高有低,但是,几十年来,我很少很少看见邋邋遢遢、不修边幅的南开老同学。"再如,为了让学生了解团结合作的重要性,张伯苓在课堂让学生折筷子,一根筷子一折就断,一把筷子无论学生费多大力气也折不断。他还在操场上演示"拉绳子",生动说明"分则易折,合则难摧"的道理。

南开重视营造全员育人的浓厚氛围。张伯苓说:我们平日担任的职务虽不同,大家的目的是一致的。就是要造就新人才,去改造旧中国,创造新中国。因为吾人抱同一之目的,无论吾人所任者为各课之职务,或各科之功课,随时随地都宜往同一方向走。力合则效力大,力散则效果微。

> 惟"公"故能化私,化散,爱护团体,有为公牺牲之精神;惟"能"故能去愚,去弱,团结合作,有为公服务之能力。……允公允能,足以治民族之大病,造建国之人才。
>
> ——张伯苓

望同人共体斯意。任教育者当注重人格感化。人格感化之功效，较课堂讲授之力，相去不可以道里计。""学校系先生、学生与夫役三部所合成，其目的则造成德育、智育、体育完全发达，而能自治治人，通力合作之一般人才，以应时势之需要。"他不仅身体力行，而且鼓励教师、管理人员、夫役工友发挥示范作用。建校初期，学校就设立了辅导员制度。老舍、罗常培、范文澜等著名专家学者都曾担任过学生辅导员。老舍后来回忆这段生活时说："我去找了个教书的地方，一个月挣五十块钱。在金钱上，不用说，我受了很大的损失；在劳力上自然也要多受好多的累。可是，我很快活。我又摸着了书本，一天到晚接触的都是可爱的学生们。"范文澜在任教之余，担任两个班的辅导员，经常和学生们谈论国内外大势和远大理想，给了他们很大的启迪。

在发展层面，南开教育强调公能兼备。张伯苓说，"有爱国之心，兼有救国之力，然后始可实现救国之宏愿"。为此，学校始终将培养学生的"现代能力"作为爱国主义教育的重要内容。曾任南开学校秘书长的黄钰生说："在伯苓先生的教育思想中，自动、自觉、自治、自主、自创占有重要地位。而且这'五自'的每一个'自'，都是一种能力。"自建校始，南开先贤便开教育界先河，创建"活"的教育模式，"以大自然为教室，以全社会为教本"，"利用活的材料，充实学生之智识，扩大学生之眼界"，"训练学生做事能力，服务精神"。校园里学生社团很活跃，"学生多数入会，有一人兼入数会者"。吴大猷、陈省身都曾担任理科学会委员，负责组织学生的学术讨论会，吴大任负责编辑该学会的《理科学报》。学校也尽力为学生团体提供帮助。有一次，张伯苓看到无线电研究会的广告，立即找来该会发起人，询问研究会的宗旨和计划后说："你们玩的好，学校先补助你们一百块钱，好好地玩。"建校初期，学校便开展制度化的社会实践活动。1926年，学校成立社会视察委员会，组织师生对天津100多所机构进行调查。

1946年北归回津后,学校在经济异常困难的情况下,仍制定《课外活动行事计划》,开展有组织的实践活动。

"以体育人"是南开学校的办学特色之一。张伯苓被誉为中国奥运第一人,曾提出著名的奥运三问:中国什么时候能派运动员参加奥运会?中国什么时候能获奥运会金牌?中国什么时候才能举办奥运会?他身体力行推动体育教育和体育运动,提出"五项训练方针",第一条便是重视体育。在他看来,教育如果没有体育,教育就不完全。学校体育重在"体德之兼进,体与育并重"。曾任印度尼西亚泗水华侨中学校长的李清濂校友说:南开提倡体育,以雪"人称中国为东亚病夫"之羞辱。担任过"南开五虎"篮球队中锋的祝步唐也说:张伯苓常讲健全精神寓于健全身体。健康为成功之母,一个人或一个民族如体格软弱,必被淘汰的。在这种教育理念下,学校形成了浓厚的体育运动氛围,涌现出许多优秀的运动队及选手。南开学校历年在天津、华北、全国、远东各类运动会及球类比赛中所获奖杯不下数十个,锦标超过百面。其中,"南开五虎"的美名传颂至今。1929年,南开篮球队在教练董守义的带领下问鼎华北篮球运动会冠军,旋即远征上海,连克三支劲旅。

• 威震远东的"南开五虎"篮球队

恰在此时,多次蝉联远东运动会冠军的菲律宾圣提托马斯队在日本获得全胜战绩后,在上海短暂逗留,球迷期待中菲两国球队展开比赛。当时的菲律宾队可谓气势如虹,"沪上各队莫敢撄其锋,而南开独不示弱，订期比赛"。比赛异常激烈，"分数起落无定，精彩百出"。关键时刻，南开健儿敢打敢拼，配合默契，最终以4分的优势战胜强手。报界盛赞："南开球队威震远东，'南开五虎'之名，遂传播遐迩矣。"

除了体育，编演话剧也是南开培养学生的一个重要途径，即"练习演说，改良社会"。南开一向重视美育，严修把"美感"教育列为五大教育宗旨之一。张伯苓认为，"戏院不只是娱乐场，更是教堂、宣讲所、教室，能改革社会风气，提高国民道德"。

・张彭春指导曹禺表演话剧

早在1909年，当西方话剧刚刚传入中国时，严修、张伯苓就带领师生开始编演话剧。张彭春引入导演制度，被誉为"中国话剧导演第一人"。这使南开新剧团成为中国最早规范化运行的话剧团体之一。周恩来、曹禺都曾在张彭春指导下排演话剧。曹禺后来回忆，在南开读书时就萌发了创作《雷雨》的想法。他在这部成名作的自序中郑重写道："献给我的导师张彭春先生。"他还说："南开新剧团是我的启蒙老师，不是为着玩，而是借戏剧讲道理，它告诉我戏是很严肃的，是为教育人民、教育群众，同时自己，也受教育。"抗战期间，南开话剧团先后演出了《卢沟桥之战》《放下你的鞭子》《汉奸的子孙》《雾重庆》《屈原》等剧目。复员天津后，南开虹光剧艺社多次公演反内战话剧《凯旋》，遭到反动政府忌恨。1947年5月18日，国民党特务伪装所谓"伤兵"捣毁舞台，打伤演出学生，血案警醒并教育了更多的师生。

正是在以爱国主义为核心的育人理念下，南开形成了"爱国、敬业、创新、乐群"的优良传统，使人才培养质量始终保持一流，涌现出以周恩来、马骏、于方舟、吴大猷、陈省身、曹禺、郭永怀、刘东生等为代表的一大批优秀人才。他们中间，既有杰出的革命家、科学家，也有卓越的教育家、艺术家，充分反映了南开"公能"育人、全面发展的教育特色。

二、陶铸兴国南开人

新中国成立后，学校将学生的思想政治教育放在首位，为党和国家培养又红又专的建设者和接班人。1949年3月新学期开始，历史系就明确提出培养学生掌握马列主义理论，以历史唯物主义观点分析中外历史发展进程，同时强调培养学生爱国主义精神，通过四年学习掌握中国和世界历史的基本知识。从1952年学年起，学校制定教学大纲和专业课程计划，成立"新民主主义论教研组"，后更名为"马列主义教研组"，逐步形成以"马列主义基础""中国革命史""政治经济学""辩证唯物主义和历史唯物主义"4门课程为核心的政治理论课体系。学校成立"社会发展史教学委员会"，组织专门教师为学生作"新民主主义论"学习报告。陈舜礼、滕维藻、王赣愚、吴廷璆等著名教授都曾讲授思政课。学校还派出吴廷璆前往北京，与钱俊瑞、何干之、胡华、许德珩等一起为教育部编写大学使用的《新民主主义论》教学大纲。1953年各系设立政治辅导员，开始了建立高校辅导员制度的尝试。1955年4月，学校制定了《关于加强学生思想政治教育工作的决议》，要求每位教师、各系和教研组都要承担对学生进行思想政治教育工作的责任，并且将思想政治教育工作计划纳入教学工作计划之中，同时建立了定期检查制度、汇报制度，形成了全员育人的格局。

在办学指导思想上，学校高度重视学生德、智、体全面发展，坚持"培养德才兼备的人才，为社会主义建设服务"。校长杨石先鼓励学生"既要养成刻苦钻研书本的习惯，也要敢想敢说敢干，一切服从真理"，还"要团结互助，彼此启发，广泛交流，因为发挥集体的力量比个人单独奋斗，在效果上和速度上都有好处"。学校出台一系列举措鼓励学生"生活要丰富多彩"、要"力争读书、劳动、思想三丰收",实现"学习好、工作好、身体好"。1954年,杨石先、刘披云在给全体同学的公开信中说:"必须进一步加强体格锻炼,养成规律的生活习惯和卫生习惯,按时作息,并坚持每天下午的课外体育活动。"为此,学校组织了各种国防体育和普通体育运动队,有航海多项队、摩托车队、射击队、自行车队、篮球队、足球队、排球队、乒乓球队、羽毛球队、手球队等,定期举办运动会,对优秀的锻炼小组、班级和个人给予奖励。时任南开航海多项队教练的杨鹤龄回忆说:"队员们练习回到宿舍经常是手也磨破了,臀部也磨出血泡,就是这样艰苦的训练,队员们从未放弃过。"南开航海队在天津市历届航海多项比赛中都获得了全能第一名的好成绩。1963年,天津发生洪灾,由航海队、游泳队和体育老师组成的南开第一抗洪抢险队表现突出,被评为天津抗洪抢险模范集体。

改革开放以来,学校围绕"培养人"这篇大文章,不断赋予"公能"教育理念以时代新义,形成了培育全面发展人才的新模式。

发扬以德为先的传统,重视学生的思想政治工作。1980年,学校组建"马列主义基础理论教研室",翌年成立"思想品德教研室",成为全国高校最早开展大学生综合素质教育的试点学校之一。1984年,马列主义基础理论教研室更名为马克思列宁主义基础理论教学部,形成了全国高校"两课"教学公认的、独具特色的"南开模式"。1997年9月,马克思列宁主义基础理论教学部、德育教研室和政治学系思想政治教育专业共同组建马克思主义教育学院,成为全国第三所成立马院的高校。2004年,学校成立了党政主要负责同志任组长的学生思想政治教育工作领导小组,强化了院(系)学生工作办公室的职能,形成了党委统一领导、党政群齐抓共管、全校上下共同参与的体制机制。

深入发掘南开的文化传统和精神特质,将南开道路、南开品格、南开精神融入德育教育之中。学校训、唱校歌、鸣校钟、听校史成为每位学子的

"必修课"。纪念南开先贤的"杰出南开人月"活动,被师生称为当代"南开教育"的"最生动一课","周恩来班""周恩来奖学金""杨石先班"成为南开学子竞相追求的荣誉。

> 每位南开人都以"南开精神"激励自己,奋发有为,为国家为人民做出光辉无限的无私奉献,力争成就非凡。这种无形的精神,成为全体南开人奋发有为的原动力。这就是南开教育的精髓所在。
> ——申泮文

坚持公能为本、创新为魂,丰富校园文化活动。《周恩来在南开》《我的西南联大》等大型话剧,《牡丹亭》《巴山秀才》等一批传统剧目,千余场次"周末乐坛""周末论坛""周末影坛"等经典活动,常有"一票难求"的火爆情景。"梦圆南开"迎新晚会、"聚散天涯·依依南开"毕业晚会和新年音乐会更成为南开园必不可少的文化品牌。1995年,学校成立学生合唱团。从屡获国际赛事金奖,到受国家汉办指派,圆满完成赴美、俄等国家的文化交流活动,从国家大剧院举行专场音乐会到三次唱响北京人民大会堂,合唱团不仅是中华优秀文化的传播者,也是培养"公能"精神的"助推器"。

继承发扬南开体育传统。校院两级运动会、十余项校级体育赛事、"校长杯"、体育嘉年华……各项体育活动开展得热火朝天,"自觉体育、全面体育、终身体育"的精神蔚然成

·南开学生合唱团在第十三届世界合唱比赛中获两项金奖

风。1982年，南开在全国率先开设了选项体育课。时值中国女排连夺世界冠军，中国男排也跻身世界强队之列，学校的排球课吸引了众多的学生爱好者。"去晚了连场都占不到，只能偷偷蹭到后边给别人捡个球，过过瘾。"1987年初，学校组建高水平女子排球队，11次蝉联全国大学生女排联赛冠军。1989年参加全国排球乙级联赛，以不败战绩获得冠军并晋升全国甲级队行列，成为第一支跻身全国优秀运动队行列的大学生运动队。2003年代表国家参加第22届世界大学生运动会，力挫群雄获得冠军，完成了中国大学生体育的一个"突破"，实现了在世界大学生赛场上升起五星红旗的梦想。

社会实践教育深入开展。志愿服务、社会实践、挂职锻炼，在南开已经连续开展多年。自1999年起，学校响应团中央和教育部号召，组成"青年志愿者扶贫接力计划研究生支教团"，赴新疆阿勒泰、西藏拉萨、甘肃庄浪开展支教服务。"用一年不长的时间，做一件终生难忘的事。"对于支教学生来说，西部边陲生活的艰苦超出了他们的想象，但走上讲台的兴奋使所有的困难都变得微不足道。挑灯夜战、备课批改成为他们的习惯，孩子们一点一滴的进步都让他们欣喜无比。20余年的接力长跑，20余年的接续奋斗，研究生支教团以专业所长服务乡村教育，被誉为在祖国西部和边疆地区"树起的一面旗帜"。

2007年5月，学校与津南区人民政府联合实施了"走进津南、服务滨海"——南开大学博士生赴津南区挂职项目暨"百名博士当村官"工程。这一合作被挂职的博士亲切地称为"南南合作"。他们在农村基层、在工厂企业、在重点项目现场，锻炼着自己也改变着乡村。博士生郑飞到津南区辛庄镇挂职。上任伊始，正赶上市里进行道路拓宽改造，村民王振财在路边经营了20多年的饭店在被拆之列，第一次做说服工作的郑飞刚登门就被老王顶了回来，"我一家九口人吃嘛，我的收入得吃饭，老的，少的"。第一次的尴尬也让郑飞意识到，自己没能解答村民最关心的眼前和长远利益问题。再次登门时，郑飞将政策一项项化解为看得见的利益，十多天里跑了五六趟，终于做通了王振财的工作。像郑飞一样，很多博士生投身在乡镇基层的挂职工作，得到了挂职单位和当地干部群众的高度评价。新闻联播以《博士村官小天地里大作为》为题报道了南开大学生的事迹。

　　南开的教育陶冶了成千上万青年学子，又通过他们让社会更多的人了解南开品格，传颂南开精神。2009年9月，哈萨克族女孩阿依努尔被确诊急性白血病。如不及时治疗，仅有3个月的生命；如接受治疗，各种费用预计超过百万元。这让阿依努尔贫困的家庭一筹莫展。一场爱心营救似"星星之火"在校园迅速"燎原"开来，"温情义卖""特别党费"……南开师生的义举带动了天津市民，继而波及全国20多个省市。短短几个月，就募集到150多万元善款。从救助"月光女孩"阿依努尔到"微力量"迸发"大爱心"救助患病学子王一夫，再到让"微笑女孩"袁霞重返校园……生命的亮度、"公能"的光芒一次次在南开园绽放。

　　2010年4月，一名儿童在小引河玩耍时不慎落入水中，几名南开师生奋不顾身跳入河中，将男孩救出后默默离去。这已不是南开人第一次在他人遇到危难的时候挺身而出了。同年3月，信息学院硕士生陈永刚勇救落水老人的事迹在天津广为传颂。2006年冬天，数名南开师生用自己身上的围巾、腰带结成"生命线"，救起一名落入冰河中的儿童。2002年，汉语言文化学院美籍留学生金亚当在青岛勇救落海者，被授予"青岛市荣誉市民"称号。2000年，在短短两个月的时间里，南开大学涌现了两批舍己救人的英雄——10月，生命科学学院1999级学生秦臻不顾个人安危，第一个跳入子牙河，勇救落水儿童，受到了天津市有关部门的表彰和市民们热情的赞扬；12月，几名师生跃入冰冻的湖水救助4位落水日本留学生的事迹，受到了国内外人士的好评。

如果说面对刺骨冰水的一跃而入体现了南开人在突发事件中的勇气与担当，那么更多的南开人用自己所学向社会奉献青春与热血。汶川、玉树特大地震发生后，南开师生的身影活跃在灾后重建的第一线，到灾民家中、田间地头走访，对幸存儿童的心理创伤进行治疗，在地震受灾地区支教。师生们说："服务灾区，奉献社会，是每一个中国人的民族责任，用生命影响生命、用生命诠释生命、用生命感动生命，我们更会用生命陪伴生命。"研究生张海桥单骑深入海拔5200多米的可可西里，与野牦牛队队员一起保护藏羚羊，获得了2000年度"中国十大杰出青年志愿者"荣誉称号及"中国青年志愿服务金奖"；在达沃斯论坛、北京奥运会等盛事中，南开学子发挥特长、微笑服务的上百张"大学生名片"，诠释着南开人心中"公能"精神的丰富内涵。

三、德育"南开模式"的探索

中国特色社会主义进入新时代，南开大学坚持为党育人、为国育才，把立德树人作为教育的根本任务，赓续百年底蕴，弘扬"爱国奋斗，公能日新"精神，不断强化"小我融入大我"的使命担当，努力培养堪当民族复兴大任的时代新人。

习近平总书记曾高度评价南开的校训，称"允公允能，日新月异"的校训精神与社会主义核心价值观的内在要求是一致的。党的十八大以来，学校始终在思考如何找到"公能"校训与社会主义核心价值观的契合点，如何将中央提出的"三个倡导"融入"公能"校训之中，提出：如果把"公"理解为致力富强、民主、文明、和谐的家国情怀，追求自由、平等、公正、法治的社会理想，涵养爱国、敬业、诚信、友善的人生操守，把"能"理解为修身报国、服务社会、践行"公"之价值观的能力，把"日新月异"理解为践行"公能"过程中要与时俱进、开拓创新，那么"公能"

校训便可谓社会主义核心价值观的"南开表达"。

为此，学校把实施南开特色的"公能"素质教育确定为办学基本战略，2012年在全国高校率先制定了《南开大学素质教育实施纲要》，强调要以"公能"素质教育为主线，促进知行合一，德、智、体、美的相互融合、协调发展，着力培

> "五育并举"即坚持德育为先，智育为本，体育、美育、劳动教育相辅相成、融会贯通，培育公能兼备、全面发展、自觉堪当强国建设、民族复兴大任的时代新人。
> ——《南开大学本科人才培养体系升级行动计划实施方案》

养"以德为先、能力为重、全面发展、勇于创新"的栋梁之才。此后，在实施"南开大学素质教育实施纲要（1.0版）"和"南开大学一流本科教育质量提升行动计划（2.0版）"的基础上，学校又构建了"南开卓越公能人才培养体系3.0"，以支撑学生成长成才，全面发展为目标，着力打造"三维融通、五育并举"的贯通式人才培养模式。从德智体美全面发展到"五育并举"的素质教育体系，南开特色的公能教育理念，在南开人的传承与创新中得到充分彰显。

育人之本，立德铸魂。学校认真贯彻习近平总书记对思政课建设的重要指示要求，举全校之力加强马克思主义理论学科建设，探索形成了"1234"南开特色思想政治教育模式：塑造"一个特色"——让爱国主义教育贯穿思政课始终；融通"两类课程"——让"思政课程"与"课程思政"衔接协同；坚持"三位一体"——让"课堂教学、社会实践、校园文化"形成合力；推动"师生四同"——让思政课入脑入心、真学真用。"南开模式"深受青年学子喜爱，并在社会上得到推广。

2023年12月的一天，一堂别开生面的"思想道德与法治"课在八里台

校区百年校史展馆中进行。从学校发展中的爱国奋斗，到新时代自觉践行"小我融入大我"的殷切嘱托，同学们跟随老师一路看、一路学。置身校史展情境体验中，南开校训里体现的"公能"精神和社会主义核心价值观润物无声地浸润着心灵。学生们说："这种沉浸式教学方式，让大家感到亲切且富有实效，使我们对南开大学百年爱国主义传统和南开人的爱国情怀有了更全面、直观的了解。"

"希望同学们欣逢盛世，当不负盛世，你们不但有理想，而且有梦想；不但有要求，而且有追求；不但有志气，而且要争气；不但有热情，而且有激情。"在《医药前沿与挑战》的课堂上，"共和国勋章"获得者、中国工程院院士钟南山殷切寄语南开学子。这门由十多位院士共同主讲的南开"名师引领"课程，吸引了超50万人次在线收看，实现了课程思政与思政课程"双轮驱动"。听课的同学们说：这些"重磅"通识课，不仅能让我们领略学科最前沿的动态，主讲人在课堂上传递出的爱国情怀更是引起强烈共鸣，激发了南开学子的责任感、使命感和学习热情。

2024年9月21日，"把青春华章写在祖国大地上"大思政课网络主题宣传和互动引导活动在南开大学举行。活动紧扣青春和爱国主题，邀请青年榜样、名师大家与广大青少年网民同上一堂别开生面的网上网下大思政课，全网点击量超120亿次。学生深情地说："这是场让人印象深刻的大思政课。当老校长张伯苓的数字形象与今日南开同框，当'爱国三问'再次在耳边激荡，我的内心激动不已，那是一种向下扎根又向上生长的精神力量。我将秉承南开人爱国、公能、创新、奋斗的精神，在实现中国梦的生动实践中放飞青春梦想。

立德树人的教育既在宽敞明亮的教室，也在躬身劳作的沃野。学校赓续南开"知中国、服务中国"传统，在探索中形成了具有南开特色的"师生四同"实践育人模式。参与实践的学生们说："与老师一起开展实践，不单是开阔了视野,更重要的是学习了研究方法,让鲜活的脱贫成就上升为理论思考。"苏区实践是南开坚持了十三年的"大思政课"。自 2012 年起,学校深入开展以瑞金为中心的原中央苏区多县合作共建。

• 师生"四同育人"模式成为南开思政课程建设的金名片

师生走访革命遗迹、录制思政微课、开展乡村振兴调研、推动建立南开大学中国式现代化乡村工作站……接续谱写"青莲紫爱上苏区红"的新篇章,生动展现了实践育人的成效。《光明日报》曾三度专题报道,实践成果获团中央"社会实践优秀品牌项目"。2025 年寒假,3100 余人次南开师生开展近 2600 次实践活动,遍布全国 30 余个地区,以行践知,挺膺时代担当。

多年来,南开师生立足学科优势与专业特点,通过健康义诊、公益助农、走访调研、党建交流等方式,全方位助力庄浪乡村振兴。2014 年,电光学院发起"公益晨跑,筑梦庄浪"活动。十多年来,南开师生广泛参与,累计奔跑里程 45000 余公里,为庄浪地区捐建"南开书屋""阳光体育角",捐赠太阳能路灯等。师生社会实践队还走村入户了解社情民情,发挥光伏技术优势,利用低碳新能源"照亮上学路""温暖村民家""提水润农田"。青年学生在实践中丈量祖国大地,展现青春力量,厚植爱国情怀。

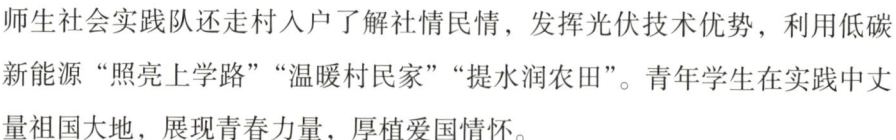

教育固本,启智为重。为了促进学生全面发展、个性化成长,培养创新能力和实践能力,学校支持并鼓励学生参与学术研究、创新创业、社会

实践等国际国内各项比赛，并对成绩优异、表现突出的个人和集体予以表彰。为培养求实创新之"能"，南开每年投入经费100万元作为"百项工程"基金，鼓励本科生自选研究课题，发挥才智和创新精神，使科研成果具备了转化成生产力的条件。2013年，以推进"公能"素质教育为主线，学校成立创新创业工作领导小组，校长任组长，每年安排近8000万元用于创新创业教育及创业指导服务。2023年，学校实施《南开大学本科人才培养体系升级行动计划》，引导学生面向国家经济社会发展和重大战略需求，在重点领域和关键环节取得突出的创新创业成果。学生们说："南开的教育环境让我们的能力得到了全面发展，我们要用在这里培养的能力去服务社会。"

在角逐创新创业竞赛和申报科研课题的过程中，学子们跨越学科专业、取长补短，开始了一次次"集成创新"的有益尝试。南开学子在全国挑战杯、"创青春"等各类创新创业赛事中获得亮眼成绩。博士生童健聪依托南开与百度的合作平台，用新的"索引缓存算法"完善了互联网搜索技术中的一些缺憾，影响了中国亿万网民。"农梦成真"的联合创始人张瀚文聚焦公益，与团队一道打造电商助农平台，为贫困地区销售130多种特色农产品，实现销售额3000余万元。被称为"全能博士"的汤明磊响应"大众创业、万众创新"号召，创办"飞地孵化器"——闯先生，实现了一站式创业云服务，帮助数千名大学生创业。人工智能学院郑月敏、杨金山、李思危等11位同学针对火星环境下伞翼无人机控制器给出解题方案。"00后"CEO佟泽栋创立的"天津氯之家生物科技有限公司"成为南开首批入驻天开园的科技型本科生创业项目……一批南开青年接过接力棒，活跃在富有创新基因的南开校园里，让更多青春梦想变为现实。

健全人格，体育为基。体育是全面推进素质教育的重要内容。走过百年岁月，"强体魄"与"做学问"并重依然是南开不变的坚持。2017年，学校在全国率先推行体质健康证书政策，为毕业学年体质测试合格的学生颁发"体质健康证书"，对测试成绩在良好以上的学生授予"体魄强健毕业生"称号。2019年7月25日，张伯苓体育思想高峰论坛在南开大学举行。海内外180余位专家学者围绕"爱国主义与体育"这一主题，从不同角度对张伯苓体育思想与新时代体育强国建设展开学术研讨。中国篮协主席姚明走上演讲台发言："体育、教育本不应该被割裂，因为体育本身就是一种行之有效的教育手段。"这也正是南开一贯坚持的育人理念。

一直以来，南开师生的身影活跃在各类体育运动和竞技赛事中，形成了"南开体魄、读书报国，南开体魄、强国有我"的浓厚氛围。划龙舟、打篮球、练击剑……单单是跑步，南开人也玩出了"花"。2023年9月17日，南开大学推出"特色马拉松"校园品牌活动。映着秋日暖阳，1500名师生校友会聚在一起，以长跑的方式，强健体魄，立志读书报国。2023年天津市马拉松赛，近百名南开学子自发报名参加盛会，体验全民健身的乐趣，践行"体育强国"的南开初心。参赛学生激动地说："南开有着老校长张伯苓'以体育人'教育思想，有'南开五虎'的精神力量，在浓厚的运动氛围中，自己和热爱长跑的朋友们自发练习，一同参赛，希望未来不断战胜自己，取得更好的成绩。"

立德树人，美育润心。南开重视美育的传统在新时代得到进一步发扬。人们但凡说起南开，话剧必占一席之地。"哪里有南开人，哪里就有话剧"是对南开话剧最好的形容。杨石先校长曾经说过，"如果问我这辈子对什么最割舍不下，只有两样，一样是化学，一样是祖国！"2019年7月，在新中国成立70周年之际，南开原创话剧《杨石先》面向社会公演。观众们深受震撼，纷纷表示要成为爱国爱群、服务社会的人，将"公能"精神发扬光大。该剧入选"共和国的脊梁——科学大师名校宣传工程""高校原创文化精品推广行动计划"等，并被中国科协评为"最美科学大师——最受网友喜爱舞台剧"。2024年5月，南开师生自编自演的大型原创话剧《周恩来回南开》首演,成为新的校园文化艺术精品与文化名片,也是一堂促进"三全育人""五育并举"的生动思政大课。不只是话剧,从京剧《爱国三问》到音舞诗剧《诗教绵绵——为有荷花唤我来》,一大批反映革命文化、社会主义先进文化、中华优秀传统文化的原创或改编剧目在南开园轮番上演,在赓续南开戏剧教育传统的同时,以美育厚植爱国主义情怀,培育践行社会主义核心价值观。

笃行求实,劳育淬炼。学校把立德树人融入劳动教育实践,在通识选修课中纳入劳动教育课程30余门,在学校图书馆、后勤保障部、膳食服务中心等校内外单位建设劳动教育基地,构建劳动教育与学科专业教育、创新创业教育相结合,课堂内外、学校内外贯通融合的劳动育人模式。2016年,本着"公能"素质教育原则,学校在津南校区开设"公能"农业体验园。体验的过程,让师生们收获很多,对"种地"这件事也有了更多的感悟。2017年,学校又开设通识选修课"三农概论与种植实践",这门别出心裁的课程,将教学、实践、生态融为一体,学生在劳动中获得新知、增长才干、感悟劳动之美。

南开"允公允能,日新月异"校训提出至今,已经九十余年了。它承载着南开先贤教育救国的理想和追求,也体现着新时代南开师生对民族复兴价值引领的理解和认同。百余年来,在"公能日新"精神浸润下,南开园已经成为一座锻造理想信念的熔炉、弘扬主流价值的高地、滋养文明风尚的沃土、培育优秀人才的摇篮。

第八讲 擘画学科 争创一流

- 聚焦"时势之急需"
- "老九系"肩负新使命
- 对标一流勇攀高峰

学科是现代大学的重要支柱。在某种意义上，一所大学的学科布局与建设体现着其办学宗旨、育才根基、学术追求、竞争实力。南开大学从建校之初的文、理、商三科，到如今28个专业学院，覆盖文、史、哲、经、管、法、理、工、农、医、教、艺等学科门类，学科体系的构建经历了100多年探索，同时也见证了中国学科建设的初创、发展、壮大历程。回眸百年风云，南开人始终不忘报国初心，将"文以治国，理以强国，商以富国"的理念贯穿于学科建设之中，通过争创一流学科来履行服务国家的使命担当。

一、聚焦"时势之急需"

早在南开先贤酝酿创办大学之时，就抱有对标世界一流学科的高远理想。"南开大学计划人"张彭春提出："将来悬想之标的，使南开大学生纵不能发明新理，为世界学问之先导，亦决不令瞠乎欧美开流之大后，必与之并驾齐驱。"他对南开学科建设做出了最初的规划。1919年南开大学正式成立时，应社会所需，设文、理、商三科，1920年又添设矿科。在科之下设有学门，1923年学门改称"系"。

> 将来悬想之标的，使南开大学生纵不能发明新理，为世界学问之先导，亦决不令瞠乎欧美开流之大后，必与之并驾齐驱。
> ——张彭春

这时也正是中国各学科的草创期，无论是理科的数学、物理、化学、生物，还是文科的历史、政治、经济、社会，都还处于最初的探索阶段。如何借鉴西方范式建立自己的学科体系？如何结合中国的实际情况发展现代学科？学界尚无定见。南开虽只是一所私立学校，但创校先贤勇于担当、善于布局、敢为人先，远渡重洋悉心查访，诚聘留学生中的优秀人才。他们不仅成为南开学科建设的奠基人，也为中国相关学科的开拓做出了不可磨灭的贡献。

1923年南开大学学科布局

文科	文学系	理科	算学系
	历史学系		化学系
	经济学系		物理学系
	政治学系		地质学系
	教育学系		生物学系
	哲学系		天文学系
	心理学系	商科	会计学系
	人类学系		银行学系
矿科	（不分系）		普通商业系

就在南开大学成立的这一年，留美九载的姜立夫博士毕业，他放弃了在哈佛大学任教的机会，回到祖国，立志要把"西洋数学"搬回来。1920年初，他应邀来到南开，创办算学门，陆续培养了刘晋年、江泽涵、陈省身、申又枨等数学家，为中国数学学科发展输送了一批中坚力量。同时，姜立夫以十载心血主持审订中文数学名词，编成的《算学名词汇编》是我国第一部数学名词词典，这是学科建设一项极为重要的基础性工作，影响至今。他也被誉为"现代数学在我国最早和最富有成效的播种人"。在南开，这样的开拓者远不止一位，比如南开物理学科创始人饶毓泰，被誉为中国现代物理学奠基人之一；曾任南开文科主任的李济被称为"中国考古学之父"；创立南开历史系的蒋廷黻，最早开始中国近代外交史的史料收集研究并开设课程，是"中国近代史研究的拓荒者"。

学科建设事关长远且并非易事。何廉、李济、萧公权、蒋廷黻等很多任教过南开的教师在回忆往事时都讲到，当时的南开办学条件有限，"实际上可以说是惨淡经营"，但学校富有朝气，老师们也很年轻，大多在30岁左右，学成归来都想"做点儿有意义的工作"。年轻教师几乎全住在八里台校园内，学校把百树村10号房屋的一部分作为教员俱乐部，每天晚饭后大家会去那里喝咖啡、交流，或做下棋等游艺，借以稍纾一天工作的疲劳。"大约一个钟头左右"的交流、休息后，大家各自回到家中继续做研究工作，或加紧备课。此外，一有机会还常常外出考察调研，大家"都是以一种献身精神工作"，这才使得学科建设取得如此开拓之功。这真是一段青春洋溢的创业史。

当时教师总数不多，各学科常常为One man department——"一人系"。南开第一任大学部主任凌冰，既负责组织全校教学，又亲自讲心理学、教育学和哲学课。邱宗岳1921年开创化学学科时，连个实验室都没有。他一个人兼授多门课程，还当系主任。教学安排、助教的指导，甚至添盖实验室新房，都需他躬行过问。算学系初创时，姜立夫是唯一的"台柱"，他逐年根据学生情况轮流开设各门主要课程，几乎把数学学科所有重要课程都讲了一遍。教师少，学生也不多。李继侗开设植物学课，结果上课的只有殷宏章一人。一个老师、一个学生，上课也不必去教室了，殷宏章就坐在老师办公桌前，结果越听越有兴趣。后来，李继侗开了植物形态学、解剖学、组织学等课，殷宏章回忆说："这些课可以说是李先生专门为我开的，因为当时南开生物系刚开始，高年级只有学生一人。"李继侗天天在实验室里看书，很晚才回家，甚至忘记吃饭。殷宏章极为敬佩老师，毕业后他留校任教，也学老师的样子走上学术之路。

在1948年中央研究院院士和1955年新中国科学院首批学部委员中，1930年以前毕业于南开的就有物理系的吴大猷，算学系的江泽涵、陈省身，生物系的殷宏章。作为一所私立大学，创办10年左右就有这样的成果，堪称辉煌。老师中成为院士的更多。教师的成长与学生的培养，都与南开学科建设的雄心密不可分。可以说，在数学、物理、生物、化学、历史、政治、经济等学科领域，南开起步时已处于中国高校领先位置。

作为一所私立大学，南开早期的学科发展也遇到不少困难。首先是办学经费问题。学校开办第二年，支出就超出收入近三分之一。在这种情况下，想要支撑文理并重的学科布局，在各领域都有所成就，十分困难。1920年，南开在实业家李组绅捐助下添设矿科，但到1926年由于经费不胜支持被迫停办。1923年，著名思想家梁启超雄心勃勃地要在南开创办东方文化研究院，并登报发文呼吁各界支持，但筹款并不顺利，理想终未实现。与经费困难相伴的是人才流失。当时各大学竞争激烈，都急于聘请优秀教师，南开相比那些国立大学，在待遇、平台等很多条件上都不占优势。早期受聘的教师很多在南开任教不足5年。那些"一人系""两人系"，一旦教师离职，学科就有停办的风险。因此，那时南开学科设置变动较为频繁，天文、地质、人类学、心理学等科系都不得不中断。

张伯苓对此进行了冷静的思考：南开竞争不过那些国立大学，然而我们有必要去竞争吗？难道不应当决定停止竞争，争取互相合作，同心协力取长补短吗？南开坐落于离北京很近的商业城市天津，天津还有个成为华北大工业中心的前景，南开的学科建设和发展应当从这一实际出发，把重点放在培养企业人才和工程技术人才上。因此，学校调整发展战略，提出"加强商学院，逐步筹设应用型理科院系，一旦条件成熟建立一所工学院"的学科建设规划，并增设了一批"应时势之急需"的系科。南开寻求自身特色的学科发展思路在实践中越来越清晰，学科建设要与区域经济社会发展紧密结合，聚焦服务国家，"文以治国，理以强国，商以富国"的理念日渐凸显。

思路很快落实到行动上。1927年，时任南开文科主任黄钰生发布振兴文科发展计划书，提出"集中精力政策"，旨在用有限的资源重点发展政治、经济两系。同年，南开社会经济研究委员会（后称经济研究所）成立，成为中国高等学校创建的第一个经济研究机构。后人称民国时期有四大经济学家，其中两位在南开成名，即何廉与方显廷。何、方二人在耶鲁大学求学时就是同窗密友，在南开更可谓黄金搭档，世人称之为"何不离方，方不离何"。他们密切合作，相互配合，使南开经济学科建设很快就打开了局面。

1929年南开建立学院制，文、理、商三科分别改为文学院、理学院、商学院。1931年，经济系与社会经济研究委员会合并，正式组建经济学院，是为中国第一个经济学院。不过这一创举遭到当局干涉。1934年，国民政府教育部以《大学组织法》中无经济学院名称为由令行改组。南开无奈将经济学院原有的教学工作并入商学院，但同时成立经济研究所，于1935年开始招收研究生，首届录取10人，他们成为中国自己培养的第一批经济学硕士生。

在工科方面，南开先后成立了电机工程、化学工程等系。学校判断"电机工程人才在最近之将来需要必增。而国内培养斯项人才之学校，则为数极鲜"。1930年南开电机工程系开设，是"华北各院校中资格最老的"，比以工科见长的清华大学、北洋大学分别早2年、4年。抗战前毕业的校友"汇为华北电机工程界中的巨流"。后来成为著名历史学家的黄仁宇，当年也慕名考入南开的电机工程系。

化学工业关乎国计民生，而天津正是当时全国的化学工业重镇。南开化学工程系的设立就是为了培养"洽合中国环境"的化工实用人才，谋求"中国化学工业之发达及其自给"。张克忠担任化工系主任，丁绪淮、潘正涛、汪德熙、汪家鼎、伉铁儁、张建侯等先后任教于此，被称为化工系的几把"金钥匙"。南开化工系也成为当时全国最有名的化工系之一。1932年南开又成立了应用化学研究所，与经济研究所并称为张伯苓的"两颗掌上明珠"，是当时南开学术的代表。

抗战时期，南开与北大、清华合组西南联合大学。南开虽

· 1937年6月南开大学经济研究所第一届研究生毕业合影

然规模最小，但也发挥了非常重要的作用。联大设文、理、工、法商、师范5个学院，25个系。其中，法商学院由南开教授方显廷、陈序经先后担任院长，师范学院由黄钰生创建并一直担任院长。南开教授杨石先曾任化学系主任，丁佶曾任商学系主任，孟广喆曾任机械工程系主任，张克忠、谢明山曾任化工系主任，柳无忌曾任外国语文学系主任，冯文潜曾代理哲学心理学系主任，这反映出南开的优势学科得到认可。

联大三校在合作的同时也保持了各自的相对独立。南开文、理、商三科研究所也在抗战之中克服困难，逆势前行。1939年，南开商科研究所经济学部（即经济研究所）在重庆恢复。1941年，原应用化学研究所发展为理科研究所，开始招收研究生。1942年，南开文科研究所边疆人文研究室成立，在联大学术史上引人瞩目。

联大时期也是南开人文学科积蓄力量、重新发展的开端。此前，南开因收缩人文学科，在当时学术界、教育界引起一些质疑。有人怀疑张伯苓的能力，认为南开有文学院而不设中文系是由于张伯苓"自己文法不通，整个学校'鄙俗不堪'"。有人认为，南开以实用为科学的重点，是把科学"从崇高的地位拖到尘埃"。更有人认为南开是用职业培训的方式办大学，说张伯苓"只配做一个职业中学的校长，不配做一个大学的校长"。甚至校内一些理工科教师都提出过批评。化工系主任张克忠就曾面折张伯苓，认为从一个办教育的人来说，缺少人文学科是一种破坏学术界"生态平衡"的短见。可是我们又怎能苛责张伯苓？事非经过不知难。南开当时不发展文科确有苦衷，一所私立大学在乱世中办学资源奇缺，既要保证学校生存，又要保证学生就业，只能有所取舍。在这样的困境中，南开凝练出自己的办学理念、特色，并取得了斐然成就，已属十分难得。南开人并未放弃人文学科，抗战前英文系就取得了辉煌的成就。而在抗战最困难的时候，冯文潜主持文学院工作，积极招纳贤才，中文、历史、哲学等学科专业的发展再次得到重视。

抗战胜利后，南开北返复校，成为一所国立大学。早在抗战中期的1942年，南开就开始筹划复校后的学科布局。至1945年，学校正式向国民政府教育部提出复校申请，拟在原来文、理、商三院之外，增设工学院和医学院，并计划在工学院筹设纺织专业，在法商学院筹设新闻学系，计划招收医学预科学生等。不过计划并未获得当局支持。经过反复博弈，最终南开大学1946年回到天津时，设有文、理、工、商4个学院，16个系。（商学院1947年改政治经济学院，后又改财经学院。）

新成立的工学院，包括化学工程、电机工程、机械工程三系。其中，化学工程系和电机工程系在抗战前办学已有成绩。机械工程系曾于1937年设立，"什么都准备好了，第一届的新生也都已招收了"，但是由于天津沦陷，学校被毁，不得不停办。抗战胜利后，机械工程系复员最早，后来居上。1946年春，学校即拨给专项经费，由系主任孟广喆回津购置仪器设备，朝鲜侨民孙昌植又捐助上海机器60部和地产作为创设费，金工、制模及锻铸等实习工厂技术装备亦相当可观。1949年8月，机械工程系新聘王守融开设并讲授工具机械、工具机设计、汽车工程、金相及热处理等多门专业课程，他还编写了教材和讲义。后来他被称为"中国仪器仪表工程教育和计量测试技术的开拓者""中国精密机械与仪器仪表学科的创建者之一"。南开因积极服务于民族工业的发展而获得良好的社会声誉。

1947年南开大学学科布局

文学院	中文系	政治经济学院	政治系
	外语系		经济系
	哲教系		统计系
	历史系		银行会计系
理学院	数学系	工学院	工商管理系
	化学系		化学工程系
	物理系		电机工程学系
	生物系		机械工程学系

二、"老九系"肩负新使命

中华人民共和国的成立，使南开的发展掀开了崭新的一页。1952年全国范围的院系调整是建立新中国高等教育体系的重大举措。当时的世界处于冷战格局，国际政治波诡云谲，科技竞争的压力也越来越大。而新中国刚刚诞生，抗美援朝战争正在进行，国家在"一穷二白"的局面下，亟需尽快建立起自己的工业体系、国民经济体系。在这样的背景下，高等教育被赋予了新的时代使命。经过院系调整，我国初步形成了学科专业设置较为齐全的高等教育体系，初步适应了国家工业化建设对专业人才的迫切需要。（不过为形势所迫全盘效仿苏联，文理分家、理工分家，也造成了后来高等教育发展中的一些问题。特别是随着世界科技飞速发展，各学科相互交叉渗透，苏联模式的弊端日益凸显。如何建立起真正适合中国的现代高等教育模式、学科建设模式，需要深刻反思。）

院系调整标志着新南开大学的诞生。1952年11月29日，在调整初步告一段落时，学校举行庆祝大会，时任副校长杨石先作了题为《新南开大学的成立和它的方针任务》的报告，指出"旧的南开大学在人民政府和党的培养与教育之下，逐渐脱胎换骨化转变"，"随着祖国经济建设的发展，也赋予新南开大学以新的历史任务"。

· 1952年院系调整后南开大学举行开学典礼

从学科布局来看，院系调整前南开重应用，最具优势和特色的是工科与商科，可恰恰是工、商两科相继被调整离开。1952年，南开工学院整建制并入天津大学，包括化学工程系、电机工程系、机械工程系全部师生、仪器设备和图书资料整建制调出，此后南

> 新中国成立后，由于国家的性质的改变，也引起了南开这种基本的转变。随着祖国经济建设的发展，也赋予新南开大学以新的历史任务。
> ——杨石先

开再未恢复传统工科，这是学科布局上的一个重大变化。与此同时，1952年南开的王牌——经济研究所停办。1954年，财政、金融、贸易、企业管理、会计、统计6系撤销，政治经济学、会计学、统计学作为3个专业，合组为经济系。1958年，高校进一步向专业化方向调整，河北财经学院（现天津财经大学）成立，南开大学经济系会计、统计专业全体学生及部分教师并入该校，只保留了进行财经理论研究的政治经济学专业。

经过调整，南开大学从一所应用学科突出的大学，变为立足基础学科的综合性大学。虽然改变了特色，但作为国家设定的文理综合性大学，南开又逐渐建立起新的优势学科体系。比如，在张伯苓时代无力经营的人文基础学科此时获得了大发展。北京大学历史系主任郑天挺、清华大学历史系主任雷海宗相继调来，分别担任南开历史系主任和世界史教研室主任。他们住在学校东村，与时任图书馆馆长冯文潜比邻而居，时常聚会。三人在西南联大时曾分别为三校历史系负责人，而南开此时还有几位中青年教师当年工作、就读于联大。如今老友、师生重逢共事，历史系因此被戏称为"小西南联大"。为建好南开历史学科，郑天挺费尽心血，定期举行学习讨论会，组织教师认真备课。他非常注意教师梯队建设，鼓励青年教师早上讲台，在实践中锻炼，又请雷海宗在家中为青年教师讲课。他还多次从

北京邀请吴晗、白寿彝、沈从文、陈翰笙等著名学者来南开演讲，开拓师生的视野。此时，南开的世界史学科也取得突破性进展，杨生茂、吴廷璆分别成为新中国美国史、日本史学科的开拓者、奠基人。南开历史系在中国古代史和世界史教研室外，增设了中国近现代史教研室，又先后成立明清史、美国史、日本史和拉丁美洲史四个研究室，成为当之无愧的全国史学重镇。

南开中文系也在院系调整中实力大增。抗战胜利，北返复校前夕，南开终于建起了中文系，但教师很少，更缺少能开设适应新时代需要课程的教师，常常要靠外请专家授课。院系调整中，一批知名学者调入南开，特别是中国现代文学研究和鲁迅研究的重要奠基人李何林担任了中文系主任，全身心投入到学科建设中。李何林深知要办好中文系，必须有一支高水平的教师队伍。他一方面尊重原有教师，充分发挥他们的作用，人尽其才；另一方面广揽人才，尤其关注青年才俊，专门"挖"来刚刚从燕京大学毕业的古典文学研究生许政扬和任教北京马列学院的语言学青年教师马汉麟，称他们为"两匹好马"。当时南开的中国文学史课程，每一个断代都有教师专门讲授，史、论齐备，这在全国都是少有的。中文系陆续设立古典文学、现代文学、语言学三个教研组，到1955年已经拥有老中青结合、科目比较齐全的教师队伍，一跃跨入全国中文系的前列。

在理科方面，院系调整中，天津大学数学系、物理系调入南开，使南开师资力量得到补充和加强。虽然化工系被调出，但化学仍是南开最具优势的学科之一，在调整中师资力量和教学设备都得到充实，成立了无机化学、分析化学、有机化学、物理化学四个教研室。杨石先在1955年当选中国科学院第一批学部委员，并以国务院科学规划委员会委员、化学专家兼综合小组组长身份，参加编制国家《1956—1967年科学技术发展远景规划纲要》。在规划会上，杨石先接受国家委托，回校后便积极组织力量开始进行有机农药的研究，为后来元素有机化学研究所的建立创造了条件。1958年，化学系又成立了高分子化学教研室。至20世纪50年代末，南开化学系教师近90人，阵容整齐，在国内高校中堪称一流。

院系调整过后经过初步探索，南开经济学、哲学也开始逐渐恢复发展。1958年，经济研究所重建。一开始，研究所为河北省与南开大学合建，名为中国科学院河北省分院经济研究所，至1961年完全划归南开大学。1959年，周恩来总理来校视察时，专门到经济研究所与研究人员交流，肯定了解放前南开经济研究所的工作，指出：研究所的许多研究成果和一些研究方法还是可以利用的，过去在解放区研究国民党统治区的经济还是要看南开经济研究所编的物价指数呀！他勉励要继续把经研所办好，不仅要研究国内经济问题，还要加强对世界经济问题，例如对英、美、加拿大等国家经济状况的研究。至"文革"前，南开经济研究所设有四个研究室：社会主义经济研究室、中国近代经济史研究室、美国经济研究室和大洋洲经济研究室。

南开哲学学科也在20世纪60年代得以重建。新中国成立初，南开哲学系曾一度被撤销。1959年，温公颐作为学术带头人从河北北京师范学院调来南开任教，并招收了14名学生
在哲学班学习，作为重建哲学系的师资准备。1960年，南开政治经济系设立哲学专业，并开始正式招生。1962年，哲学专业从政治经济系中独立出来，成立哲学系，温公颐担任系主任。

1951年院系调整前南开全校教师230人，到1964年已增长到795人。南开新的学科格局形成，中文、外语、历史、经济、哲学、数学、物理、化学、生物，被称为南开的"老九系"。这些学科直至今天仍是南开学科发展的基础和主干。此时，南开大学也跻身为国家重点大学，这是新南开发展成绩的体现。

虽然经历了调整，但南开人服务国家的学科建设宗旨从未发生改变。比如，学校曾集合物理、化学等学科力量开办原子核物理、放射化学专业，并于1960年成立原子能系（后改名物理二系），专门培养核物理方面尖端科学人才。1965年相关专业调整至兰州大学，继续服务国家战略发展需要。1960年，半导体教研室成立并开始培养第一批半导体专业学生，使南开成为我国最早从事微电子学研究与教学的院校之一。教研室陆续成立非晶半导体与半导体集成电路两个研究组，并于1976年建成半导体大楼，形成了产学研有机结合的体制。"文革"后期学校稍得安定，各学科又开始积极探索在原有科系内开设新专业。比如经济系的世界经济专业，化学系的环境保护专业，数学系的自动控制专业、计算机软件专业等，都紧密结合时代发展与国家需要，这些专业后来陆续成为南开学科新的生长点。

三、对标一流勇攀高峰

改革开放初启，1979年南开大学恰好迎来建校60周年，回顾总结办学经验正当其时。从学科布局上看，院系调整前后，南开分别形成了两种格局，在两个阶段中分别取得了不俗成绩。这一时期，南开早期的办学思想再次得到回顾总结与继承发扬，"知中国、服务中国"的办学宗旨和"文以治国，理以强国，商以富国"的学科发展理念被重新激活。学校开始探索将先后两种传统进行结合，提出了"主动适应社会发展需要，积极改造调整现有学科，发展新学科专业"的办学思路。在充分发挥综合性大学优势的同时，从基础学科中生长出一批适应改革开放和社会主义现代化建设所需的应用学科。南开迎来了又一个办学的辉煌期。

南开经济学与商学有着深厚底蕴，在经济建设逐渐成为国家中心工作时，迎来了发展的难得机遇。1980年，学校委托陈炳富筹备建立企业管理系。他以战略家的远见提出将该系定名为"管理学系"。当时，管理学在中国还很新鲜，甚至有人不承认有这么一门独立学科。经过陈炳富四处游说，南开在中国大学中率先建立起管理学系，他也成为中国管理学的开拓者之一。1979年后，钱荣堃在南开相继开办了全国第一个国际金融硕士研究生点、全国第一个国际金融博士点。通过他的努力，1982年中国人民银行、中国农业银行、中国人民保险公司支持南开重建金融学系。此后，钱荣堃还担任了国务院学位委员会MBA学位设计委员会主任，被誉为"中国MBA之父"。

南开开设旅游系同样是创造了国内第一。当时校内外对南开办旅游系也有一些疑虑，有人认为旅游学科没有学术含量，是培养导游的，不适合在大学里搞；有些专家学者甚至觉得南开大学搞旅游不像话。但经过反复征求意见和论证，同时参照一些国外大学的实例，学校最终形成了共识："办！旅游业在中国将是一个大有可为的新兴产业，中国现在需要这个产业，那么学校就要根据国家的需要来发展这个产业；旅游既然是一个产业，那么它需要的就不仅仅是导游，更需要产业发展的战略规划和一大批高素质的管理人才，这绝不是中专教育所能胜任的，高等教育必须发挥作用。"1981年，南开与国家旅游局合作，经教育部批准，先是在历史系增设旅游外语专业，转年正式成立旅游系。国家旅游局专门拨款，作为建设旅游教学大楼和专业开办费。南开大学旅游学科为社会培养了大批优秀旅游高级管理人才，被誉为中国旅游业的"黄埔军校"。

1983年，南开成立了我国综合高等院校最早的环境科学系。早在20世纪60年代中期，化学系教师戴树桂就开始注意到环境问题在世界范围的日益严重，他向学校提交报告，表明国家急需这方面的人才。不久学校决定在化学系建立环境保护专业，从化学系、生物系、物理系和元素有机研究所抽调25位骨干教师组成环境保护专业队伍，并于1975年招收了第一届本科生。1983年，环境科学系正式建立，戴树桂任系主任，之后成为我国首批环境化学学科博士生导师，培养了我国第一位环境化学博士。

在学校新设立的一些学科中，还有一些是曾经被视为"资产阶级伪科学"而取消的学科。1979年，邓小平同志明确指出："政治学、法学、社会学以及世界政治的研究，我们过去忽视了，现在需要赶快补课。"南开在这些学科的恢复重建中做出了贡献。以社会学为例，著名社会学家费孝通一直想把国内停办多年的社会学恢复起来，但北京一些高校心存顾虑。1980年8月，费孝通应邀来到南开讲学，在与滕维藻、郑天挺、王赣愚、吴廷璆等老朋友见面后，他开宗明义地谈了恢复重建社会学的意义，提议南开创办一个社会学专业班，从重点大学三年级的优秀生中挑选一批学员，培养师资，然后建社会学系。时任南开大学副校长滕维藻当即表态："北京没有高校办，南开可以办。"1981年专业班开学，这批学生后来成为国内外社会学教学与研究的骨干，被誉为中国社会学界的"黄埔一期"。

经历了十年"文革"，终于盼来了改革开放的春风，大家都怀有一种把失去的时间夺回来、奋发有为的干劲儿。已经年过花甲的来新夏着手创建南开图书馆学系，他感叹："遥望远天，苍松翠柏的矫健，正以岁寒后凋的精神在召唤我作新的开始。"政治学系筹建过程中，负责人郑健民由于过度劳累，不幸突发脑溢血去世，但同仁们秉承了他的遗志，南开政治学学科建设接续前行、发扬光大。法学系的开创者之一高尔森经常加班到深夜，后半夜有时也会起床继续备课。有一次他昏睡了两天两夜不醒，送到医院做CT，医生说："他太累了，幸好大脑自动罢工，否则会出大问题。"高尔森也因此得了"拼命三郎"的绰号，他说："即使拼掉性命，也在所不惜。"著名法学家李光灿在食道癌手术不到一年、身体十分虚弱的情况下，来到南开组建法学研究所。

基础学科方面，"文革"结束后，全国各学科学会恢复活动。杨石先任中国化学会理事长，郑天挺任中国史学会主席团执行主席，他们是化学、史学学科的全国领军人物。郑天挺、滕维藻还分别担任过国务院学位委员会历史学科评议组、经济学科评议组负责人。1980年，中国科学院恢复评选学部委员（即院士），南开化学5位教授同时当选。1985年，南开校友、世界著名数学大师陈省身创办南开数学研究所。不久，诺贝尔奖获得者杨振宁应邀在所内建立了理论物理研究室。为了及早发现、培养有潜力的数学人才，陈省身倡议创办数学试点班并于1986年开始招生，"Chern class"（陈班）享誉国际。数学研究所连续举办12个领域的学术年活动，为改革开放后中国数学的复兴和崛起做出重大贡献，被学界誉为"复兴中国数学的一面旗帜"。

从张伯苓时代起，几代南开人一直心怀"医学梦"，认为医学对民族复兴十分重要。张伯苓曾担任协和医学院校董，与当时的医学界有着广泛交往，对在南开创办医科更是进行了长期筹划。可惜受当时各方面条件所限未能如愿。1951年，杨石先与医学教育家朱宪彝等组成天津医学院筹备委员会。而后天津医学院成立，第一班学生就是在南开入学的，由生物系开设医预班。1980年，时任南开大学校长杨石先再次与天津医学院院长朱宪彝联合倡议，两校合作举办八年制医学教育试点班。经过不懈努力，1993年，南开大学医学院终于正式成立。2007年，南开又成立了药学院。2011年，结合国家战略与天津市产业发展，学校整合化学、生物学、医学和药学等学科力量，组建了药物化学生物学国家重点实验室，形成生物医药交叉发展学科群。

南开人也积极发展马克思主义理论学科。新中国建立之初，南开就成立了新民主主义论教研组，陈舜礼担任主任，教学部开设了"中国革命史""政治经济学""马列主义基础""辩证唯物主义和历史唯物主义"4门政治课。1980年，系级教学单位马列主义基础理论教研室成立，后更名为马克思列宁主义基础理论教学部。1997年，学校整合力量成立马克思主义教育学院，2016年正式更名为马克思主义学院，同年入选首批全国重点马克思主义学院，2019年又入选首批国家教材建设重点研究基地——马克思主义基本原理概论国家教材建设重点研究基地。

> 必须坚持以学科建设为龙头，以教学、科研为中心，以深化改革为动力，全面提高办学质量和办学效益。
> ——《中国共产党南开大学第七次党员代表大会报告》

值得注意的是，这一时期南开发展的新学科并非凭空构造，而是在南开"老九系"已有优势中孵化产生。比如，旅游学最初以历史、经济、外语等学科为基础；博物馆学专业建在历史系；环境科学与工程以化学、生物、物理等学科为基础；社会学系、政治学系由哲学系孕育而出；药学以生命科学、化学、医学为基础。在新时代组建的学科中，材料科学与工程学科整合了化学、物理、数学等学科在材料学科的专业和研究人员；统计学科则主体来自原数学科学学院的统计学系，在研究开展中又综合了全校各相关学科领域。

学院制的恢复是南开学科发展的一个重要举措。院系调整后，南开大学与全国高校一样取消了学院制，30多年中均以系为二级单位。随着学科、专业发展，南开在国内率先探索恢复学院制。1983年，南开大学经济学院成立，是南开这一时期第一个学院。此后，从20世纪90年代到21世纪初，学校积极推进专业学院实体化，各学科都对系科、专业、研究所进行了整合。至2010年，哲学系更名为哲学院，全校均以专业学院作为二级单位。2023年社会学院成立，至此学校共有专业学院28个。

南开大学专业学院列表（2023年）

文学院	历史学院	哲学院	外国语学院
法学院	周恩来政府管理学院	马克思主义学院	汉语言文化学院
经济学院	商学院	旅游与服务学院	金融学院
数学科学学院	物理科学学院	化学学院	生命科学学院
环境科学与工程学院	医学院	药学院	电子信息与光学工程学院
材料科学与工程学院	计算机学院	网络空间安全学院	人工智能学院
软件学院	统计与数据科学学院	新闻与传播学院	社会学院

随着新学科不断增加，南开在21世纪初一度成为全国唯一一所13个学科门类齐全的综合性大学。学科门类齐全对一所大学来说，一方面是优势，有利于学生汲取各方面知识和学科优势互补，为跨学科研究提供可能；但另一方面，在总体办学规模、办学资源、师资队伍体量都相对固定的条件下，全面发展、平均用力，也会造成每一个学科都得不到充足的发展支持。对此，学校明确提出"求精求强，注重特色"的发展思路，制订并实施了"建高原、起高峰、收缩握拳式发展"战略，锚定"高质量内涵式发展"目标。

国家为推进学科建设和大学发展，先后制定实施"211工程""985工程"和统筹推进世界一流大学和一流学科建设。这些重大的国家教育政策，为学校优化学科布局提供了战略机遇。南开先后跻身首期"211工程""985工程"建设高校，入选"双一流"大学建设高校且为

· 近年来，南开大学多次召开学科建设工作会议

36所A类高校之一。目前，世界史、数学、化学、统计学、材料科学与工程、应用经济学入选国家"双一流"建设学科。全校有一级学科国家重点学科6个（覆盖35个二级学科），二级学科国家重点学科9个，一级学科天津市重点学科32个。在全球学科评价体系中，前1%学科19个，化学、材料科学、工程科学、环境科学与生态学进入前1‰，化学率先进入前万分之一。

近年来，南开大学在第十次党代会报告和"十四五"规划中，正式提出在学校发展中要构建"七个新生态"，其中在学科方面，提出"突出一流引领、交叉汇聚，大力构建南开学科新生态"，面向世界学术前沿和国家重大战略需求，实施"文科振兴""理科提升""工科攀登""生医发展"四大计划。特别是近年来随着学科交叉的重要性日益凸显，南开面向国家战略需求，创新体制机制，持续推进文、理、工、医多学科交叉融合，充分挖掘学科发展新动能，大力推进功能物质创造、人工智能、生物医药、中外文明、生态文明等交叉学科群体建设，重点培育数字经济、绿色低碳、集成电路、国家安全、信创、国际问题等交叉学科，实现增量发展。

纵观南开百年学科发展历程，学科布局在不同时代虽有不同，但为国奉献、争创一流始终是南开人不变的理念，学科发展主动适应经济社会发展需求，走出了一条具有南开特色、不断勇攀高峰的学科发展之路。

第九讲
「南开学风堪称一流」

- "学校当有独立之校风"
- "踏踏实实提高教学质量"
- 一流学风的赓续弘扬

1995年4月3日，《人民日报》刊发了一篇题为《南开学风，堪称一流》的专题报道，在社会上引起了很大反响。当时，山西一位学生家长连续两次来看望在南开大学就读的女儿，一次是在中午，一次是在星期日，都是在教室里才找到的。这位家长致信校领导："南开学风这么好，我们家长放心了。"后来，《人民日报》记者专程来校采访，时间刚过下午6点，各教学楼、图书馆几乎坐满了专心致志自习的同学，所剩无几的空桌椅也已摆好了书本被"占座"。当时，社会上"读书无用""60分万岁"等论调盛行，一些高校也受此影响，学生读书的积极性下降。见此情景，记者不禁感叹："南开大学的学习风气何以如此浓厚？"

一、"学校当有独立之校风"

早在办学之初，南开创校先贤便致力于培养敦本务实的学风。校父严修在主持清末学部事务时，就明确提出了"尚公、尚武、尚实"的教育思想，注重真才实学，提倡学以致用。张伯苓认为，严先生是中国一个有学问的人，但是他之所以为人佩服，是因为他能够"务实"，"他念书是把书念在身上，不是念在嘴上或手上"。张伯苓总结南开发展的主要原因在于"能务实，不尚空谈"，其实这也是他一生的行事遵循。他总是不厌其烦地教导南开学子，毕业后走上社会应牢记"先从小事切实做起"，"事事只须大方傻做实做"是取得成功的最好方法。在严修、张伯苓等人的影响下，实实在在做事、踏踏实实治学成为南开师生的行为准则。

优美的校园环境对良好学风的培养起到了积极的催化作用。南开大学创建于南开洼，1923年迁至位于城南八里台的新校址，经过十余年的艰苦奋斗，在一片荒野之地上建起了整洁幽静的校园，成为诗人笔下"水影林光互抱环"的知名学府。学校办学条件逐步改善，秀山堂、思源堂、木斋图书馆、芝琴楼、百树村教师住宅、运动场等相继建成。至20世纪30年代中期，图书馆藏书达20多万册，教学设备价值在当时的私立大学中亦名列前茅。办学条件的改善为师生提供了良好的学习环境。对此，张伯苓曾欣慰地说："青年学生日处于此安定秩序、优美环境中，自必潜心默修，敦品励学，养成一种笃实好学之良好学风，因以增高学校教育之效果。"

学风建设离不开严格的管理。南开十分重视建章立制，相继制订并不断完善《南开大学章程》《南开大学学则》《南开大学学程纲要》等规范性文件。从中可以看出，学校重视生源质量，报考者须经过严格的入学考试和资格审查，坚持"严进严出"，对学生的课程学习、考试测评、旷课告假、退学休学等各环节，实行严格的过程管理。当时，南开有一条禁令，那就是考试舞弊，不论任何手法，一经发现立即开除。因此，学生们都不敢懈怠，个别功课学不好的宁可得低分，也不愿作弊被除名。同时，学校对学生的衣食住行等也都有相应规定，比如严令住校，规律作息；严禁赌博、吸烟、饮酒、冶游、早婚等行为，违者退学；衣服不许奢华，以利用国产品为尚；"衣履务整洁，行动勿颓废，态度须诚恳"；等等。这些规定的严格执行，对形成良好的生活习惯以及专心向学的风气，起到了重要的推动作用。

而南开能在创办后的短短十余年间取得长足进步，获得历次教育部视察"学风优良"的评价，最关键的因素当属学校一流的师资队伍。如前所述，20世纪二三十年代，一批知名学者和青年才俊相继来校，他们勤奋治学，教书育人，为南开优良校风与教学传统的百年传承奠定了坚实基础。

一流的教师开设出高水准的课程。算学系创始人姜立夫立志"把现代数学移植到中国来"，在建系后的四年间，独自承担全校数学课的教学任务。他讲课以"论证严谨、分析周密、说理透彻"见长，时常提出一些问题，启发学生思考。吴大任回忆当年上课情景时衷心赞道："他就像熟悉地理的向导，引导着学生寻幽探胜，使你有时似在峰回路转之中，忽然又豁然开朗，柳暗花明，不感到攀登的疲劳。听姜先生讲课是一种少有的享受。"为提高教学效果，姜立夫精心设计课堂细节，并创造了一整套独到的教学方法：将数学模型引入课堂，使学生通过实物加深领会；对课外作业要求严格，每课必留习题，每题必经评阅；注意因材施教，使不同水平的学生都学有所得。他的得意弟子陈省身曾说：自己的基本数学训练都是由姜先生口授完成的，听姜先生讲课，感到"读数学有无限的兴趣与前途"。

化学系创办人邱宗岳教学认真，水平高超。1922年12月，美国罗氏基金团（现称洛克菲勒基金会）派驻华代表来校参观考察，并要求听课。张伯苓校长把讲课任务交给了邱宗岳，并嘱咐道："他们要听你讲课，你可关系重大啊！"当日，邱宗岳满怀信心登上讲台，一堂别开生面的全英文"定性分析"课，给考察人员留下了深刻印象。他们赞叹不已，感到南开的教学质量不同寻常，还说即使是在美国大学，也很难听到这么高水平的课。此后不久，罗氏基金团捐款12.5万银元，用于科学馆的建设和仪器设备的购置。至今，南开园里仍流传着南开教授"一堂课换来一座楼"的佳话。

在名师引领下，南开大学形成了重视基础教学的传统，不仅在课程比例及学分比重上向基础课倾斜，还安排学养深厚、经验丰富的教师为学生授课，帮助学生筑牢学问根基。查阅早期的课程表可以发现，一二年级学生所学的都是极寻常而打基础的学问。对此，生物系教授李继侗曾做过一个生动的说明："对青年来说，基础越好将来越有希望。不应把学生培养成各式各样的面人，而应把他们培养成面团，从而适应各种需要。"

讲好每一堂课成为教师们的中心任务。张伯苓曾语重心长地对大家说："希望诸位任课的先生，每次在上课之前想想这一课的内容，这样常可以有新的发现，而自己由此亦可得到长进。学生对于这种教师也特别欢迎，因为功课虽旧而内容常新，学生对这功课就不厌倦而感觉兴趣了。'教学相长'之意即是教师以学生的反应来测量自己教学有进步，如果教学有进步，自己必定感觉快乐，吃饭也要多吃一碗。"学校开设课程秉持宁缺毋滥的原则，教师们为讲好课，无不全力以赴。政治学家萧公权任教南开期间，每星期要上9小时的课，但用于备课的时间大约5倍于此，伏案工作时常要到子夜。忆及往事，他有感而发："为求不使好学的青年对我不过于失望，我必须修业不倦，充实自己，弥补自己学问的漏洞。我在教，我也在学。在两年半当中，我不敢自信学问有多少长进，但确曾获得师生切磋、教学相长的益处。"物理系创始人饶毓泰学识渊博，治学严谨，讲稿几乎每年都要修改，随时加入物理学研究的最新成果。他的弟子吴大猷曾说："学生由他获益处，不在流畅的演讲，而在其对学术了解之深，对求知态度之诚，对学术的欣赏与尊敬，以及为人的严正不阿的人格的影响。"

为讲好课，教师们非常重视教材和讲义的选择。有些课程选用国外原版高水平教材，有的教材则根据中国国情和教学实际自行编写。汤用彤受聘任教南开哲学系期间，讲授课程多达12门，包括西洋哲学史、现今哲学、逻辑学、伦理学、佛学史等。他用英文撰写完成了全部课程讲义，并在稿本封页印上"NANKAI COLLEGE"字样。其中，他于1926年冬完稿的讲义《中国佛教史略》，成为中国佛教史研究名著《汉魏两晋南北朝佛教史》的初稿。经济学教授何廉在开设财政学课程时，以历代王朝和民国的税收来源与结构、内外债发行及公共支出等方面的资料为基础，历时一年编写出新教材，取代了当时最流行的美国教科书《财政学》。这本新教材经过几学年的课堂实践和修订完善后，于1931年由商务印书馆正式出版，后来成为全国高等院校财经科系广泛采用的畅销教材。由于化学工程学在当时是新兴学科，学生上课起初只能使用国外教材。系主任张克忠和张洪沅教授谈到这个问题时有感而发：为什么我们总比外国人差！不能自编化工教科书？是笨呢？还是缺乏勇气？于是，他们积极联合国内同行学者，开始自编教材。几度寒暑，由中国化工学人自己撰写的《无机工业化学》《有机工业化学》《化学工程机械》《催化化工原理》等教科书相继问世，填补了国内化工学教材的空白。

· 学生们在上课、做实验

南开重视科学训练与实验教学，对学生基本实验技能的掌握要求严格。杨石先等教授在国外求学时，曾亲眼看到有些中国留学生疏于实验操作，经常损坏仪器，按规定赔偿后连吃饭的钱都没有了，有的甚至不得不放弃学业。因此，在当时实验经费和仪器、药品都很短缺的情况下，杨石先和邱宗岳仍然坚持把实验列为化学系学生的一门主课，并经常到实验室指导操作、检查记录。物理系师生经过近十年的苦心经营，相继建成了普通物理、电学、光学、热学等实验室，"课程之次序及实验之设备，比诸欧美有名大学固尚多缺憾，然比诸今日之国中各大学尚不落人后"。教师要求各门物理课程的实验都要如实记录并撰写详细报告，对此，学生们当时"从未以为苦，后来且多感念"。南开大学既重视基础理论教育，又注重实验技能训练的传统延续至今。

与此同时，南开关注国情社情、鼓励实地调研的教育方式，也对求真务实、独立思考学风的形成起到了积极的促进作用。商科在早期也称作职业科，除课堂讲授和书本知识，十分重视实际经验的积累。学校经常聘请商界人士来校讲演，组织学生到海关、银行等处参观，在校内设立了商品陈列室、会计与统计实习室、银行实习部。银行实习部完全按照银行的实际业务程序布置,使用从浙江兴业银行仿制的全套账簿、单据和记账凭证。学校还明文规定,商科学生毕业论文必须选择中国问题。理科师生与塘沽久大、永利、黄海等公司建立密切联系,轮流互访参观,"以学识易经验",实现工学互助。文科学生在蒋廷黻教授带领下,走进八里台村了解村史,到天津裕源纺纱厂调查工人情况,并用科学方法进行分析,撰写报告,"登诸报端,贡献社会"。1926年,学校专门成立了社会视察委员会,有计划地组织学生深入社会进行观察与研究,以扩充"活的知识",获得"活的经验",培养学生的问题意识、合作精神与分析能力。

　　严格训练与认真考核成为南开传统的教学方式。长期担任学校秘书长的黄钰生曾在《大学教育与南大的意义》一文中写道:到南大来要读书,要做实验,要守规矩,要受考试。怕难的不必来,求安逸的不必来,好奉承的不必来,服了这口气的不必来。因此,选择到南开读书的学子多不是志在文凭者,而是"来者必欲有所获得,以期他日于社会有所贡献"。抱着这样的远大志向与学习目标,学生们多能把压力转化为自觉学习的动力,刻苦自律,以求实学。1930年,国民政府教育部派员来校视察时,看到商科二年级在上经济课,"男女生皆以英语笔记,敏捷正确,全班皆然"的情形,不禁大加赞叹。为督促学业,巩固基础,考试是学校的家常便饭,当时社会上普遍认为"考试不合教育原理",但南开学生对此都习以为常,孜孜不倦,以求

> 南开健全之校风,养成以渐有足多者。学生多志于学,而无嚣张之气、奢侈之习,此南开之校风也。老成持重,具有自治之精神,作事负责,而无推诿之陋习,此又南开之校风也。
>
> ——何廉

成绩达标。

南开大学学风优良,培养出众多高质量人才,故而声名远播,深受社会的信任与称赞。很多家长愿意送子女到南开读书,并坦言"得入南开,便可放心"。经济系教授何廉在入职之初,便为南开师生笃诚治学的风气所触动,他专门撰写了《说校风》一文,赞扬道:"学生多志于学,而无嚣张之气、奢侈之习,此南开之校风也。老成持重,具有自治之精神,作事负责,而无推诿之陋习,此又南开之校风也。"因此,南开大学的毕业生进入社会,皆以基础扎实、踏实肯干、无轻浮败事之举而备受青睐。

早在建校之初,张伯苓就曾说:"个人应具固有之人格,学校亦当有独立之校风。"如此,世事变迁,但南开校风和教育精神不会改变。抗战胜利后,南开于1946年返津复校,几乎是在一片废墟上重建校园。在师生的齐心努力下,学校的教学秩序很快得以恢复,办学规模也比抗战前有了很大发展,"一切设备、教员皆正规化,重视课程,考试严格,学生素质好、朴实,学习研究风气盛"。对此,张伯苓颇感欣慰,曾总结道:"吾人救国目标之正确,'公能'训练之适当,与夫学生之来源优秀,校风之纯实,皆为我校发展之重大因素。"

二、"踏踏实实提高教学质量"

新中国成立后,南开大学在党的领导下,积极探索创办社会主义新型大学,1960年被确定为全国重点高校,奠定了在新中国高等教育体系中的重要地位。在此过程中,学校认真贯彻执行党的教育方针,坚持将教学改革作为中心工作。时任校长杨石先总结南开办学传统,要求师生"踏踏实实提高教学质量"。他说:"适应社会主义建设的需要,不断地提高教学质量,培养出合乎规

> 高等学校质量第一。
> ——吴大任

格的建设人才，是我们学校的基本任务。学校的一切工作都必须着眼于如何更好地完成这一基本任务，紧密围绕这一基本任务。"

这一时期，学校坚持重视基础教学的好传统，将讲好基础课作为提高教学质量的首要环节。长期主管教学工作的吴大任明确提出"高等学校质量第一"，认为基础课是学生整个大学时期学习的基础，"基础课程的教学质量，对于所培养出来的人才是否合乎规格，起着决定性的作用"。为此，学校不仅在基础课与专业课的课程比例和学时安排上向前者倾斜，而且定期召开专题会议，检查各系基础课教学情况，并相继出台了《基础课程重点调查综合报告》《关于继续加强基础课教学工作的几项决定》等系列文件，进一步明确了基础课的质量标准。

为讲好基础课，各系都非常注意安排业务水平较高、教学经验丰富的教师进行讲授，充分发挥教师的主导作用。当时的南开大学历史系名家云集、人才济济，这些名师纷纷走上讲台，确保了课程及所培养人才的高质量。雷海宗博闻强识，讲解历史事件既材料翔实，又说明前因后果，更揭示性质意义，帮助学生将知识融会贯通。每节课他都计时精确，下课时恰好讲完一个题目，下节课再讲新的，前后衔接自如。曾亲聆雷海宗授课的青年学者衷心赞道："讲授历史课能达到这样炉火纯青使人百听不厌的程度，可说是罕见的了。"吴廷璆讲课的一大特点是善于启发学生思考问题，他常说，老师的主要任务是要给学生一把钥匙。因此，他上课特别注重讲好绪论和前言，详细介绍这门课的主要内容和特点、国内外的研究情况等，调动学生的积极性。他授课严守时间，上课铃一响便登坛开讲，下课铃响后，口中依然滔滔不绝，当同学们以为他会拖堂时，却见他一边继续讲着，一边含笑走下讲台，退着走出了教室。

主管教学的吴大任本身就是"教学大师"，教学态度严谨，讲课艺术高超。据曾多年任其助教的胡国定回忆："他每上一堂课，内容主次都有精心安排，板书也有相应的周密筹划；自始至终前呼后应，重点突出，没有一句可说可不说的话；时间到了，讲演总刚好告一段落；更令人惊讶的是一支且总是一支粉笔也恰好用完。"中文系青年教师许政扬是新中国第一届古典文学研究生，初登讲坛时为学生讲授唐传奇《李娃传》，能把长安的每条街、每座桥，乃至邸舍方向、人物踪迹都描绘得巨细无遗，使听者如置身其间，恍如亲见。他的学生宁宗一几十年后仍对老师的授课情景记忆犹新："一色的瘦金体，字体修长，笔姿瘦硬挺拔，竖着写，从右到左，近看远看都是一黑板漂亮的书法。""许师的课最大特色是，只要你能'跟得上'，记录下来一看，就是一篇完整的绝妙的论文。"

为提高课程质量，学校高度重视教学大纲、讲义和教材的编写，各系都组织精锐力量投入其中。仅1954年，全校就修订教学大纲61种，编写讲义和教材1120万字，有的教师还受教育部委托，编写全国高校适用的专业课程大纲和教材。经济系在系主任季陶达主持下，编写完成了我国第一部系统完整的经济学说史课程教材。这部80万字的《经济学说史讲义》不仅包括马列主义经济学说，而且系统梳理了古典和西方经济理论，同时，季陶达还选编了约20万字的参考资料，对南开和其他高校的教学产生很大帮助。吴大任总结历年授课经验，于1959年正式编写完成教材《微分几何讲义》。他在出版说明中写下自己关于如何使用教材的思考："进行教学的根本依据，应当是教学大纲而不是教材；前者规定课程的基本内容，而后者则总是比较系统、丰富，以便于教师发挥自己的主观能动性，根据情况进行剪裁组织，以至于加工、改造，也便于因材施教。"后来，这部教科书曾数次再版，印数超过18万册，获得全国科技图书一等奖和国家教委教材一等奖。

在教学中，教师们高度重视基础知识的讲授和基本技能的训练，耐心地指导学生求学治学。中文系教授王达津是南开文学批评史学科的奠基人，在国内高校率先开设"中国文学批评史"课程。他教导学生，做学问应该具备广博的知识，广泛阅读原著，写文章不能引二手材料，有一分材料说一分话。他的学生罗宗强谨遵师训，凡是图书馆里有的书都找来读，并做了大量的读书笔记和卡片。忆及老师的言传身教，罗宗强印象最深的是："读研究生那时，先生规定，一个星期要交一次读书笔记，不是写成文章的那种读书笔记，而是一本一本的读书记录，先生就在这记录旁边批。对于所读的书我的理解是否正确，应该如何理解才对，先生往往批得密密麻麻。我拿回来，再读一遍，便有新的感受，理解也就深入一步。"

为加强学生对于基本功的重视，杨石先在化学系一年级新生入校时便会对他们讲："只有把基础课学好，掌握独立工作的方法，这样才能为将来攀登科学尖端打下更结实的基础。"为此，他希望同学们在大学期间不仅要重视理论学习，还要提高实验、运算、画图的能力，做到理论与实践的密切结合；同时要扎扎实实地掌握一至两门外语，为将来继续深造创造更好的条件。理科各系加强实验基本训练，要求学生熟练掌握从仪器安装测试、实验进程操作到实验结果分析等各个环节，切实提高动手能力。中文系和历史系要求学生做到"三基"与"三好"，即学好基本理论、基本知识、基本技能，写一笔好字、讲一口好话、作一手好文章。外文系则要求学生打好扎实的语言基本功，牢固掌握外语专业知识，加强听、说、读、写、译的全面训练。1958年考入外文系英语专业的张凤桐，对当年系里老师们一板一眼、字正腔圆、铿锵悦耳的发音印象深刻。为锻炼学生口语发音，罗旭超老师常在课余将同学请到家中，每次五六人，学生逐一进入书房接受单独辅导，其他人在屋外走廊上小声准备。当时，系里请时任天津图书馆馆长黄钰生给五年级学生讲授英语诗歌和莎士比亚，他带领大家一遍一遍地朗读欣赏，要求必须做到发音正确、节奏明朗、语调适当，还指定了澳大利亚学者米切尔编写的《英语口语》作为语音学教材。这些都为张凤桐走上外语教学道路打下了基础。

这一时期,南开将培养师资作为提高教学质量的关键,并采取积极措施加强教师队伍建设。妥善安排老教师的工作,为有突出成就的老教师配备助手;有计划地培养青年教师,帮助他们迅速成长;同时,充

· 学生们聚精会神上课

分发挥老教师传、帮、带的作用。中文系主任李何林特别重视对青年教师的培养,谆谆教导他们对待自己的岗位要心存敬畏,严守规矩。为使教学规范化,李何林根据中文系的培养目标,调整课程设置,梳理教学流程,要求青年教师制订计划、撰写大纲,抓好教学各个环节,授课、辅导、答疑、课堂讨论都不能马虎疏漏。为此,他经常组织检查性听课,并在教研室会议上鼓励大家畅所欲言,共同研究解决问题,帮助青年人练好教学基本功。外文系主任李霁野将培养和提高青年教师作为提高外语教学水平的关键,支持青年人挑重担、上一线,在实践中迅速提高业务能力;同时组织集体备课,并安排老教师负责专业培训、传经送宝,还积极争取机会,选派青年教师到兄弟院校学习交流。为检查课堂效果,李霁野经常深入班级听课,并逐一和青年教师促膝谈心,耐心地指出其教学中的优点与不足,鼓励大家全身心投入工作,把外文系建设好。

为改善教学效果,学校不断进行教授方式方法的创新尝试,陆续推行课堂讨论、生产实习、调研参观、学年论文、毕业论文等教学环节,逐步形成了按照教学计划、大纲和教材的讲授为主,以实验、实习、习题课为辅的教学模式。为引导同学们将书本知识与社会调查相结合,1958年魏宏运带领历史系学生到天津郊区调查义和团运动,访问到123位尚健在的义和

团团民,抢救了珍贵的口述史料,并征集到大量实物。在此过程中,教师加强与学生的沟通和交流,尊师爱生、教学相长的师生关系更加巩固。

与此同时,南开大学秉承严谨治校的优良传统,贯彻执行中央"高教六十条",努力建设良好的教学秩序,严格对学生的管理,相继出台了《南开大学学生守则》《关于加强学生思想政治教育工作的决议》《南开大学学则》等规范性文件,对学生的学习、生活及体育锻炼等各方面均提出了明确要求。学校曾多次组织开展优秀生和优秀班的评选工作,对积极进取、表现优异的学生和班集体给予评优奖励,对纪律松弛、精神涣散的现象提出严肃批评。此外,随着办学规模的扩大,学校将基建工作摆在重要位置,校园里斜坡屋顶的教学楼和宿舍、笔直平坦的大中路、新开湖畔的图书馆(现文中馆)、庄重雄伟的主楼等相继建成。在当时资金紧张的情况下,学校还利用基建结余资金修建了体育场,并在天津市高校中第一个建起了游泳池。优美的校园环境与健康向上的精神面貌,激励着学子们刻苦攻读,立志成才。

三、一流学风的赓续弘扬

改革开放后,南开大学认真贯彻落实党中央的战略部署,及时把学校工作重点转移到教学科研上来,明确提出将南开"办成教学和科研两个中心"。为巩固教学的基础地位,学校总结办学经验,坚持将优秀教师作为立教之本、兴教之源,明确提出"加强师资队伍建设是提高教育质量的决定因素",积极营造尊师重教的浓厚氛围。1981年,学校隆重举行了杨石先、郑天挺执教业绩庆祝大会,高度赞扬两位先生为国家高等教育和科学事业做出的贡献,号召大家学习他们艰苦奋斗、竭尽全力的敬业精神与勤奋认真、严谨踏实的治学态度。1985年,在我国首个教师节来临之际,南开隆重召开庆祝大会,向荣获教学质量优秀奖的161名教师颁发奖状。时任校长滕维藻在大会上真诚地讲道："我们庆祝教师节，就要政治上充分信任教师，创造使教师心情舒畅、争相奋进的政治局面；就要工作上大力支持教师，创造使教师安心于工作、专心于事业的工作局面；就要生活上处处关心教师，创造使教师无后顾之忧，全力以赴干'四化'的生活环境。"在学校的大力支持与引导、鼓励下，一批批扎根教学一线、教学成果突出、师风师德高尚的优秀教师不断涌现。

> 我们教学生，不但传授知识，尤其要把严肃认真的治学态度传给学生。学习是一辈子的事情，只有养成这种严谨踏实、一丝不苟的治学态度，才能攀登科学的顶峰。
>
> ——杨敬年

名家大师给本科生讲课是南开的传统，很多"70后""80后"乃至"90后"老先生，只要身体允许就申请上讲台。为实现"让中国的高等化学教育走在世界前列"的梦想，申泮文院士毕生坚守三尺讲台，为大学一年级新生讲授基础课，被誉为"我国执教时间最长的化学教师"。积数十载丰富教学经验，他积极致力于化学教学改革，并将教材建设作为关键环节，一生著译出版物总计70余卷册、3000余万字。1996年，申泮文刚刚接触计算机便敏锐地意识到，计算机技术在教学中必将被广泛应用，并率先提出编制一部多媒体教科书的设想。为实现这一目标，年近80岁的他开始钻研多媒体编程技术，并在校内组建起"南开化软学会"，带领一批有志于此的师生共同学习探索，经过三年艰苦工作，编制完成了我国第一部电子教科书《化学元素周期系》。该软件构思新颖，信息丰富，便于操作，极大地增强了教学效果的直观性，推出后立即获得国内外同行的一致好评，得到"本项成果属国际一流先进水平"的高度评价，并于2001年荣获国家级优秀教学成果一等奖。91岁时，申泮文提出还要给同学们上课，他说自己想念讲台,并在讲课当天提前来到教室准备,使在场师生无不深受感动。

在经济学家谷书堂眼中,不管承担多少行政工作,教师的本职始终是教书育人。作为新中国成立后第一代经济学教师,他长期深耕于政治经济学的教学与研究,打下了深厚的理论功底。1978年年末,由他牵头并组织14所高校教师编写完成的《政治经济学(社会主义部分)》(北方本)正式出版。这本书既不是对已有经济学的简单重复,也不是对中国制度政策的集合汇总,而是努力探索社会主义经济特有的内在逻辑,被教育部定为全国文科院校统编教材,先后8次再版,发行逾150万册,影响了几代经济学人。很多学生正是通过"北方本"认识并了解谷书堂的。对于谷书堂来说,作为教师,最幸福的事就是培养学生,见证学生的成长与进步。为此,他倾心课堂,授课效果有口皆碑,不仅将理论讲得鞭辟入里,而且注重联系实际,引导学生独立思考、学以致用。他经常告诫学生"做人比做学问更重要",在其潜移默化地熏陶与教导下,学生由其身上学到的,不仅仅是精深的专业知识,更有实事求是的治学态度与正直做人、勤恳做事的处事风范。

数学学院教授顾沛从1985年南开大学开办数学试点班起,正式开启了自己的从教之道,从此奋战在教学一线。几十年来,他作为第一完成人连续五届获得国家级教学成果奖,这项国家级大奖每四年评选一次,连续二十年榜上有名,这在全国高校都是罕见的。能取得这样的成就,源于他几十年如一日地打磨讲课技巧,提升课堂质量。顾沛认为,数学之美反映了数学最重要的思想和精神,教师登上讲台,不仅要传授给学生知识与能力,还要培养他们的素质和素养。细节体现品质,凡是上课,他都要提前半小时到教室,擦好黑板,检查好麦克风,看看PPT放映有没有问题。"你做的这些工作,学生都看在眼里。"顾沛说,让学生看到教师对教学的重视,这也是一种言传身教。因此,他的数学课,无论是专业课还是公选课,都成为学生眼中的"抢手课",学生可以在活泼的课堂互动和交流讨论中,沉浸式地学习专业知识,锻炼逻辑思维,即便回答不出问题也不用沮丧,因为老师总是笑眯眯的,适时给予鼓励和启发,引导学生在数学文化长廊中自由漫步。2019年,顾沛和叶嘉莹先生一起荣获南开大学教育教学终身成就奖,年过七旬的他认真地向大家分享自己的从教经验:教师要心里装着学生,发自内心关爱学生;要高标准地搞好教学工作;要以身作则,要求学生做到的事情,自己首先要做到。

在南开园中,还有两位教龄四十载的老师荣获教育教学终身成就奖,他们就是南开大学讲席教授逄锦聚与陈洪。逄锦聚有着深刻的"教材情结",在他看来,"为学生编写高水平教材,是天大的事情,也是不可推脱的责任。一部好的教材,让人终身受益,会影响一代甚至几代人"。2000年,他作为第一主编主持编写了《政治经济学》,该教材至今已发行六版,被全国财经类本科专业采用,2005年荣获国家级教学成果一等奖。2004年,中央开始实施马克思主义理论研究和建设工程,逄锦聚被聘为首席专家,主持编写全国大学生思政课教材《马克思主义基本原理概论》。三年间,他与编写组专家一起集体攻关,从提纲到成稿修改30余次,其间几次累倒住院仍坚持不休,终于高质量完成了任务。自2015年开始,逄锦聚牵头,带领南开政治经济学学术团队开启了贯通本—硕—博系列教材的编写任务。十年间,《中国特色社会主义政治经济学通论》《中国特色社会主义政治经济学概论》《中国特色社会主义政治经济学》相继出版。这套教材立足中国实践,坚持问题导向,探索构建中国经济学自主知识体系,为中国经济学教材建设做出了有益贡献。习近平总书记2019年来校视察时,在校史展馆中翻阅的就是《中国特色社会主义政治经济学通论》的修订版。

几十年来,陈洪始终清晰地记得自己初登讲台的情景。那是1979年的

春天，在主楼111阶梯教室里，他为学生讲授《文心雕龙》的《神思》篇。课后，一位来听课的教务处老师对他说：你要站在讲台上一直讲下去，直至成为南开园里的教学名师。从那时起，他便下决心做好教学这件事，并在多年教学实践中，取得了丰硕的教学成果，形成了独特的教授风格。他主持制定了《中国语言文学类国家教学质量标准》，在高等教育领域产生重大影响；主编多部教材，其中《中国小说理论史》被教育部指定为研究生教材；录制的"六大名著导读"课程，入选首批国家级精品视频公开课；主导的教学改革项目"当代大学生母语教育的理念创新、资源建设与大学语文课程改革"，荣获国家级教学成果一等奖。谈到教学体会，陈洪认为，想要讲好一堂课，背后是许多"看不见"的功夫，既需要态度也需要能力。"一堂课，一个小时备课也是讲，三个小时备课也是讲，这些没人知道；这堂课上完了，老师发现学生情绪上有点问题，把学生留下来谈谈，这些也没人知道。"在他心中，大学老师是"最幸福的职业"，教育教学没有最好、只有更好，也总能做得更好。

这些教学名师虽研究领域不同、教授风格各异，但都同样地重视讲台、热爱教学、关爱学生，用专业、敬业赢得了师生的尊敬和爱戴，成为大家的良师益友与学习榜样。一代代像他们一样的教师成长起来，优秀师资和教学团队不

· 1995年4月3日《人民日报》报道

断涌现,躬耕讲台,乐教爱生,奠定了南开一流学风的坚实基础。

除此之外,学校坚持学风建设与教学改革,为一流学风的培养和保持起到了保驾护航的重要作用。时间回溯到20世纪80年代中后期,受社会不良风气影响,南开的学风也曾一度出现不尽如人意的现象。1986年3月17日的《南开周报》刊发了一封题为《该狠狠抓一抓我校的学风了!》的学生来信。该信列举了当时同学间存在的种种问题,如有些人平时不用功,临时抱佛脚,凑合个及格了事,那些自知凑合也过不了关者,就采取弄虚作假的办法来骗取分数;有的不经老师批准和考核,任意不去听课,甚至声言他选修该课的目的,就是为了要一份讲义;等等。这位同学在信中大声疾呼:"凡此种种不正之学风,虽是少数学生之所为,但其危害和影响不可低估,它像腐蚀剂一样侵蚀着某些同学,如不及时根治,就会像瘟疫一样在学校蔓延、传染,这样一代代下去,后果是不堪设想的。"这篇文章很快便引起了全校师生的广泛关注,并进而引发了一场关于"南开学风"的大讨论。

这一事件成为推动学校加快教改步伐、整顿学风、重塑校纪的催化剂。时任校长母国光曾在一次整顿学风工作会议上直言:"我们不要空谈把学校办成第一流的,而应从这些具体问题切实做好。如果我们的老师都认真教学,认真搞研究,对学生严格要求,学生也努力学习,积极向上,学校自然就会上去。"从那时起,南开就坚持将学风建设摆在学校工作的突出位置,通过深化改革、强化管理、优化环境、活化传统来精心涵育一流学风。

1993年秋,南开颁布了"凡考试作弊者,均予以勒令退学处理"的规定。然而期末考试时仍有6名学生"以身试法",结果全部被勒令退学。校长母国光在写给这6名学生的亲笔信中语重心长地说:"作为著名的学府,南开不能不从社会和国家的角度来采取严厉的措施对考试作弊加以杜绝。假如连学校的成绩都可以是虚假的,又何谈祖国的振兴、迎接21世纪的挑战?"同时,南开还取消了补考制度,规定凡必修课成绩不及格者一律重修;本科生英语四级全国统考不通过者不授予学士学位。这些雷厉风行的硬措施,及时刹住了不正之风,促使同学们将在学校学习作为最重要的事对待,他们深切地体会到:"在南开上学,来不得半点儿投机取巧。"

这一时期,南开校史文化的资教育人作用得到进一步发挥。校园里矗立起校父严修、创校校长张伯苓以及南开杰出校友周恩来的塑像,还有大中路两旁的校训纪念碑、校钟和西南联大纪念碑,敬业广场上的杨石先塑像和"敬业"石碑……老南开人申泮文身体力行,成为南开校史的宣讲人。他在《南开周报》上发表文章,写道:"我是南开学校培养出来的学生,我对南开教育所给予我的一切迷恋至深。那深沉肃穆的校歌,唱出了南开精神,那就是深刻的爱国主义思想,是德智体全面发展;是日新月异——不断改革,不断前进;允公允能——学真本领,全心全意为人民服务;是不畏艰险,不怕困难,勇往直前,越战越强,百炼成钢。"新生入学第一天要接受校史教育,学唱校歌,了解南开"爱国、敬业、创新、乐群"的传统,熟悉"巍巍我南开精神"的旋律。学校经常把陈省身、杨振宁、李政道、吴大猷等著名科学家和校友请来,讲学术、讲人生、讲南开和西南联大的校史和学风,讲一代代南开学子的操守和风范,使一届又一届学生深受教益。

与此同时,南开持续深化改革,让学生有所学、学有成。从1985年出台教学管理改革"老九条",到1996年修订完善"新九条";从2005年制定《关于突出创新深化本科教学改革提高教学质量的若干措施》,到2018年发布本科教育教学质量提升工程方案"南开40条",学校始终坚持推动本科教育教学工作高质量发展,并在历次教育部本科教学评估中获得"优秀"评价。

南开是求实的,也是常新的,教学改革与学风建设始终在路上。近年来，学校持续打造精品专业、精品课程、精品教材，让精品意识走进每一个课堂，以深化教学改革、拓宽专业口径等方式强化基础训练，促进了教育教学由量变向质变的跨越。学校还致力于打造以学为主、教学相长、知生善教、亲师信道  的"师生共同体"，开设"名师引领"系列通识课，院士名家走上讲台与本科生面对面；探索建设智慧教室，将专业教育、素质教育同创新创业教育相融合，打造南开特色的"知行合一"服务学习课程体系，南开师生"同学同研"工作室入选2021年中国科协学风传承示范基地。在2023年召开的本科教育教学工作会议上，党委书记杨庆山强调，办南开特色的一流本科教育，要坚持推进"四个回归"与三个"为本"，即"育人为本""以本为本"和"学生为本"，把本科教育放在人才培养的核心地位、教育教学的基础地位、新时代教育发展的前沿地位。学校还将2023年确定为"学术诚信教育和学风建设年"，并写入高质量发展改革攻坚"十大行动计划"，强化科研诚信与学风建设，营造教书育人的良好文化氛围。

百年南开孕育一流的学风，一流学风陶铸优秀的人才。当前，南开人正在奋力拼搏，努力构建公能兼济、教学相长的育人新生态，以久久为功的学风建设，为建设南开品格、中国特色、世界一流大学提供坚强保证。

第十讲
「知中国、服务中国」

· 办"土货化"的南开

· 发挥人民南开的科研优势

· 科研成果报国强国

1928年，南开大学总结前期办学经验，制定了新的学校发展方案，明确提出："吾人为新南开所抱之志愿，不外'知中国'、'服务中国'二语。吾人所谓土货的南开，以中国历史、中国社会为学术背景，以解决中国问题为教育目标的大学。"从此，"知中国、服务中国"便确定为学校的办学宗旨，成为南开人"扎根中国大地办教育"的独特表达。

一、办"土货化"的南开

南开的创办与发展，"实吾国革新运动历史之缩影"。与当时众多中国大学一样，南开在建校之初，也曾效仿西方大学的办学模式，一度出现过度欧美化的倾向，学制来自西方，教科书不是英文原版就是英文译本，据说生物课上解剖用的蚯蚓也是美国货。这种"洋货化"的教学方式，越来越引起学生的不满，终于1924年爆发了"轮回教育"风波。当年，商科学生宁恩承以"笑萍"为笔名，在《南大周刊》第8期上发表了《轮回教育》一文，尖锐地指出：学生毕业后学着老师的样子到美国拿个博士学位，回来后依样画葫芦再唬后来的学生，后来的学生再出洋按方配药，"这样转来转去，老是循着这两个圈子转，有什么意思呢？学问吗？什么叫做学问！救国吗？就是这样便称救国吗！"

> 南开大学之志愿，在谋学术之独立，在整理事实，以为建设之依据，在用科学方法，以解决中国之问题；简言之，在"认识中国"，在"服务中国"。
> ——张伯苓

这篇文章在南开师生中引起了轩然大波，成为推动学校加快教育改革步伐的催化剂。1925年，学校决定除英文课，所有课程改用国语讲授。1927年，教务会议决定，南开不再使用美国原版教材，结合实际自行编写教材。1928年,张伯苓主持制定《南开大学发展方案》,明确指出:中国有特别的天然环境与传统文明,"外人之法制能资吾人之借镜,不能当吾人之模范。革新运动必须'土货'化,而后能有充分之贡献",这是中国革新运动应有的新精神,也是南开大学发展的根本方针。因此,中国大学教育当前的要务即"土货化",而"土货化"必须从"学术之独立"入手。

在这里,南开先贤所说的"土货化",即贴近中国国情、扎根本土实际、解决具体问题。为使"土货化"的学术研究取得实效,《南开大学发展方案》明确规定,要以3项标准来确定研究范围:"(一)各种研究,必以一具体的问题为主;(二)此问题必须为现实社会所急需解决者;(三)此问题必须适宜于南开之地位。""知中国""服务中国"是大学发展的先导因素,具有鲜明的基础性、全局性和实践性,为大学教育指明了摆脱"概皆洋化"困境的基本遵循和路径。从此,"土货化"便成为南开人接地气、重实际的形象表达。事实上,南开人非但不"土",还做了许多被认为"独开风气之先"的创举。

1927年,张伯苓赴东北考察,耳闻目睹,深刻感受到日本人"经营满蒙之精进与野心",思想受到很大震动。他深感"不到东北,不知中国之大;不到东北,不知中国之险",回校后立即抽调各学科专家学者,组建了满蒙研究会,翌年改为东北研究会,"收集关于满蒙问题之材料,而用科学的方法,以解决中国之问题"。研究会以熟悉日本情况、精通

• 东北研究会在黑龙江考察时合影

日文的傅恩龄为主任，组织师生多次深入东北进行实地考察，获得了大量一手资料。傅恩龄根据这些翔实的调查资料，编写完成了《东北地理教本》，其系统地介绍了东北地区的地理、行政、交通、资源、工商业等各方面情况，并提出解决东北问题的方案，被认为是当时"国内有关东北地理有限著作之中最好的一部"。这本"南开独有的教材"，于1931年秋正式印行，同时在南开大学、中学、女中、小学作为课本使用，使师生在了解东北地理历史知识的同时，受到深刻的爱国主义教育。与此同时，东北研究会还与太平洋国际学会、反帝国主义同盟等国际组织密切联系，"搜集日本侵略中国之铁证"，提供研究报告；在校刊上开辟"东北研究"专栏，出版"日本问题专号"，揭露日本侵略东北的野心与罪行。

为更好地认识中国、服务中国，创造能立足于现代的国家，学校于1927年建立了社会经济研究委员会，后改称经济研究所，这是当时国内高校中最早建立的经济研究机构。1931年，社会经济研究委员会又与商学院及文学院的经济系合并，组建了中国大学中的第一个经济学院。《南开周刊》对此评论道："大学中设立经济学院，研究调查适宜于中国经济学说与事实，尚属创举。"

何廉、方显廷等南开经济学人秉持学以致用的办学理念，积极倡导经济学的中国化。对此，何廉曾做过如下阐述："非仅明了经济学原理及国外之经济组织与制度，即为已尽能事。贵在能洞彻本国之经济历史，考察本国之经济实况，融会贯通，互相比较，以为发展学术、改进事业之基础。能如是斯可谓之中国化的经济研究。"在此思想指导下，南开学者以科学的方法收集、分析、编制多种经济指数，不仅客观、准确地反映出当时的经济运行状况，弥补了官方统计的不足，而且可以直接应用到实际生活中。比如，物价指数能帮助工商企业指导投资、确定成本、推销商品和分析利益损失，开滦煤矿就曾以南开物价指数为依据，来决定每年的工资变动情况。天津物价和生活指数则是我国国内首次发布的与人们生活密切相关的地区性指数，有助于研究工人生活程度的变迁，了解其生计的艰难情况，并为劳资纠纷的解决提供参考标准。因而"南开指数"发布后，很快就产生了良好的社会反响，出版的《大公报·经济周刊》《南开指数年刊》等也为国内外学术界所看重。

为实践"经济学中国化"的主张，早期南开学者将工业化这一近代中国最重要的经济问题作为研究核心，在对我国城市工业和乡村手工业进行大规模实地调查基础上，深入了解国家工业化现状及存在问题，并积极寻求解决对策与发展良方。与此同时，南开经济研究所还率先开展了对中国农村经济的研究。师生们走进乡村，深入农户，走访农民，调查农村合作组织、棉花运销、冀鲁两省向东北地区的人口迁移等问题。在静海、高阳、济宁等重点地区设立了以指导教授为核心、配合若干研究助理的长期工作站，并总结编写出《农村经济调查指南》，对学生助理进行培训，帮助他们掌握调查的具体步骤和访谈方法。通过大量走访调研，师生们收集到了有关中国农村和农业经济的丰富资料，对中国农村经济研究做出了开拓性贡献。1935年，南开经济研究所牵头与北京协和医学院、燕京大学、清华大学、金陵大学联合成立了"华北农村建设协进会"。为培养紧缺的专业人才，经济研究所在国内率先招收研究生，至1952年，共计招收了14届80人，为中国经济发展和经济学研究储备了人才力量。

南开应用化学研究所的创立，则愈加坚定了师生办"土货化"大学的决心与信心。为克服当时国内普遍存在的"学科与国情不合，而学生之所学，非即其将来之用"的时弊，研究所自1932年开办之初，就特别强调"应用"二字，坚持教育与科研并重，研究与生产并重。在研究所主任张克忠带领下，从1932年至1936年，全所共接受委托分析化验样品323个，并仿制成功了金属磨光皂、油墨、浆纱粉、复写纸、黑铜水、制革发光水、辣酱油等众多轻工业品。那时的设备十分简陋，只有最普通的分析天平、滴定管以及坩埚等可供使用，要完成高难度的项目，依靠的是研究人员精益求精的态度和精湛的分析技巧。研究所高质量的工作以及技术送到家的服务，深受委托单位的欢迎与赞许。

更为人津津乐道的，是南开应用化学研究所与天津永利碱厂、利中制酸厂密切合作，打破了日货对中国北方市场的垄断，大长了中国化工科技人员的志气。20世纪二三十年代，我国制酸工业刚刚起步，北方的硫酸市场完全被日货垄断。1933年，爱国实业家赵雁秋决心在天津创办一家硫酸厂。起初，他找到外商咨询，但是外商开出的条件相当苛刻，费用也很高昂，远远超出了他辛苦筹得的资金数目。赵雁秋找到应用化学研究所紧急求援。张克忠带领研究人员组成攻坚小组，在缺钱、缺人、缺设备的困难条件下，废寝忘食、夜以继日地工作，仅用了一年时间，就以远低于外商报价的花费，完成了硫酸厂的技术攻关与建筑设计，为天津制酸工业奠定了基础。张克忠曾自豪地说："中国问题可以由中国人自行解决，而中国工程师未必不如外人。"

抗战烽火中，南开师生面对艰苦环境，始终心系国家，坚持科研不辍，为西南联大的学术发展贡献南开力量。日寇毁校后，经济研究所几经辗转迁至重庆，南开经济学人密切关注时局变化，侧重战时通货膨胀与战后经济重建问题的研究，编制重庆物价、生活指数等，并相继出版了《中国战时经济之研究》《战时中国之物价与生产》《战后中国之工业化》《物价继涨的经济学》等专著，在抗日大后方产生了重大影响。何廉、方显廷带领研究生从中国实际和欧洲经济历史出发，对计划经济思潮和政策展开深入研究，提出的"有计划地自由经济发展"主张，成为抗战胜利后国民经济发展计划的核心内容。

西南地区独特的地理位置与民族文化，为南开学者提供了研究沃土。

1942年，学校借云南修筑石佛铁路的机会，争取到一笔经费创建了边疆人文研究室，"以边疆人文为工作范围，以实地调查为途径，以协助推进边疆教育为目的"，在研究室主任、社会学家陶云逵的带领下，对云南少数民族地区的社会经济、人文地理、语言民俗等开展了大量艰苦的田野调查，形成了一系列高质量的研究成果。研究室同仁用8个月时间对石佛铁路沿线情况展开调查，形成了石佛铁路沿线的社会经济调查报告、少数民族语言分布状况图表和铁路员工应用的语言手册，圆满完成了铁路当局委托的业务。几年间，研究人员克服种种困难，不避风险，足迹几乎遍及云南的山山水水，收集到大量珍贵的文献和实物资料，并相继完成了《西南部族之鸡骨卜》等轰动学术界的民族人类学经典之作。研究室青年教师邢公畹深入云南罗平、新平、元江等少数民族地区，进行语言学田野工作，调查了侬语、倮语、黑彝语、傣雅语等，发表了《远羊寨仲歌记音》等多篇高质量的调研报告。后来，他还把自己的经历作为素材，写成纪实体小说《红河之月》，真实描绘了当年西南各民族的生活状态。与此同时，研究室还在异常艰苦的条件下，刻蜡版油印出版了学术刊物《边疆人文》。从1943年至1946年，该刊物在昆明共油印三刊三卷，计18期，发表论文31篇，其中不少堪称传世佳作。可以说，边疆人文研究室的建立，既是南开历史上的壮举，也是西南联大独具特色的学术成就。

抗战胜利后，南开北返复校，《边疆人文》最后一期刊物编定于昆明，在天津正式出版。复校后的边疆人文研究室更名为汉语侗傣语研究室，邢公畹一直在此工作，深耕于汉藏语学研究领域，取得了丰硕的科研成果。在他的主持下，南开大学中文系在语言学的教学研究方面独具特色，并且在汉藏语研究领域处于全国领先地位。

二、发挥人民南开的科研优势

新中国成立后,南开大学进入了新的发展阶段,成为一所文理并重的综合性大学。为充分发挥综合性大学的科研优势,学校制定了科学研究要"结合教学、结合国家建设与人民生活需要"的方针。以此为指导,各项科研工作有计划、有组织地开展起来。1955年,南开大学第一次科学讨论会成功召开。1957年,学校紧密结合国家《十二年科学技术发展远景规划纲要》,制定了科研计划和长远科学规划,加强对科研工作的引导和管理。这一时期,广大师生积极响应党中央"向科学进军"的号召,在教学科研一线拼搏作为,取得了多项重要科研成果。

随着一批文学、史学、哲学和经济学知名学者相继来校,南开文科的综合实力与学术声望得到大幅提升和显著增强。1956年,经高教部批准,历史系建立了全国高校第一个明清史研究室,著名史学家郑天挺担任主任,带领全室教师高质量完成了《明史》的标点校勘,以及《中国通史参考资料》清代部分的编纂任务。在郑天挺的带领下,南开明清史学科的学术水平稳居全国前列。20世纪60年代,随着国际形势的急剧变化,中国的外交政策进行重大调整。根据中央"加强研究外国社会和经济问题"的指示精神,南开整合全校科研力量,在历史系成立了美国史研究室、日本史研究室、拉丁美洲史研究室,在经济研究所设立了美国经济研究

· 1955年5月29日,南开大学第一次科学讨论会召开

室和大洋洲经济研究室，任命学术精湛的学科带头人担任研究室主任，开启了中国的国别史研究与教学工作。在杨生茂带领下，美国史研究室从图书资料建设入手，先后编纂完成《美国南北战争资料选辑》和《美国西班牙战争资料选辑》，并于1977年正式出版了《美国黑人解放运动简史》，为南开美国史研究打下了基础。由于在日本史研究领域先行一步，中日邦交正常化的第二年，南开大学就与日本爱知大学开展了友好的学术交流。在吴廷璆主持下，日本史研究室自1974年启动了新中国第一部《日本史》通史的撰写任务，并连续出版了8期《日本历史问题》，为改革开放后我国全面恢复日本研究起了铺路奠基的重要作用。

这一时期，南开充分发挥数理化生系科齐全、基础扎实的传统优势，引导广大师生紧贴国家战略需求，勇于攀登科技高峰，为社会主义建设贡献南开人的智慧与力量。

众所周知，新中国成立初期农业灾害十分严重，每年因病、虫、草灾害，农作物要减产三成左右。当时，我国的农药生产刚刚起步，只有高残留有机氯杀虫剂"六六六""DDT"可供使用，大面积病虫灾害一旦出现，往往会引起重大损失。在这种情况下，国家只能依靠进口农药来满足农业生产的需要，而农药在当时作为战略物资，供给也十分紧张。1956年，时任校长杨石先代表南开接受了国家委托开展农药研究的任务，他毅然放弃了从事多年的药物化学研究，积极组织力量进行国家急需的有机农药攻关。1958年，陈茹玉带领青年

> 我们一方面走中国自己发展农药的道路，另一方面还要吸收外国先进的经验，力争在最短期间内赶上和超过国际先进水平，创制我国所需要的更多更好的新农药，促进我国农业现代化的早日实现。
>
> ——杨石先

教师合成了对人畜危害不大但对害虫有很好防治效果的敌百虫、马拉硫磷等有机磷杀虫剂，并在校内建成了生产车间，协助我国第一家有机磷杀虫剂生产单位——天津农药厂进行生产，填补了我国农药领域的一项空白，满足了当时国内农业发展的迫切需求。

以此为契机，在周恩来总理和聂荣臻元帅的亲切关怀下，南开大学元素有机化学研究所（简称元素所）于1962年正式成立，杨石先担任所长，陈天池任副所长。作为我国高校中第一个专门从事有机化学研究的机构，元素所首先进行支援农业的科研攻关。当时的实验手段比较落后，实验室内高高挂起的鸟笼成为监测实验过程中有机磷化学品毒性的唯一设备，一旦笼中的小鸟发生异常，研究人员便紧急采取防护措施。可小鸟的警示作用毕竟有限，因防护措施不到位而中毒的事情时有发生。但困难与危险并没有使南开人望而却步，反而激发出大家敢打硬仗的勇气和信念。元素所相继研制出"久效磷""螟蛉畏""灭锈一号"和"除草剂1号"等农药品种，为我国农药发展和粮食安全做出了巨大贡献。

除农药化学，南开的离子树脂交换研究也达到了当时国际先进水平。20世纪50年代中期，党和国家做出了独立自主研制"两弹一星"的战略决策，并将其列入《十二年科学技术发展远景规划纲要》。南开大学于1958年建成了离子交换树脂车间，毛主席当年来校视察时曾给予很高评价。鲜为人知的是，这里的工作正与我国原子弹的研制密切相关。1956年从美国归来执教南开的何炳林，在两年时间里合成出当时世界上已有的全部主要离子交换树脂品种，包括用于从贫铀矿中提取原子弹原料铀的强碱性阴离子交换树脂。此后，国家第二机械工业部专项资助南开大学400万元，建成了我国第一个专门生产交换树脂的化工厂，从而开创了中国自己的离子交换树脂工业。南开化工厂生产的苯乙烯型强碱201树脂，被首先提供给国防工业部门，用于提取国家急需的核燃料——铀，为我国第一颗原子弹的成功研制和核能事业的发展做出了重要贡献。但由于涉及国家机密，长期以来，何炳林的工作内容少有人知，直到1988年国防科工委授予他"献身国防科学技术事业"荣誉奖章，这段往事才被人知晓。比何炳林这项研究起步晚3年的捷克科学家，因为发表了类似成果而被誉为"吸附树脂之父"。对此，何炳林只是平静地表示："那是由于保密的需要。我个人的荣誉问题不大，最重要的是服从国家的安排。"

还有很多南开学者以广博的视野和敏锐的洞察力，潜心研究新兴科学领域，为新中国科技事业的长远发展积极探索。数学系教师胡国定于1957年被国家选派到苏联莫斯科大学进修，经过观察，他发现新兴的信息科学在未来的社会发展中会有广阔的应用前景。为弥补国内研究领域的空白，胡国定毅然转变科研方向，投入信息论研究。在外求学的三年间，胡国定没有离开过莫斯科一天，经过刻苦钻研，完成了题为《论信息的稳定性——兼论香农定理的充分必要条件》的著名论文，并发表在苏联的权威期刊上。回国后，他很快开设了信息论课程，并于翌年开始招收研究生。由于锲而不舍地持续深耕，胡国定带领学生在香农信息论研究领域取得重要成果。这些成果在国际上受到高度评价，被称为"胡国定定理"，堪称信息论研究中的经典与奠基工作。

无独有偶，物理系教师母国光选择了当时在国内刚刚开创、有大片空白领域亟需填补的光学专业，作为自己的毕生追求，潜心钻研，追光而行。20世纪60年代，他与一机部仪表室合作，设计并研制出我国第一台光谱析钢仪，该产品成为天津光学仪器厂的支柱产品，行销海内外。70年代，在全国彩电大会战中，母国光带领天津组科技人员经过近三年的艰苦探索，出色地完成了彩色电视摄像光学系统的设计任务。他为天津电影机械厂东风牌放映机设计研制的"锥轴深椭球冷反光镜"，使光利用率一下提高了250%，荣获天津市科技成果一等奖。而与荣誉相比，母国光更看重的是以自己的专业知识为祖国赢得尊严。1970年，我国第四机械工业部在验收从日本进口的1000台双目实体显微镜时，发现存在严重色差的质量问题。中方和日方交涉无果，反遭对方"中国人不懂技术也不会操作"的讥讽。为此，上级领导特委派以母国光为首的专家团队，负责产品质量鉴定。经过三个多月的理论分析和大量实验、测试工作，专家组从技术上证明了仪器本身存在的问题，并直接指出了产生严重色差的原因所在。面对如此专业的论证报告，日方不得不承认存在质量问题，并给予中方赔偿。此举不仅为我国挽回了重大经济损失，而且使外国人不敢小觑中国的科技力量。

更为难能可贵的是，面对动荡岁月中的重重干扰，南开人始终不改对党和国家科教事业的赤胆忠心，秉持科研工作者的高度责任感，埋头研究，不计得失，在苦干实干中期盼着春天的到来。

当年一手创办元素所的杨石先，对自身遭到的不公待遇都默默承受，但当元素所的农药中试车间面临被拆除的危险时，他拍案而起，激愤而言："元素所不是学校要办的，也不是我杨石先要办的，是根据毛主席'以农业为基础''要同病虫害作斗争'的指示，和第二次全国科技规划会和全国农业会议精神，受周总理委托办的。国家花了那么多钱，又培养了这些人，你们拆了，我怎么向周总理交代？"在周总理的关怀和杨石先的奋力抗争下，元素所得以保留。科研人员深入河北、辽宁、湖北、河南、江苏、甘肃、青海等地农村进行实地调查，目睹病、虫、草害对农作物的危害，了解到农民辛苦耕作却收获惨淡的艰辛，更加坚定了科研为农业服务的思想。他们和生产、使用单位协作，相继研制出多种高效低毒的新农药。其中，防治水稻白叶枯病的"叶枯净"，更是填补了我国农药领域中的又一项空白。

我国是水稻的主要产区，水稻种植中最大的危害当属白叶枯病。20世纪五六十年代时，全国水稻每年因此减产10%左右，个别地区甚至减产四五成。至70年代初，世界上只有日本一家可以生产防治白叶枯病的农药，而我国每年都要因此花费大量外汇进口。1971年，元素所在极端困难的情况下，接受了国家交给的研制白叶枯病防治药剂的任务。当时，杨石先已被"下放"到元素所杀菌组做一名普通组员，他得知消息后十分振奋，立即将自己收集的相关资料全部交给研究小组，并鼓励大家说："我们要走自己的科学发展道路，但是我们也要借鉴外国一些有益的东西，我们不买他们的专利，根据我国国情，自己摸索，发挥社会主义大协作的精神搞出来，给国家节省了人力、物力、财力，有什么不好？"在杨石先的带领下，科研人员克服种种困难，在天津农药实验厂的协助下，用两年半的时间，试验了30多条不同的合成路线，终于在1974年成功研制出农药"叶枯净"。

20世纪70年代初，数学系承担了天津机械研究所、天津蜗轮减速机厂委托的"啮合原理的几何问题"项目，由吴大任牵头，与严志达、骆家舜组成"齿轮啮合研究组"。为对我国机械工业发展有所助益，三人通力合作，攻坚克难，从数学上严格论证了二次包络原理，做出了全新的理论突破，获得1978年全国科学大会表彰和天津市1979年科技成果一等奖。后来，根据此项研究成果，机械研究所成功研制出一种性能良好的新型蜗轮蜗杆副，产品成功销往海外。跟随新产品一起走出国门的，还有课题组撰写的著作《齿轮啮合理论》，该著作受到国外学者的高度评价。谈到这次科研工作的顺利开展，吴大任不无感慨地说："这次经验表明，理论工作者和应用技术工作者密切合作，就能产生对生产和对应用理论研究有意义的成果。"

1972年，概率教研室承担了中国科学院地质研究所的"随机过程在地震预报中的应用"项目。项目负责人王梓坤带领团队，提出了地震的随机转移预报方法，将其应用于实践并取得了良好的预报效果。1976年5月29日，云南龙陵发生7.4级地震，项目组得知消息后，立刻行动起来，运用统计和转移概率方法，经过大量演算和数据分析，预报下一次大震将在四川松潘地区出现，时间在8月13、17、22日前后，震级将在6级以上，甚至达到7级。时间紧迫，当地政府立即紧急疏散撤离群众。当年8月16日，松潘、平武地区发生了7.2级强烈地震，22日和23日又相继发生了6.7级和7.2级地震，由于预报准确、及时，将可能的人员伤亡降到了最低。南开人用自己的科研成果，为保护人民群众的生命财产安全做出了重大贡献。

生物系教授萧采瑜积毕生研究心得，在1973年召开的"全国动物志会议"上，率先提出编纂一套具有中国特色的昆虫分类工具书的想法，并主动承担了编写《中国蝽类昆虫鉴定手册》的工作。为完成任务，古稀之年的萧采瑜不顾年老体衰，努力与时间赛跑，在助手们的配合下，于1977年完成了该书的第一分册《半翅目异翅亚目》。这是我国出版的收入种类较广的蝽类昆虫分类学第一部专业著作，其中72个种类为我国的首次记录。为方便检索，萧采瑜还以"表"区分类别，且每种昆虫都配有形态描述和整体照相图。他在病重期间看到自己辛勤劳动的成果问世，难掩激动的心情，专门邀请编写组成员来到病床前，加紧安排"手册"的后续推进计划。当他主编的第二册书于1981年顺利出版时，萧采瑜已病重离世。这两册凝结了他毕生心血的科学著作，至今仍发挥着指导研究的重要作用。

经济学是南开大学的传统优势学科，尽管经历了跌宕起伏的发展过程，但南开经济学人始终坚守初心、从不懈怠。20世纪70年代，经济系组织部分老教师翻译出版了一批国外较有影响力的经济学专著，如《帕特曼报告》《垄断资本》《不稳定的经济》《美国第一花旗银行》《银行家》等，为研究当代资本主义经济做了大量基础性工作，使南开成为国内研究当代资本主义经济的重要基地。时任经济研究所副所长的滕维藻，瞄准国际学术动向与国家发展需求，以极大的创新精神和理论勇气，自1973年开始主持"跨国公司"研究。他带领研究人员打破壁垒，深入探索，相继出版了《世界发展中的多国公司》《澳大利亚经济》《跨国公司剖析》等多部开拓性著作，使南开成为国内最早研究跨国公司理论的基地。他本人曾受邀参加国务院科教组召开的世界经济研究问题座谈会，此后更被联合国聘为跨国公司委员会高级顾问，成为任此职务的首位中国专家，并参加了《跨国公司行动指南》等一系列重要国际文件的起草。此外，学校还接受了国务院下达的翻译联合国文件的重要任务，从1974年开始，在杨敬年、王赣愚等老教授带领下，经济系、所先后有20余名教师参与此项工作，历时6年翻译了近百万字，受到国务院的高度评价。

三、科研成果报国强国

改革开放以来，南开大学践行"知中国、服务中国"的办学宗旨，围绕科教兴国、科技强国战略，瞄准国家需求，追踪学术前沿，紧贴社会实际，服务区域发展，激励、引导广大师生将科研工作主动与国家发展需求对接，不断增强科研创新能力，以高质量的成果为中国改革发展提供智力支持，贡献南开力量。

20世纪80年代，南开主动适应改革开放和社会主义现代化建设的需要，在全国高校中率先重建经济学院。南开经济学人发扬经世致用的优秀传统，奋发作为，积极为国家建设培养人才、建言献策。自1985年起，经济学院受国务院特区办公室的委托，共举办了26期开放城市领导干部培训班，来自全国30个省区市的700余人参加培训并取得结业证书，为国家对外经济工作培养了亟需的专业人才。为跟上迅速发展的世界经济形势，满足我国在社会主义市场经济条件下对精算人才的客观需求，南开大学与北美精算师协会于1987年签订了联合培养研究生的合作协议，开创了中国精算教育的先河。谷书堂密切关注社会主义市场经济改革进程，在80年代初期主持国家重点科研项目"中国经济体制改革的理论依据研究"，完成并出版《社会主义商品经济和价值规律》，系统提出并论证了"社会主义商品经济"思想，主张"中国经济体制改革应以商品经济和价值规律理论作为依据"。特别是1987年他率先提出"按生产要素贡献分配"的观点，在学术界引起了很大反响和热烈讨论。这些学术观点为党和国家有关决策提供了理论参考，对推动我国经济体制改革发挥了重要作用。

与此同时，为服务国家建设，经济学院在发挥理论经济学学科优势的基础上，恢复并大力发展应用经济学科、管理学科，并相继增设了人口与发展研究所、台湾经济研究所、国际经济研究所、交通经济研究所等具有南开特色的研究机构。成立于1986年的台湾经济研究所，是我国首批设立的三家涉台学术研究机构之一，也是首个涉台经济研究机构。开办以来，台湾经济研究所专注于台湾经济与两岸经贸关系研究，在专业领域持续发声，为推动两岸学术交流做出了开创性贡献。1987年，联合国高级经济专家、南开校友桑恒康应邀回母校创办了交通经济研究所。他带领全所师生以科学的经济学方法研究交通问题，先后完成了《三门峡黄河大桥经济可行性论证》《北京至深圳107国道郑州至许昌段高速公路可行性研究》《2000年中国交通运输发展战略目标选择》等20余项重大课题，为国家交通运输战略决策提供咨询报告。1991年，桑恒康历经10年撰写的英文版专著《中国的交通问题》出版，其立足国际视野，结合中国实际看待中国的交通问题，指出世界银行等机构对于中国交通形势的误判，并在经济区位、交通布局等方面提出独到见解。

一批坚守初心、潜心科研的南开学者，在科学的春天里厚积而薄发，登高再望远，取得了具有重要影响力的研究成果。

母国光院士通过对光学前沿理论的持续跟踪，于20世纪70年代后期率先在国内开展光学信息处理的基础与应用研究，创造性地拓展了白光光学信息处理技术。他带领课题组经过10余年的刻苦钻研，历经无数次实验，攻克多重技术难关，成功研制出三色光栅编码器，实现了"用黑白感光片作彩色摄影技术"的应用转化。在其专利技术基础上，母国光进一步研制出"大幅面航空侦察光学信息处理系统"，通过技术鉴定和军工产品设计定型，该系统达到国际领先水平，在我国航空侦察摄影、遥感和彩色档案贮存等领域发挥了重要作用。由沈寿春、母国光等老一辈光学家于1984年创建的南开大学现代光学研究所，经40载不懈地追光逐梦，已成为我国培养高级人才和光学研究的重要基地，相继承担了"天宫一号""天宫二号"在轨有害气体检测装置、"北斗三号"激光放大器、"大气一号"探测卫星全链路光学仿真等项目，科研成果直接服务于航天工程、"一带一路"建设等国家重大需求。

李正名院士深受导师杨石先的教诲，承其衣钵，毕生行走在创制农药的道路上，坚持"做老百姓用得起的农药"。20世纪90年代初，年逾花甲的他又开始了创制绿色除草剂的全新探索。面对这项投资大、耗时长、路径复杂的工作，李正名选择迎难而上，带领团队历经20余年的顽强拼搏，成功研制出我国第一个具有自主知识产权的绿色超高效谷田专用除草剂单嘧磺隆，它还有一个为世人所熟知的名字——谷友。经检测，单嘧磺隆的毒性比牙膏毒性还要低50倍，它不仅实现了粮食增产，更以其低廉的价格，满足了我国广大农民的实际需求。谈及多年搞研究的心得，李正名认真地说道："在不了解国情的情况下搞科研，科研可以搞得非常好，文章也写得很有水平，但仍旧不能解决基层的实际问题。"为此，他坚持把实验室搬到田间地头，将论文写在祖国的大地上，用一生勤奋为中国农药"正名"。

生命科学学院教授陈瑞阳自20世纪50年代考入南开生物系起，便与草木结下了不解之缘。在我国植物染色体研究领域尚处于空白之际，他便毅然踏上了这条前途未卜的科研道路，带领团队历时25年，成功绘制出《中国主要经济植物基因染色体图谱》。这部科研巨著收录了我国1045种植物核型分析和1389幅染色体图像，填补了世界植物染色体图谱的空白。回首来时路，陈瑞阳带领团队为采集标本踏遍了祖国的千山万水。野生植物的采集尤其困难，经常要冒着危险，深入人迹罕至的原始森林。由于染色体在分裂中期观察得最清楚，往往每隔两个小时就要采集一次样本，因此他们走到哪里就把实验做在哪里，无论昼夜，不惧风雨，只要找到合适的标本，就直接在树下点起酒精灯，用布围起来，就地做实验。"千淘万漉虽辛苦，吹尽狂沙始到金。"他们用一次次风雨兼程，成功将我国植物登记造册。支持陈瑞阳在植物世界里辛勤耕耘的，始终是肩上那一份为国利民的沉甸甸的责任。直到晚年，他还在思考："做一些更具经济价值的研究，把知识转化为生产力，把理论与应用结合起来，把为国家和老百姓的服务落到实处。"

南开文科学人密切关注具体实践和时代问题，守正创新，薪火相传，为繁荣学术研究做了大量工作，奠定了南开人文社科重镇的坚实基础。魏宏运率先将社会学研究方法应用到中国现代史领域，自20世纪80年代起便开始带领课题组深入华北农村实地调研，访谈过的农民不计其数，收集到大量翔实生动的一手资料，相继编写完成《华北抗日根据地史》《20世纪三四十年代冀东农村社会调查与研究》，以及4卷本逾千万字的《20世纪华北农村调查记录》等大型资料集和著作，开拓了华北区域史和抗日战争史的研究新领域。高尔森瞄准国家改革开放亟需，确定国际经济法的学术研究方向，钻研不辍，自1983年起相继出版了《英美合同法纲要》《国际税收浅论》《国际税法》《国际经济法》等在国内具有重要影响力的著作，成为我国国际税法学科创始人。方克立坚持用马克思主义观点创造性地研究中国哲学与文化，于2006年提出"马学为魂，中学为体，西学为用，三流合一，综合创新"的新概括，即"马魂中体西用"论，将马克思主义"综合创新"文化观推进到一

个新阶段。刘泽华认为"政治思想史是中国历史的灵魂",多年潜心书案,著作等身,提出了"王权支配社会"理论和"阴阳组合结构"的中国传统政治思维方法论,开创了当代中国政治思想史研究的"王权主义反思学派"。刘文英在原始文化和古代文化等方面的研究成果被认为达到国内最高水平,其代表作《梦的迷信与梦的探索》《漫长的历史源头——原始思维与原始文化新探》先后于1995年、1998年,连续两届获得国家教育部人文社科优秀成果一等奖,在海内外产生了广泛影响。李维安把世界先进的公司治理模式与中国的企业改革相结合,于1999年完成了专著《公司治理》,并带领创新团队制订出《中国公司治理原则》,该原则成为我国建立现代企业制度的"破题之作",先后被中国证监会、国家经贸委联合推出的《中国上市公司治理准则》和太平洋经济合作理事会制定的《东亚地区治理原则》吸收借鉴,为建立中国公司治理评价指标体系奠定了基石。

　　正是这不竭的科研热情与社会责任,激励着一代代南开人与时代发展同频共振,主动聚焦战略需求,深度融入国家建设,产出了一大批具有重要理论意义和实践价值的研究成果,并在参与党和政府决策咨询、服务区域经济与社会发展方面做出了突出贡献。例如,APEC研究中心每年都为中国参与APEC会议提供咨询报告,受到外交部、商务部多次表彰。中国公司治理研究院连续20年发布南开治理指数,被誉为上市公司治理状况"晴雨表"。经济与社会发展研究院现代物流研究中心连续20年代表中央政府向海内外发布《中国现代物流发展报告》,成为我国物流行业发展的风向标。人权研究中心经批准成为首批三个"国家人权教育与培训基地"之一,编写了有关中国人权事业发展的第一本蓝皮书,出版了系列丛书《中国人权在行动》,推动了我国人权事业的发展。滨海开发研究院依托和整合校内优势学科和资源,跟踪重大战略和问题持续发声,主办《滨海要报》《成果专报》等内参刊物,以系列咨询报告形式定期向中央有关部门及省市政府报送,成为服务滨海新区开发建设与区域发展的新型智库。南开牵头组建的中国特色社会主义经济建设协同创新中心,是全国第一家也是至今唯一一个被认定为国家2011创新计划的经济学类的创新中心,按照"国家急需、世界一流"要求,提供战略性、全局性、前瞻性的理论和政策支持。为紧密服务中国式现代化重大战略需求,南开于2022年成立中国式现代化发展研究院,并启动了用三年时间在全国建设200个"中国式现代化乡村工作站"的计划。首批遍布全国22个省区市的70个工作站于2023年7月完成了集中授牌。专家学者以工作站为依托,扎根基层实地调研,发现真问题,提出好建议,形成系列高质量咨政报告,为解决中国乡村振兴中的痛点堵点问题提供"南开方案"。

2019年1月17日,习近平总书记视察南开大学时寄语师生:要"加强基础研究,力争在原始创新和自主创新上出更多成果,勇攀世界科技高峰"。殷殷嘱托,催人奋进。在2019年度国家科学技术奖励大会上,凭借"高效手性螺环催化剂的发现"项目,周其林院士带领团队获得2019年国家自然科学奖一等奖,从习近平总书记手中接过奖牌。自1999年任教南开起,周其林便选定手性螺环催化剂这一基础研究作为自己的工作核心,并带领团队开启了长达20年的科研长跑。坚持原创是他的学术追求,但实现理想的道路却并非坦途,且2001年已经有外国科学家在不对称催化领域获得了诺贝尔奖,这无疑为周其林团队的原始创新性突破,提出了更高的挑战。珠玉在

• 周其林团队荣获2019年度国家自然科学奖一等奖

前，周其林要求大家以更加严谨认真的科学态度投入实验，在一次次的失败、反思、总结中，终于成功合成出一系列手性螺环催化剂，其被国内外同行称为"周氏催化剂"。周其林曾简单描述过这项工作的意义："对于学术界的影响在于，很多过去不能够合成的分子，现在能够合成了；对产业界的影响就是，过去很多的药物合成起来非常困难，现在合成这些药物非常方便。"然而朴实话语未曾道尽的是，这一富于科学引领性的工作，实现了"从0到1"的突破，开拓了不对称催化的新领域。当人们对这斐然成就盛赞不已时，周其林已经瞄准全新科研方向再度起航了。他开始思考，如果有一天石油、天然气等化石资源面临枯竭，要用什么材料来合成人类文明所依赖的物质呢？这是一名肩负"创造新物质"责任的化学家所着眼的未来。

面向2035年教育强国和科技强国的奋斗目标，南开大学坚持"四个面向"，不断提高科研创新与服务社会的能力。据不完全统计，2019年以来，南开共获得高等学校科学研究优秀成果奖（科学技术奖）11项、天津市科学技术奖75项；1820项国家级项目获批立项，其中重大项目93项；新增药物化学生物学、特种化学电源、传染病溯源预警与智能决策、光伏材料与电池4个全国重点实验室；以第一完成单位在 Science 和 Nature 发表论文十余篇，产生了一批具备高显示度、高影

> 打造以基础研究和关键核心技术攻关为引领的重大科技创新平台。发挥基础研究优势，聚焦经济社会发展和国家安全面临的现实需求凝练科学问题，从源头和底层解决关键技术问题。根据不同学科特点，分类开展战略导向的体系化基础研究、前沿导向的探索性基础研究、市场导向的应用性基础研究，形成整体优势。
>
> ——《南开大学高质量发展改革攻坚行动计划（2023—2025年）》

响力的标志性创新成果。陈永胜团队致力于碳纳米材料、有机功能材料及其在能源转化与存储等方面的研究，开发的有机太阳能电池器件光电转化效率多次刷新世界纪录。陈悦团队历时11年自主研发的原创候选新药ACT001，已获得20余个国家的专利授权，该药不仅可用于脑胶质瘤的治疗，还能够提高辐射后动物的生存率。赵新团队实现全流程机器人自动化"孕育"克隆猪，为解决我国原种猪"卡脖子"问题提供了原创技术。陈军团队投身实现"双碳"目标的主战场，深耕新能源材料与电化学储能领域，聚焦高密度储氢材料、高性能锂/钠电池、高安全水系电池的基础研究，实现"从0到1"的原创性技术突破。段峰团队牵头完成全球首例非人灵长类动物介入式脑机接口试验，突破了血管内脑电信号采集、介入式脑电信号识别等核心技术，对推动脑科学领域研究具有重要意义，标志着我国脑机接口技术跻身国际领先行列。王磊团队首次揭示了引起脑膜炎的三种主要细菌利用同一机制穿越血脑屏障，为开发脑膜炎防治药物提供了理论基础和潜在靶点。崔春明团队完成"新型有机硼和硅活性试剂的研究"，为新型功能有机物质的精准创制提供了新思路……南开人在加速谱写开拓创新、勇攀高峰的新篇章。

当前，世界百年未有之大变局加速演进，中华民族伟大复兴进入关键时期，新一轮科技和产业革命深入发展，国家对高水平创新人才和突破性科学技术的需求比以往任何时候都更加强烈。当此历史关口，南开大学制定并实施《支撑国家重大战略有组织科研行动计划》，明确提出了"培育产出重大标志性成果""打造以基础研究和关键核心技术攻关为引领的重大科技创新平台""高标准对接融入天开高教科技园建设"及"以体制机制改革激活服务国家战略新动能新优势"的发展目标与积极举措。展望未来，南开人将继续秉承"知中国、服务中国"的办学宗旨，乘风踏浪，一往无前。

第十一讲 立足南开 面向世界

- 宏远志向世界视野
- 国际化的探索
- "全球南开"的办学格局

近代以来的中国高等教育是在与世界互动中诞生的。从学习日本、欧美、苏联，到从实际出发探索中国特色，直至改革开放成为基本国策后的国际交流合作，中国大学史的书写离不开文明互鉴这个重要背景。特别是在全球化的今天，密切国际交流合作已成为高校发展不可或缺的重要内容，与人才培养、科学研究、社会服务、文化传承创新并列为高校五大使命之一。南开创校之始就具有宏远的志向与开阔的国际视野。百余年来，一代代南开人通过吸收借鉴世界先进教育经验，不断提升自身办学质量，同时也在培养国际化人才、开展国际科研合作、推动不同文化之间融通互鉴等方面，为中国的对外开放事业积极贡献南开力量。

一、宏远志向世界视野

早在严修、张伯苓等南开先贤认定投身教育救国事业时，便注意到要办新式学校决不能沿袭中国传统，更不可闭门造车。他们认为，中国人的问题"患在不自知"，然而想要认清自己的情况，除了深入了解中国的历史、中国的社会，也需要有"科学方法"，在当时而言，就是要借助现代科学的学理、借鉴世界各国的先进经验。只有与他人彼此映照，才能看到自身的优势和不足，也才能明白努力的方向。他山之石，可以攻玉。办教育是为了救国，要办能够救国的教育就必须开眼看世界，取人所长，为我所用。

还是在南开中学创办前，严修和张伯苓就曾赴日本考察；而为创办南开大学，他们又前往欧美学习。张伯苓在比较世界各国教育特点后表示："中国教育之两大需要：一为发达学生之自创心，一为强学生之遵从纪律心。"他认为，前者可借鉴英、法、美的教育制度，而后者则可参考日、德的教育制度。

校父严修曾称自己在20世纪初两赴日本考察是"两度瀛山采药归""归

装满载长生药"。之所以把先进的教育经验比喻为救国良药，是因为要通过学习来治疗"私""虚""弱"等中国之大病。在日本，严修、张伯苓考察了公立私立各级各类学校数十所，包括男校、女校、普通学校、师范学校、职业学校、实业学校、聋哑学校以及音乐、美术、体育学校。其间，严修拜访了大隈重信。大隈重信是明治维新志士之一，曾任日本内阁总理大臣，也是早稻田大学创始人。严修向他请教如何办教育。大隈重信讲了德育、智育、体育等。严修进而又问：听很多日本人说，智力增进会导致道德水平倒退，这种说法对吗？大隈重信说：这种说法"大不然"！智力与道德当然可以并进，不会此长彼消。严修表示这与自己的想法"极合"。同坐又有人问：日本的（现代）文明是全部取自欧美，还是兼用本国传统？大隈重信说："取人文明，则己之文明自进。"严修深表认可。

严修不仅是一位教育家，也是一位诗人。他最有名的诗作便是在东、西游历期间所作。1913年在赴欧洲考察时，他写道："现身说与少年人，立志便从少年始。丈夫有志事四方，读书万卷行万里。"当时已过天命之年的严修表示自己要抓紧时间行万里路，同时勉励年轻人要多了解世界、开阔眼界。1918年在考察美国格林奈尔大学时，文学教授沃洛森做了一首英文传统的十四行诗表达对严修、张伯苓等中国教育家来访的欢迎，诗中有这样的词句："让我们的手紧紧相牵，你们表现出/极大的谦逊/你们由心中的青春引导和保护/愿我的手，在我最美好的问候中/伸向你们，伸向你们古老的家园故国/哦，来自中国的绅士们啊，向你们致敬。严修答以两首七言绝句："中华历史四千年，揖让高风莫或先。若论共和新政体，美洲百四十年前。""强国根基在地方，美邦市政最精良。芝城纽埠难寻绪，绝好师资是此乡。"沃洛森赞叹中国绅士的"谦逊"。严修回答说，谦虚确是中华传统美德，我们有着悠久的历史，但也要通过学习，改善地方治理、加强教育建设，让中国成为一个具有新气象的、富强的共和国。他还在诗中专门提到"师资"问题。这是因为考察美国的教育模式、为即将开办的南开大学物色师资，是此行最主要的目的。严修等在美国还访问了西雅图、圣保罗、芝加哥、纽约、旧金山等地，虽行程紧张，但每到一处，都必去当地大学考察，所谓"到处听弦歌"。这里的"弦歌"即指学校。

张伯苓赴美早于严修，为了深入了解美国的教育制度和教育思想，1917年张伯苓专门进入哥伦比亚大学教育学院学习。他深切地感受到，"吾等思教育青年，当以万国大同为志也"，表示世界上的潮流是变动不居的，所以我们也要变。我们的变，第一必须是"科学的"（scientific），必须想一想对不对。第二必须要"诚实"，对变的事情老老实实去做。为了使中国的教育跟上时代潮流，就有必要通过到国外学习，得到激励和启发。他希望中国的国民要"有一颗世界心"，去了解世界发展的大势并与之接轨。听过张伯苓演讲的美国教授司覃诺评价说："他集强健的体魄、意志与温和的心灵于一身""真正伟大的人……属于永恒和整个人类。"

由于当时中国几乎还很难自己培养大学师资，大量聘用外籍教师也不现实，最好的办法就是请在海外学有所成的中国留学生回国任教。因此，张伯苓在美国除了自己刻苦学习，还积极结交中国学生。南开首任大学部主任凌冰，就是在这时接到张伯苓邀请的。凌冰曾就读南开中学，后在哥伦比亚大学攻读博士学位。在与张伯苓交流后，凌冰表示很愿意回母校服务，同时也答应在美国帮助南开大学物色教师。1919年凌冰获得博士学位后立即归国，到南开报到。他担任大学部主任六年，其间为学校遴选了不少优秀学者。在南开早期教师中，姜立夫、邱宗岳、饶毓泰、杨石先、蒋廷黻、黄钰生、汤用彤、何廉、方显廷、萧蘧、萧公权、张纯明、陈序经、冯文潜、司徒月兰、李济、竺月桢等都是归国留学生。正是借助他们的力量，南开在建校伊始就取得了不俗的办学成绩。

为了及时关注与了解世界学术前沿，南开高度重视搜集国际学术资料。

比如在数学方面，学科创始人姜立夫十分注意图书和期刊的选购与积累。他从无到有购置了成套的重要数学期刊和丛书，一些著名数学家的论文集以及为数不少的绝版图书，其数量之丰与质量之高都是国内少有的，就连来访的外国学者都称羡不已。

为了让教师们能够与国际学术界保持联系，南开还实施了教师学术休假制度，休假期间学校支持教师出国深造研修。杨石先是第一个享受这项政策的教师。入职南开前，杨石先已获得美国康奈尔大学硕士学位，但因家庭经济原因未能完成博士学业。1929年，在南开任教已满七年的他得到张伯苓校长的支持，带薪休假期间赴美进入耶鲁大学研究院学习，终于取得博士学位。杨石先赴美的经费，是张伯苓专门从罗氏基金团募捐得来的教师研修专项资助。十余年后的1944年，杨石先再次迎来学术休假，他申请获得了公派出国研修的机会，赴美国印第安纳大学担任客座研究员。由于杨石先与海外学术界建立起良好的合作关系，在他回国后不久，陈荣悌、何炳林、陈茹玉等三位青年教师随即得以出国深造，均获得博士学位。他们通过在国外的学习，掌握了最前沿的学术信息，后来回到南开，为国家做出了重要贡献。

南开不仅支持教师出国交流，也尽可能帮助有志于钻研学术的学生到海外留学，为他们争取各种社会资助。比如，1920年上海南洋兄弟烟草公司捐资助学，选拔国内大学毕业生赴欧美研习农、工、商等科，公司提供来往旅费、学宿费、生活费，要求是日后学成返国。当时南开刚刚成立不久，还没有毕业生，但学

> 生存物竞有时定，
> 至竟终须合大群。
> ——严修
>
> 务使我南开学校，能与英国之牛津、剑桥，美国之哈佛、雅礼并驾齐驱，东西称盛。
> ——张伯苓

校积极争取，力荐学习成绩优异的张平群参加选拔考试。结果张平群不负众望，成功考取赴英留学的资助，入伦敦大学经济学院商学专业学习。1925年他回国任教南开，曾任商学院院长。

南开在充分参考世界现代教育经验后，逐渐凝练出自己的办学理念和特色。1944年，南开系列学校建校40周年、南开大学建校25周年之际，张伯苓发出豪言壮语："务使我南开学校，能与英国之牛津、剑桥，美国之哈佛、雅礼并驾齐驱，东西称盛。"这绝不是夜郎自大，而是在探究东、西教育优长后，为中国创办世界一流大学发下的宏愿。由于南开大学的教育质量在国内外广受好评，学生学习成绩得到美国、英国的大学承认，在南开毕业的学生被准予到英美直接攻读高级学位。

为什么南开人能够在办学早期就这样积极、高质量地开展对外交流呢？这主要源自创校先贤们对世界的态度和对历史趋势的认识。1902年，严修根据他对世界历史、人类未来的思考，写下这样一首诗："百万星球地居一，四分且让水三分。棕黄黑白总同种，南北东西何足云。儒墨厄言原破碎，佛耶界说更呶纷。生存物竞有时定，至竟终须合大群。"严修认为，世界各地的人虽然有着不同的肤色，但归根到底都是同一物种。不同文明文化、不同宗教信仰纷纷扰扰，造成国际竞争、冲突，但人类最终是要合为一个大群的。"至竟终须合大群"真可以说是超越时代的认识，其核心思想完全符合历史唯物主义对人类未来

· 张彭春担任联合国人权委员会副主席

的展望。张伯苓也曾表示："我们需要尽快改变过时的、使人昏昏欲睡的循规蹈矩。要让过去的涓涓细流变成湍急流淌的江河。中国一定要变。我们不能总是停滞不前。山川平原是固定的，一成不变。中国必须要和整个世界联系在一起。要赶上现代化国家，否则就会被别人踩在脚下，任人宰割。"

"南开大学计划人"张彭春同样怀有世界大同的愿景。1946年，他在联合国经济及社会理事会会议上，援引《礼记·礼运》"大道之行也，天下为公，选贤与能，讲信修睦。故人不独亲其亲，不独子其子，使老有所终，壮有所用，幼有所长"，以此表达全世界人民有着共同的梦想。这段中国经典恰好是南开"公能"思想的重要渊源。同年，张彭春担任联合国人权委员会副主席，成为《世界人权宣言》的主要起草者之一。他在起草会议上表示，经过第二次世界大战，人类应以博大的眼光来看世界性的大问题。他主张将"四海之内皆兄弟"写入人权宣言第一条，这也正与今天中国提倡"构建人类命运共同体"的理念相通。

南开因爱国而创办，爱国不是要闭目塞听、对外隔绝，相反是要在与世界互动中海纳百川，实现自强。虽然文明对话的历程并非一帆风顺，但先贤的思考与实践在今天依然给予我们深刻启示。

二、国际化的探索

1949年中华人民共和国成立，此时的世界形势与第二次世界大战前有了很大不同，处于冷战之中。西方国家对新政权进行孤立和封锁，国际交流合作面临着严峻的形势。在这样的背景下，中国的外交政策只能"一边倒"，高等教育全面学习"苏联经验"，以俄为师进行院系调整、教育改革。在此过程中，南开成为一所综合性大学，教学与科研进入了一个新的发展时期。相应地，这一时期的对外交流也主要面向苏联及其他社会主义国家。

苏联教育具有深厚的传统和扎实的基础，培养了大量优秀人才，其教学水准在世界上独树一帜，就连美国教育家也于对比之下深感"危机"，在20世纪五六十年代开始了自己的教育改革。苏联经验中很重要的一点是保证教学的计划性，注重教学质量。因此，学习苏联确实对改进当时中国的教育起到了重要作用。南开积极对照苏联标准，引进苏联的教育学和教学法，建立教研组制度，制定教学计划，同时大量引进苏联高等学校教材。经中苏两国高教部同意，南开大学与苏联莫洛托夫高尔基大学建立起校际友好关系，两校经常联系，交流教学研究经验。

学校多次邀请苏联专家来校帮助指导。我国国务院副总顾问马里采夫、高教部工业教育司专家阿尔西波夫、高教部综合大学教育司顾问格里斯贝克等都曾来南开访问，与各有关方面进行座谈。座谈涉及的问题主要有：教研室工作，系办公室、系主任在实际工作中怎样发挥作用，教务处如何检查系里工作及校委会工作，如何组织科学研究，学生负担问题，等等。学校还通过函询的方式，请教苏联专家实验课如何开展、综合大学是否留课后作业等具体问题。苏联专家在访问后对南开教研组工作给予了肯定。

这一时期，许多苏联著名学者应邀到南开作学术报告。比如经济学专家果戈理来校作《苏联社会主义经济问题对于研究贸易经济的意义》报告；文学研究专家毕达可夫作《文学传统的继承性问题》《关于列夫·托尔斯泰的研究和评论》等报告；留苏华侨、历史学专家杨兴顺作关于中国哲学思想史研究的报告；谢宁介绍苏联科学院哲学研究所的研究计划；等等。这些报告具有国际视野，特别是给运用唯物主义理论开展学术研究提供了启示。

学校还采取"送出去，请进来"相结合的办法加强师资力量，选派教师赴苏联留学深造，邀请苏联专家来校任教。数学系的王梓坤、胡国定，化学系的李赫咺等，先后前往莫斯科大学学习，获得副博士学位。他们珍惜难得的机遇，在苏联学习期间起早贪黑、刻苦钻研，写成的论文均达到当时国际上的先进水平。后来，王梓坤把概率论带回南开，胡国定把信息论引入南开。南开概率统计学科，正是由他们建立并发展起来，并走在全国的前列。李赫咺则筹建了催化实验室和催化研究室，使南开成为国内较早开展分子筛研究的单位之一。时任校长杨石先还专门从苏联邀请了卡巴契尼克院士和玛斯特柳珂娃教授来南开大学讲授有机磷化学，请马尔丁诺夫教授讲授有机硅化学，为开展元素有机化学的研究做了理论准备。

不过，在学习苏联经验开展教学改革的过程中，也存在着教条主义、形式主义问题，一些改革目标偏高偏急，有的教师思想上还存在一些困惑。为此，教务长吴大任指出，我们既要"把握苏联教学计划与大纲的精神实质"，也要"面对中国的实际"，"学习的是苏联的先进经验，创造的是正确地运用苏联的先进经验，把苏联的经验'中国化'用来改进我们的教学工作"。

1956年，毛泽东同志发表《论十大关系》，强调"要向一切国家学习，不但现在要学，一万年后也要学""学习外国的长处时必须有分析有批判地学"，科学指明了为什么要向外国学习、向外国学习什么、怎么学等一系列问题，确立了新中国教育国际交流与合作的方针。

英国在西方国家中率先承认新中国，1954年中英建立代办级外交关系。南开在国家安排下，也接待了部分英国学者来访。比如1954年英国物理学家、世界和平理事会副主席约翰·德·贝尔纳教授，1962年英国皇家学会代表团先后来校交流。但总体上，20世纪50年代到60年代中期，南开对外交流的主要对象还是社会主义国家和第三世界国家。

南开是新中国最早接收外国留学生的高等院校之一。自1954年开始至1964年，南开共接收留学生21名，其中朝鲜学生1名、印度尼西亚学生2名、民主德国学生1名、缅甸学生2名、阿尔巴尼亚学生3名、保加利亚学生1名、阿联酋学生1名、越南学生10名。1965年，2000多名越南留学生来华，他们分别被分配到全国20余所著名高等院校，南开大学是接收单位之一，共接收学生150人。

"文革"初期，我国教育对外交流陷入停滞，南开也不能例外。直到我国在外交上取得了一系列重大突破，学校的对外交流活动才又被重新提到日程上来。1973年根据中央批示，南开先后邀请并接待了日本爱知大学4位中文教授、美国耶鲁大学5名经济学家来华访问，进行学术交流。1974年，学校接收了"文革"以来第一批外国留学生，共10人，分别来自罗马尼亚、南斯拉夫、索马里、日本、法国、芬兰等6个国家。1976年，学校又接收来自加拿大、联邦德国、瑞士、丹麦等国家的6名留学生。

改革开放后，各项事业再次迎来了发展的春天。学校对"恢复扩大南开大学在国际上的声誉和地位"做出展望，提出要"积极开展国际学术交流活动，扩大影响，吸收先进科学技术、教学和管理经验，促进我校教学科研管理水平的全面提高"。此后，南开在每一次党代会报告和每一份事业规划中都将国际交流合作列为重要内容。

1978年学校开始派出教师到日本进修学习。1978—1985年，全校387人被派往国外进修学习，其中本科生16人、研究生151人、教师220人。这批师生回校后，绝大部分成绩显著，在提高学校的教学科研水平方面发挥了重要作用。

1980年8月，南开召开了建校以来第一个重要的大型国际学术会议——明清史国际学术讨论会。会议由时任南开大学副校长、著名历

> 为了使南开大学在新的时代里加快前进步伐，我认为决不能"闭关自守"，而要立足于我们的实际"对外开放"，吸取世界科学文化方面一切有用的东西。
>
> ——滕维藻

史学家郑天挺主持。应邀前来参加的有8个国家和地区的126名专家、学者，其中中国大陆以外的学者34名，几乎包括了当时国内外大部分最享盛名的明清史权威。这次盛会反映了当时世界范围明清史研究达到的最新水平，受到广泛重视，除国内报刊，日本、美国相关领域的权威专业刊物也纷纷详加介绍。此后，南开相继举办血液灌流及人工器官国际学术讨论会、中国抗日根据地国际学术讨论会、跨国公司在世界发展中的作用与中国开放政策国际学术讨论会、拓扑不动点理论及其应用国际学术讨论会、"共形场论"与"辫子群"国际学术会议、周恩来研究国际学术讨论会等，这些重要的国际学术会议对促进中外学者的交流，提升南开的国际美誉度，推动相关学科发展，发挥了重大的作用。

1982年，南开大学派出改革开放后第一个代表团赴美国访问。时任校长滕维藻担任代表团团长，副校长吴大任为副团长，党委书记张再旺、物理系主任何国柱、历史系主任魏宏运共同组成这支学校高规格的代表团。从4月17日到5月8日，代表团访问了明尼苏达、印第安纳、堪萨斯、密执安、奥本尼、天普、普林斯顿和斯坦福8所大学，受到热情接待。代表团了解了各校办学方针、学校规模、课程设置、教师职责、学校管理、学生毕业去向等问题，参观了各校图书馆、实验室、博物馆、电子计算中心等。代表团成员非常珍惜这次久违的出国访问，每天晚上5人都聚在一起，交流当日访问座谈的收获。访问期间，在美南开校友将代表团视如久别的亲人，陈省身、李卓敏、吴大业、桑恒康、刘君若、许美龄、黄中孚等对代表团多方帮助，"南开"二字把大家紧紧连在一起。代表团还与一些学校达成了扩大交流的协议，确定了研究生交流计划，建立了实质性的联系。此次出访恢复了南开大学与国际学术界中断了多年的往来，此后学校的国际学术交流活动更为活跃地开展起来。

改革开放之初，教育部下发《关于增选出国留学生的通知》，拉开了大规模派遣留学人员的序幕。南开乘此东风，提出要每年有计划、有组织地选派中青年教师、研究生出国留学和进修，目的是通过学习交流培养一批"学校新的学术领导人和教学骨干"。1982年，南开化学系的年轻助教程津培通过教育部考试，获得了公费赴美留学的机会。但是那时美国高校还很少接收来自中国大陆的学生，如何联系留学、如何让对方了解自己够不够格，程津培毫无概念。多亏老师高振衡为他把向定舵，将他推荐给世界著名化学大师、美国西北大学教授波德维尔（Bordwell）。波德维尔教授曾于两年前与高振衡在一次重要的国际学术会议上相识，出于对高振衡的敬重与信任，他欣然接受了推荐。留学期间，程津培不负学校和师长的厚望，认真学习美国学术研究的优长，开展了创新性研究，顺利取得博士学位，后又经导师推荐到杜克大学做博士后训练，1988年回到南开任教。大约同一时期，龙以明、陈志强、李维安、关乃佳、王磊等一批由南开出国留学、学成后又回校任教的学者，陆续成为新一代学术领军人物。通过汲取外国先进教育、科研经验，南开学术取得了长足进展。

此时学校在中外合作办学方面也取得重大进展，"南开-约克模式""南开-爱大模式"堪称典范。1983年2月，在南开管理学系主任陈炳富的推动下，学校与加拿大约克大学、麦克马斯特大学、拉瓦尔大学签署合作协议，联合在南开大学开办工商管理硕士研究生班，由中加双方教师以双语授课。同年9月，首期工商管理硕士研究生班开班，招收学生33人。从第二期合作开始，除继续联合培养硕士研究生、互派学者、互派留学生，还加强了博士研究生的联合培养。南开这种国际化的办学思路，以及在国内率先与国外高校联合培养高级管理人才的做法，被称为"南开-约克模式"，其开创了中国MBA合作办学之先河，以立足国内、投资少、效益显著等特点，受到国内外教育界人士的关注和称赞。"南开-爱大模式"是指南开与日本爱知大学的合作。爱知大学是改革开放后最早与南开建立友好交流关系的国外院校。自1980年以来，两校在教学科研等方面保持了长期、稳定的友好合作关系。至2024年，爱知大学现代中国学部南开大学现地教学项目已成功举办27期，为国际合作进行留学生教育提供了一种崭新的模式。

在此过程中，许多外国友人从南开认识中国，由南开的交流经历爱上中国，留下了令人感动的故事。20世纪80年代初，南开与美国明尼苏达大学达成协议，每年举办暑期汉语学习班，其影响波及全国，蜚声海外。龙安志（Laurence Brahm）曾是明大暑期汉语学习班的一名学员，1981年来到中国。一下飞机，他看到前来接机的老师身着蓝衣绿裤，倍感新奇。从北京首都机场到天津的南开大学，汽车走了6个小时。来到学校后，龙安志边学习边试着和中国同学用汉语交谈，骑着自行车到各处遛弯儿。虽然那时物资还很紧缺，但也恰恰在这个时候，他切身体会到了中国正逐渐走向开放。他为自己起了中文名字"龙安志"，并解释道："中国大龙的龙，天安门的安，同志的志。"在南开的学习开启了他对中国文化的热爱，他的人生也由此与中国结下了不解之缘。今天，讲一口流利汉语的龙安志不但在中国安了家，还成为20多本有关中国书籍的作者，并作为中国问题专家给许多世界500强企业作过咨询。

外籍教师费希尔（Fischer）教授自1982年4月起，在南开外文系进行了五年的英语教学。他也给自己起了一个蕴含中国情结的名字——"费念华"。南开人则亲切地称他为"老费"。老费不仅是一位英语外教，还为南大话剧事业留下了宝贵财富。为了给学生提供形式多样的学习计划，他与妻子瑞秋决定让学生用英语表演中国话剧。在学校和老费夫妇的努力下，1986年，南开外文系学生剧团表演的《雷雨》在美国明尼苏达州9所大学及斯坦福大学成功进行多场演出，这是中国大学生首次在境外用英语表演中国话剧。1987年，费希尔带领外文系学生剧团第二次走出国门，《骆驼祥子》在美国中部10所大学成功演出多场，引起轰动。2019年，在南开大学建校100周年纪念日之际,老费再度回到南开,为"费希尔戏剧基金"揭牌。这项基金由当年参加外文戏剧表演的学生发起,专项支持南开外文戏剧发展。之所以冠以老费的名字,是因为感念他们夫妇的

· 1986年,南开学生用英语表演的《雷雨》在美国进行多场演出

无私奉献,纪念他与中国、与南开的不解之缘。

在这一时期,南开还将"争取有较高水平的华裔教授回国作较长期任教或定居"作为学校的重要工作,特别是历史性地引进了两位世界级学术大师——陈省身与叶嘉莹。他们是在国际上享有崇高声誉的数学研究和中国古典文学研究泰斗,在乱世动荡中"转蓬辞故土,离乱断乡根",但报国之志、思乡之情从未忘却。南开大学的真诚与热情打动了他们,使他们晚年都选择定居南开。他们以南开为基地,大大推动了中国学术事业的发展,带动了相关学科的国际化,在中国乃至世界产生了巨大影响。2018年,改革开放40周年之际,陈省身、叶嘉莹双双被评为最具影响力的外国专家。一所学校两位学者荣获这一重要奖项,这可说是南开引进人才为国服务做出的突出贡献。

三、"全球南开"的办学格局

21世纪以来,我国形成了全方位、立体化、多层次开放的外交格局,高等教育更是成为日趋国际化的前沿。南开大学坚持从全局和战略高度定

位新坐标，胸怀天下，放眼全球，以更加开放的崭新姿态走向世界，展现南开品格、中国特色、世界一流大学的卓越风采。学校明确提出"全球南开"的国际化战略，指出21世纪培养的南开人应是全球化的南开人，是投身中国民族振兴，同时参与全球治理的南开人。要办好"全球南开"，须在全球化的坐标下审视、部署、推进南开工作，全方位思考诠释"公能"精神。为此，学校深入实施"全球南开"公能人才全球成长计划、"全球南开"海外学习赋能计划。为鼓励学生参与出国学习交流活动，学校专门设立"南开大学'全球南开'奖学金"，对校际交换项目及世界名校海外学习计划等进行重点资助。南开还加强与世界一流大学在学生培养方面开展合作，和牛津大学、格拉斯哥大学、加州大学伯克利分校、莱斯大学、东京大学、首尔大学等，构建起包括师生交流、N+N联合培养、学生交换、合作办学及联合科研等在内的多样化国际交流体系。

在与世界名校的合作中有许多佳话令人难忘。2011年3月4日，南开老寿星、时年103岁的经济学家杨敬年在家中迎来了一位特殊的客人——时任格拉斯哥大学校长安顿·马斯凯特里。这位校长还带来了一件珍贵的礼物——格拉斯哥大学杰出校友亚当·斯密的著作《国富论》手稿影印本。为什么要送这样一份礼物给杨敬年呢？这是因为十多年前，杨敬年在90岁高龄重译了这部世界经济学经典名著，产生了重要影响。"杨译"《国富论》自2001年1月出版

> 立足天津、服务中国、面向世界，汇聚各类发展资源，深化同海内外各类机构及国际组织的紧密联系，深度参与全球治理，强化构建人类命运共同体、科教创新共同体意识，彰显百年学府的声誉影响和价值影响。
> ——《南开大学"十四五"发展规划纲要》

后，多次再版、不断加印，总计发行超过十万册。拜访中，马斯凯特里表达了对杨敬年的敬意。他说，自己看过杨先生翻译的《国富论》，格拉斯哥大学将把这部译著收藏在图书馆中，让学生们学习参考。交谈时，杨敬年英文流利、思维敏捷，给马斯凯特里留下了非常深刻的印象。他感慨："中国近年来的发展令世界瞩目，离不开杨先生等经济学家的贡献。作为《国富论》的翻译者，杨敬年先生是格拉斯哥大学与南开大学结缘的纽带。"回国后，马斯凯特里将与杨敬年的珍贵合影摆放在校长办公室中。这一年，南开与格拉斯哥大学分别举行了一系列活动，推动在师资交流、人才培养、教学科研等领域开展合作。

2015年，由中英两国政府支持、教育部批准设立的中外合作办学机构"南开大学–格拉斯哥大学联合研究生院"正式揭牌，成为英国在华首个以"联合研究生院"命名的国际研究生培养机构。双方"牵手"，是南开大学、格拉斯哥大学两校推行全球化战略的重要成果。从亚当·斯密创作《国富论》到杨敬年先生加以翻译，这只"看不见的手"使得两校紧紧相连。如今，研究院人才培养层次已实现从"双硕士"到"双博士"联合培养的跨越式发展。不仅是格拉斯哥大学，南开共与全球46个国家和地区的约340所知名高校和学术机构建立友好合作关系。越来越多合作项目的深入开展，也似无数"看不见的手"，穿过千山万水，传递温暖，传播学术，共同支撑南开坚定地开展国际交流合作。

在鼓励学生出国出境交流的同时，南开在积极拓展留学生教育，成立国际教育学院，逐步建设开放的国际化课程体系，扩大留学生教育的专业覆盖面，提高留学生培养层次和学历生的比例。目前，南开留学生国别已增至100余个，成为留学中国的主要目的地之一。

意大利籍留学生乐小悦（Letizia Vallini）是21世纪来校留学生的代表。在南开教育的熏陶下，她深入地了解中国、爱上中国，毕业后选择留在南开成为一名语言教师。在中国生活得越久，乐小悦便越发感觉到，西方人了解真实中国的渠道有限。一次偶然的机会，乐小悦结识了《中国特色社会主义为什么行？》中文版主编张博颖。长谈之后，这本书让乐小悦产生了强烈的翻译欲望。"书中论及经济、历史和其他很多领域的内容，能帮助意大利人更好地了解当今的中国。"翻译如同翻越高山。为了努力体现原著作者的思想，乐小悦买了几十本书参照学习。为了一个数字、一个人物、一个名词，她不厌其烦向原作者和行业专家请教。终于，她将一本30万字的《中国特色社会主义为什么行？》翻译成意大利语，介绍中国的体制、道路和发展成就，在海内外引起热烈反响。疫情期间，乐小悦又主动参与《新冠肺炎防控漫画指南》的多语种翻译工作，向更多外国人分享中国的抗疫经验。她译介中国的故事，受到海内外主流媒体广泛报道，被称为"新马可·波罗"。

南开还积极面向全球广揽高层次人才，同时通过各种方式吸引更多国际知名人士发挥影响力。诺贝尔奖获得者杨振宁、李政道、罗伯特·蒙代尔、彼得·杜赫提、卡尔·巴里·夏普莱斯，美国前国务卿基辛格，韩国前总统金大中，欧盟委员会前主席、意大利前总理罗马诺·普罗迪等被聘为南开名誉教授，一批海内外知名学者、著名政治家、企业家任客座教授、兼职教授。

法国宪法委员会主席、前总理洛朗·法比尤斯是南开的一位老朋友。他一直致力于中法友好交流工作，对中法政治、经济、文化交流做出了重要贡献。2009年他受聘为南开大学名誉教授，2016年又获授南开名誉博士学位。在新冠疫情前，他几乎每年都坚持到南开来给学生作讲座。他认为："法中间的友谊不是抽象的，而是建立在交流的基础上，特别是从年轻人、老师的交流开始。"他每每谈起获授南开大学名誉博士学位那天"美好而难忘的回忆"："我清楚记得，当时有数千人参加这一仪式，教授们都穿着长袍。我一直保存着我的长袍和方帽。"2023年，南开大学校长陈雨露访问法国期间，专程拜会了他。法比尤斯表示，自己将继续积极助推南开大学与法国的交流合作。

2018年12月18日，庆祝改革开放40周年大会在北京人民大会堂举行。会上，一位南开人获颁中国改革友谊奖章，成为10位获奖者之一。他就是南开大学名誉博士、瑞士经济学家克劳斯·施瓦布。施瓦布是世界经济论坛创始人兼执行主席，该论坛致力于召集各界领袖开展合作，以研讨世界经济领域存在的问题、促进国际经济合作与交流为宗旨，达到确定全球、地区和行业议程，进而影响世界的目的，被形象地称为"经济联合国"，是各国政要、企业领导人、国际组织官员、专家学者就世界重大问题交换意见的平台。由于论坛年会每年1月在瑞士小镇达沃斯举办，因而也被称为"达沃斯论坛"。2008年9月，在施瓦布推动下，世界经济论坛夏季达沃斯论坛首度落户天津，天津从此作为常驻举办城市，每两年主办一次。

南开使施瓦布与中国友谊更加深挚。2009年，施瓦布接到南开大学名誉博士学位证书时激动地说："自大学开始，我就不止一次地荣获各种学位，但获得名誉博士学位，这还是第一个，也将是唯一的一个。""回到校园，看到朝气蓬勃的青年学生，我不知道怎样表达内心的激动，感谢南开让我成为你们中的一员，我将常回母校，与大家分享人生经验。"2012年5月，南开大学世界经济研究中心成立，施瓦布担任中心名誉主任。他信守自己的诺言，"常回母校"与学子们进行交流。他说："希望能够以顾问身份帮助南开在全球合作和全球化两个领域有更好的研究，也希望世界经济论坛和南开大学之间的合作进一步加深。"

在施瓦布的推动下，南开大学与世界经济论坛开展了一系列合作研究，积极为天津夏季达沃斯论坛筹备工作小组提交研究报告和决策支持。2020年，南开大学与世界经济论坛的合作研究成果《数字经济与中国》报告，在联合国南南合作办公室与中国国际经济技术交流中心共同主办的"2021南南合作与服务贸易国际论坛"上正式发布。该报告分析了中国数字产业化、产业数字化、数字贸易投资的成就与问题，研究了数字经济的社会影响，深入探讨了国内外数字治理规则体系。这是南开国际科研合作的一项标志性成果，为国家制定和实施数字经济发展战略贡献了力量。

除了天津夏季达沃斯论坛，南开还深度支撑世界智能大会，牵头举办天津论坛等高水平国际会议。在国际合作方面，学校与联合国开发计划署倡议成立的国际疫苗研究所签约，共建南开联合研究中心，成为其在中国建设的首个联合研究机构；与联合国工业发展组织签署《联合国工业发展组织与南开大学框架合作协议》，推动双方在多领域开展具体合作。

在国际化的道路上，南开不仅"引进来"，也积极"走出去"，开展国际组织人才培养推送，推动南开学者参与国际组织事务。2011年、2017年，南开大学原校长饶子和、龚克先后当选国际纯粹与应用生物物理学联合会主席、世界工程组织联合会主席，这两个重要学会均是第一次迎来中国科学家当选主席，实现了我国在关键国际科技组织产生重大影响力的突破。南开也格外注重中华传统文化的推广，积极参与"文化走出去"工程，成为传播中华传统文化的重要力量。在孔子学院总部/国家汉办的大力支持下，南开共与海外高校合作建立了9所孔子学院，分别为美国马里兰大学孔子学院、日本爱知大学孔子学院、葡萄牙米尼奥大学孔子学院、哥伦比亚安第斯大学孔子学院、韩国济州汉拿大学孔子学院、英国格拉斯哥大学孔子学院、法国诺欧商务孔子学院、土耳其晔迪特派大学孔子学院和巴西塞阿拉联邦大学孔子学院。南开长期作为对外汉语、孔子学院师资最重要的培训基地之一，2024年又与教育部中外语言交流合作中心签署战略合作协议，未来将继续携手推进国际中文教育可持续高质量发展。

2019年，在南开建校100周年之际，来自牛津大学、莱斯大学、格拉斯哥大学、伯明翰大学、阿尔伯塔大学、北海道大学等海内外44所知名大学

的校领导以及多位世界著名科研机构负责人、各国专家学者120余人齐聚南开,出席在南开大学举办的世界大学校长论坛,共议"世界一流大学的使命与能力建设"。参会代表们在全球化、现代化的广

· 2019年10月16日,世界大学校长论坛在南开大学举办

阔视野下,对世界一流大学的使命与能力建设进行了开创性的探讨,聚焦当今世界大学共同面临的挑战展开交流,共同探求实现高等教育卓越教学和提高创新能力的途径,协力为建设世界一流大学出谋划策,擘画实现世界一流大学目标的机遇,针对建设世界一流大学的困难寻求解决方案。

习近平总书记指出:"任何一个民族、任何一个国家都需要学习别的民族、别的国家的优秀文明成果。中国要永远做一个学习大国,不论发展到什么水平都虚心向世界各国人民学习,以更加开放包容的姿态,加强同世界各国的互容、互鉴、互通,不断把对外开放提高到新的水平。"国家如此,大学更是如此。一流的国家要有一流的大学,一流的大学要有一流的国际化水平。通过文明对话让南开比肩世界名校,正是严修、张伯苓等南开创校先贤们的毕生理想。今天,距离先贤理想的实现越来越近,南开人胸怀大公、努力增能,积极融入国家对外开放战略,着力优化国际交流合作全球布局,加强与世界一流科技、教育资源对接合作,努力形成更高水平、更全方位、更宽领域、更多层次的开放办学局面,不断提升"全球南开"国际影响力,向着建成世界一流大学的目标勇毅前行。

第十二讲
桃李芬芳满天下

- "家庭学校"南开情
- 襄助母校情谊深
- 优秀校友南开荣

校友是学校最生动靓丽的名片，也是学校事业发展的重要力量。自建校至今，南开大学为国家民族输送了20余万宝贵人才。一代代南开青年告别如诗如画的南开园，踏上复兴中华、强国有我的伟大征程。这些被深深烙下"南开印"的校友，将爱国奋斗、公能日新的独特气质赓续传承，生生不息。

一、"家庭学校"南开情

南开历来重视校友工作，校友会组织由来已久。建校初期，便有校友自发组织的"同学会"，如1915年梅贻琦在清华大学发起成立"南开同学会"，并自任会长；1917年周恩来从南开学校毕业后东渡日本留学，即加入"旅日南开同学会"，在他的日记中有"接南开同学会明信片""赴同学会欢迎会"等记载。

1919年南开大学创建后，周恩来于当年12月主持成立"南开出校学生通讯处"，自任办事人，在"课余之暇"为广大校友服务。他撰写了《南开出校学生通讯处细则》，并在校刊上发表《给南开出校同学的信》。在他看来，学校的发展是毕业同学心之所系、情之所托，母校的一举一动都在他们的关注之下。但是"到南开来上学的人又是差不多各省都有，诸君出校后四处分散，要想与校中消息灵通，同学的彼此消息灵通，实在不是件容易的事"。为了使校友与母校之间"声息"相通，有必要设立"一个正式通信机关"，以"联络出校的同学会同校内的所有分子去为南开谋精神上的发展，事业上的改造"。他号召广大校友："要'常常不断'的给通讯处来信，我也要'常常不断'的去信。建议！报告！讨

> 出校的同学会同校内的所有分子去为南开谋精神上的发展，事业上的改造。
>
> ——周恩来

论！传达！盼诸君爱母校，要努力为母校谋'进步无疆'的幸福。"

为加强与校友的联系，南开出校学生通讯处编制了校友通讯录，在《校风》开辟了校友专栏，专门"报告学校内情同大体的计划"、征求校友建议及报道各地同学会的动态和消息，密切了校友与母校的联系。1920年，周恩来在巴黎组织"留欧南开同学会"。1925年2月，张伯苓根据学校发展的需要，提出组织"出校同学会"以联络毕业学生。1927年张校长作为总裁判到上海参加远东运动会，随即组织"南开旅沪校友会"，"将以前出校同学会之范围扩大，是为南开校友会之嚆矢"。此后各地校友分会如雨后春笋般先后成立。1929年10月，"以联络感情，砥砺学行，爱护母校为宗旨"，南开校友总会正式成立。从此，母校与各地校友的联系愈加紧密，校友分会的工作也愈加活跃，且会长也大都由一些著名人物担任，如教育家马千里、建筑学家阎子亨曾任总会会长，英国分会会长是老舍，美国南开校友会成立较早，孟治很长时间担任会长，凌冰一度担任校友总会驻美总代表。

增进感情是校友会最基本的功能。南开脱胎于私塾，师生之间的情谊"素极笃厚"，因有"家庭学校"之称。后来学校规模不断扩大，但"融洽之气未尝或失"。张伯苓曾说：南开不分大学、中学、女中、小学，都是一个大家庭，南开的同学都是一家人。根据这个原则，《天津南开学校校友会总会简章》规定："凡曾在南开学校各部肄业、毕业之学生，退职、现任之董事及教职员均得为本会会员。凡热心赞助本会者，得被选为本会名誉会员。"当时校友总会设有游艺室、阅报室、办公室、饭厅、宿舍等，外地校友来津，都可在此住宿用餐。校友们到各地也会受到分会热情款待。1929年张校长考察欧美回国后，曾欣慰地说："本人游历各地时见诸校友均热心招待，以此次远游欧美而论，到处均有校友招待，……可见南开出校生散布各地之广，反衬世界之小。"校友会还定期举办联欢、联谊、聚餐等各种集会活动，以增进情感，加强联络。

到全面抗战爆发前，南开在全国设有36个校友分会，在海外设有6个校友分会，拥有数万成员。据1939年《时事新报》统计，全国设立最好的校友会第一是南开，规模最大、管理最好、作用发挥得最好、社会影响最佳，被誉为"民国第一校友会"。南开遭日寇毁校后，校友总会迁至重庆，最大的分会设在昆明，贵阳、桂林、西安、兰州等地的校友会也纷纷建立。1939年3月，张伯苓在《南开校友与中国前途》的公开演讲中说："各学校校友会，抗战以来恢复最快的，怕是首推南开。"他号召"出校、在校的校友同学，要时时联络，向一个高的目标去努力"。抗战胜利后，南开校友会的工作得到发展，香港、台湾都设有分会。据《南开校友》1946年第2号统计，除总会，南开设有28个海内外校友分会。

新中国成立后，南开校友总会的活动曾中断了一段时间，但我国的北京、上海、香港地区、台湾地区，以及美国等地校友仍有集会，共聚联谊。1978年，一些校友提出应尽快恢复南开校友总会活动，通过这一民间交往方式，建立与我国港澳台地区及海外校友的联系。当时从清华大学传来消息，台湾要举办张伯苓百年诞辰纪念活动。南开副校长吴大任立即召集黄钰生、李万华等人研究对策。大家认为1979年适逢南开大学建校60周年，南开校友总会应于校庆前恢复活动，并尽早邀请港澳台及海外校友返校。学校立即组织班子筹备，并派专人赴教育部、民政部办理审批事宜。

当时，南开遭受唐山大地震不久，校舍和资金十分紧张。据李万华回忆："校内外联系还没有电话可利用，多靠骑自行车或走路。为方便联系，我将天津市内校友们划片，分成几个联系区，如天津大学区、河北大学区等，每个区请一位校友做'片长'，有要办的事，我就骑车或走路去通知'片长'，'片长'再分头去通知他联系的诸位校友。……其他外地校友，只有靠信函，或托请熟人转达。就通过这种联系方式，京津两地有300余人返校参加60周年校庆。"他还说："接待外地校友最为难的是他们的住宿问题。……又通过校友帮忙,从市里旅店租来铺盖卷,安排校友住宿。返校参加活动的校友每人交5元钱。校友们都不在乎吃住条件差,当他们看到母校被破坏的情况,都纷纷表示:以后有办法了,一定帮助母校恢复原来的面貌。后来我因学校各种事情找到校友时,他们都尽力帮忙。"

经过努力,1979年10月教育部、民政部批准南开校友总会恢复活动。这是自清华大学之后,民政部批准的第二个跨省市地区的社团组织。南开大学60周年校庆如期举行,300余名校友济济一堂,抚今忆昔。著名戏剧家曹禺等许多海内外知名校友发来贺信,1946—1948级同学向母校赠送"天下兴亡,匹夫有责"的金字匾额。当晚,新华社对外播放了"南开大学60周年校庆,南开校友总会在天津南开大学恢复活动"的消息,引起海内外校友的极大关注。南开成为"文革"后最早恢复校友会活动的学校之一。此后,北京、天津、上海等校友分会纷纷成立。1980年10月,600余名校友讨论并通过《南开校友总会章程》,推举杨石先为名誉会长,黄钰生为会长,在南开大学设校友联络处,天津南开中学设校友联络组。1981年,《南开校友通讯》(复刊)第一期刊行,受到校友们的欢迎,"我们收到《通讯》后,个个争先阅读,爱不释手","《南开校友通讯》已成为母校与校友交换信息、联络感情的信使,《通讯》向校友报道母校发展情况,介绍校友的最新信息及其卓越成就,校友可从中汲取世界先进科学技术知识,受益匪浅。"为更好地统筹和协调南开校友工作,2003年,南开大学成立校友工作领导小组和校友工作办公室,形成"校友办+校友会"的工作体系。

· 1979年部分校友参加南开大学60周年校庆合影

进入新时代，南开不断创新校友工作，全力打造校友与母校发展共同体。目前，南开校友总会的会员单位包括南开大学、天津南开中学、天津第二南开学校、重庆南开中学、自贡市蜀光中学、天津市南开翔宇学校、重庆南开（融侨）中学、南开大学附属中学、南开大学附属小学共9所系列学校。地方校友会目前已达94个，其中海外35个（含筹）。学科校友会26个，行业校友会6个，年级理事1000余人。凡曾在上述学校工作、学习过的教职工和学生均为校友，人数达百万之众，这在中国教育界是独一无二的。

南开校友总会践行"服务校友成长，助力母校发展，促进社会进步"的宗旨，打造全球南开校友会会长论坛、毕业30年校友返校纪念活动、"牵手新校友"系列活动、"校友助成长"系列活动、"校友会手牵手"项目、"南开校友之家"项目、"南开好项目"创业大赛等一系列"全球南开"校友文化品牌，增进南开情谊，助力校友成长。

二、襄助母校情谊深

一日南开人，终生南开情。校友对母校的关爱体现在多个方面。1917年5月13日，东京南开同学会十数人召开茶话会，欢迎赴日本参加第三届远东运动会的张伯苓和南开运动员。以张蓬仙为代表的留日学生在会上提出"校中宜速编校歌"的建议。1918年末，张伯苓从美国哥伦比亚大学留学返校后，便着手组织创制校歌。南开校歌歌词短小而精悍，曲调悠扬而激昂，"于聚会之时，千人合唱，铸成南开真精神"。

改革开放后，随着旅游业的发展，国家需要大批高层次旅游管理人才。1979年2月，时任国家旅游局办公室主任兼政策研究室主任的南开校友席潮海希望母校创办旅游学专业。经过反复征求意见和论证，这一建议得到了学校的支持，南开成为全国第一个设立该专业的高等院校，被誉为中国旅游学的"黄埔军校"。

越来越多的校友以各种形式参与母校人才培养。"我今天回来，是长期的愿望，是少小离家老大回。"这是曹禺1985年在南开大学举行的中国首届曹禺戏剧学术研讨会上发出的心声。他说："我深深感激开导我、教育我，使我走上戏剧道路的南开老师。"他寄语南开学生，学知识、学为人、学道德、学爱国，为祖国的将来而奋斗。1991年，81岁高龄的曹禺又为母校亲笔题写"春风化雨、辈出英才"，表达对青年成长的关切。校友王文田早年肄业于南开大学，曾任学校训导长，一生热爱母校。1987年，她回到阔别39年的南开园，受到师生的热烈欢迎。她动情地说："我久居美国，无时无刻不在思念祖国，思念南开，思念那些朝夕相处的朋友。今天当我的脚一踏上故乡的土地，就感到温暖和友情，感到亲切和诚意。"后来，她将一生积蓄20.8万美元（折合人民币172.2万元）捐赠南开大学，作为奖学金惠泽青年学子。

每年的开学典礼、毕业典礼上，都有优秀校友向学弟学妹们倾吐心声，他们的人生感悟对在校生具有很强的亲和力和引导作用。南开校友企业家联谊会主办的新开湖论坛设有"少年强则中国强"主题对话环节，校友与学子们坦诚交流，对他们提出的如何充实度过大学生活、如何寻找未来发

> 共享是实现南开改革发展的本质要求。要坚持发展为了师生、发展依靠师生、发展成果由师生共享，作出更有效的制度安排，使全校师生员工和广大校友在共建中共享，在共享中增强荣誉感、增加获得感，更加充分调动全球南开人建设南开、发展南开的积极性和创造性，增强发展动力，汇集发展合力，朝着共同的奋斗目标大步前进。
>
> ——《中国共产党南开大学第九次党员代表大会报告》

展机会、如何提升领导力和就业市场竞争力等问题给出中肯建议，并鼓励他们"目标纯正，心无旁骛，做正确的事，时间就是答案！""一件事，一直做，一辈子，一定成！"2017年，学校创造性地开展了"我为母校捐课程"项目，各领域各行业校友纷纷捐课。他们都是行业翘楚和实干创业的榜样人物，化身导师向青年学子们分享自己的求学故事、创业故事、人生故事。听课的学生感触颇深，"他们的经历和经验，在一定程度上提升了我们的认知水平、思维质量，有助于我们建立科学的创新创业观，提升自己的自主创新能力和分析解决问题的能力"。

校友们热情助力母校招生就业工作。多地校友会不但为南开招生组提供后勤保障、一线支援，还积极联系当地教委、重点中学，及各类媒体助力宣讲宣传。扬州校友会通过向当地新生发放奖助学金的形式，吸引优秀生源报考南开。从2014年开始，"师兄带我去战斗"校友企业招聘会，作为"校友助成长"系列活动的重要板块，已连续举办十余场，多年来累计为毕业生提供了数千个就业岗位。

校友们积极传递南开精神的核心价值，扩大南开的影响力。1992年初夏，85岁的吴大猷回到了阔别46年的祖国。当时海峡两岸尚未实现"三通"，他此次的大陆之行堪为破冰之旅，为促进海峡两岸学术交流开辟了新渠道。6月5日，吴大猷重返母校，迎接他的有昔日同窗陈省身和曾经的学生杨振宁。三位科学巨人举杯话桑梓，握手叙离情。在他们的共同推动下，第21次理论物理中微分几何方法国际会议在南开大学召开，这是我国首次举办该领域在国际上的最高学术会议。

"最孤独外交官"、外文系校友吴钟华，曾独自一人在条件艰苦的基里巴斯建立大使馆，让鲜艳的五星红旗冉冉升起，守护了这块远离祖国的外交阵地。2010年，吴钟华回母校作报告，深情地说，"自己没有辜负南开大学的教育，是南开大学的爱国主义精神支撑自己走到现在。"2019年5月22

日，校友吴慧龙用坚韧的毅力和顽强的意志，克服了天气恶劣、路线陡峭、氧气不足等重重困难，成功登顶世界第一高峰珠穆朗玛峰，让南开旗帜飘扬在"世界之巅"，他深情地说，生死一线间，"是南开给予我攀登珠峰的勇气和信心"，"我希望能与校友一起，为南开精神的传承和发扬而努力"。同年10月，各地南开校友会联合主办"百年南开，点亮全球"活动，以全球地标屏亮灯的形式为母校庆生。北京奥体公园、上海外滩、广州小蛮腰、西藏布达拉宫广场、纽约纳斯达克、新加坡滨海湾等全球著名地标建筑大屏幕上"我爱南开""百年南开"等内容闪亮全球，刷爆了大家的朋友圈。

捐赠是校友襄助母校发展常见的方式。南开是中国人自己白手起家创办的学校，当年靠校友鼎力支持和社会慷慨捐助才得以发展壮大。南开学生最早回报母校是在1908年第一届学生毕业时，送给母校一口井，井上有一个小牌坊，上列全体毕业生姓名，第一位是梅贻琦。1929年，学校为纪念校父严修兴建"范孙楼"，校友们发起"环球聚餐"募捐。在天津，300余名校友聚餐于福禄林饭店，傅作义、颜惠庆等名流出席并发表劝募演说，共获得6.9万元捐款。张伯苓欣慰地说："此次建筑费纯系诸校友通力合作而得来，此种合助精神，希达于久远，而助南开学校发展于无极。"南开被日寇毁校后，校友们纷纷表示："凡我校友对母校复兴工作均负责赞助，期母校即早恢复旧时规模。"抗战胜利后，南开百废待兴，经费极度困难。张伯苓鼓励大家说："只要打着南开这面旗

· 南开被日寇炸毁后校友集会讨论重建南开

帜，就什么问题都能顶过去。"果然校友们慷慨输将、奔走呼号，社会各界纷纷伸出援手。负责募捐的校友说：校长交给我的这面大旗，我扛着它真是无路不通。

新中国成立后，特别是改革开放以来，校友捐资兴学的热情令人感佩。2016年，涌现科技总裁周海冰与侯莹两位校友向南开大学捐款1亿元的新闻，受到了广泛关注。这是南开大学建校以来收到最大的单笔校友捐赠。周海冰动情地说，在南开遇见了人生最重要的导师、兄长和伙伴，度过了无悔的青春，开始了从"蒙昧"到觉醒的人生探索，逐渐领悟到"允公允能、日新月异"这八字校训的深刻含义。这笔捐赠不仅是他"该做"的事，更是他"想做"的事。2018年，物美集团创始人、多点DMALL创始人张文中校友捐赠1亿元支持母校发展。2019年，字节跳动创始人张一鸣校友捐款1亿元设立"南开大学创新基金"。2024年，张一鸣与字节跳动CEO梁汝波校友共同捐赠2亿元，支持南开数学研究和人才培养。从三名企业家校友匿名向母校捐赠1.72亿元，到李占通、李中泽、李金芝校友等为津南校区建设捐资；从万余南开人参与南开百年周恩来大讲堂众筹工作，到捐设各类基金、奖学金、助学金，捐建校友林、校友灯、校友椅……在学校发展百余年的历史进程中，校友们始终与母校血脉相连，共同助力南开在发展中走向辉煌。

三、优秀校友南开荣

春华秋实，桃李盈香。自建校至今，南开大学为国家民族培养了大批宝贵人才。他们中既有信仰坚定的革命先驱，也有投笔从戎的热血英雄；既有雄韬伟略的政治家，也有成就卓著的学术大师；既有引领风骚的时代弄潮儿，更有兢兢业业、默默奉献的实干家。

1948年，中央研究院公布了81名首批院士名单，他们都是当时具有重要影响力的专家学者。从南开大学走出的学生中有三位入选，他们是植物学家殷宏章、物理学家吴大猷、数学家陈省身。

殷宏章是中国光合作用研究的先驱，中国植物生理学的主要奠基人之一。1924年殷宏章用不到三年的时间完成了六年的中学课程进入南开大学深造，与李继侗教授一起发现了植物光合作用瞬间效应，被誉为"两个光化学反应学说的先驱"。1929年殷宏章留校任教，与冯馼堂共同承担起系务工作，1935年赴美留学，三年后获得博士学位。当时美国的大学向他送出了橄榄枝，但他却义无反顾踏上回国之路，受聘为西南联大教授，率先开展植物生长素的利用及人工合成的工作。他的学生不少成为国内外优秀的科学家。1951年秋，在联合国任职的殷宏章携家眷休假回国，目睹了新中国翻天覆地的变化，毅然留在祖国投身社会主义建设。为打破西方的技术封锁，他从解决抗生素生产的实际需求出发，开展微生物生理研究。为提高农作物产量，他1959年创建了我国第一个光合作用研究实验室。他还经常深入田间地头做实验，创立了作物"群体"概念，为农作物的合理密植和施肥提供理论依据。

吴大猷被誉为"中国物理学之父"。1925年他通过严格考试跳级进入南开大学，遇到了人生伯乐饶毓泰。多年后吴大猷回忆在南开求学的日子，不禁感叹："在南开的十年，决定了我这一辈子的为人处世和工作习惯。"1929年，吴大猷以"极其杰出"的成绩留校任教，为30年代南开物理系的发展做出了贡献。1931年，他赴美国深造，取得了硕士、博士学位。抗战爆发后，吴大猷任教西南联大，不仅科研方面硕果累累，而且培养了杨振

> 凡对于国家有益的事业，我们校友们就要通力合作，多所贡献。……我希望我们南开的校友一齐燃烧起来，做事"不自私""肯为公""持之以诚""继之以勇"，个人成功，社会蒙庥！
>
> ——张伯苓

宁、李政道、黄昆、朱光亚等一批优秀人才,被尊为"杰出的真人真知的大宗师"。他晚年主持台湾科学发展指导委员会工作,反对在台湾发展核武器,力阻所谓的"新竹计划",展现了科学家的远见和爱国情怀。吴大猷曾说,"我的个性本是内向的,但在面对学术和民族利益时,我的态度转为好胜和积极。我一生以诚对待同事、学生和我所担任的所有职务,因为诚实,我这一生没有留下任何遗憾"。

陈省身是20世纪最伟大的几何学家之一,被誉为继欧几里得、高斯、黎曼、嘉当之后又一里程碑式的人物。1926年连跳两级考入南开大学时,他还不满15岁,是全校闻名的少年才子。在南开,他得到了姜立夫等一批名师的悉心指导。60年后他深情地说:"我最美好的年华是在天津度过的,她给我留下许多美好的回忆……我身在他国异乡,但我总时时怀念着启迪我智慧、教给我知识、哺育我成长的母校——南开。"陈省身从德国、法国留学归国后赴西南联大任教,辛勤耕耘了六个春秋。他的学生严志达、王宪钟、吴光磊、王浩、钟开莱等都成为著名数学家,杨振宁也曾从他那里受益。1943年夏,陈省身应聘于美国普林斯顿高等研究院。在普林斯顿的三年,他给出了高维黎曼流形上高斯-博内公式的内蕴证明,提出了"陈省身示性类",从而开创了整体微分几何的新纪元,对数学乃至物理学的发展产生了极其深远的影响。

1949年,当郭永怀在美国探索开创奇异摄动理论,解决了世界跨声速气体动力学的难题而名声大噪之时,地球另一端,新中国的成立,让这位南开大学校友萌生了回国报效之念。同事大惑不解,"搞研究,美国有全世界最好的条件,你  为什么非要回去呢?"郭永怀答道:"家贫国穷,只能说明当儿子的无能。" 1956年,他冲破重重阻碍,携妻挈女义无反顾踏上归途。从受命研制"两弹一星"之日起,他便立誓拼命也要尽快拿出"争气弹"。1964年12月,中国第一颗原子弹成功爆炸。周恩来、邓小平等国家领导人在人民大会堂为郭永怀等科学家设宴庆功。1968年12月4日,已在青海基地整整奋战两个月的郭永怀,在试验中取得突破性进展。他兴奋不已,连夜要把试验数据送到北京。5日凌晨,飞机准备降落时突发事故,一时间火光冲天而起。人们在飞机的残骸中找到了郭永怀和他的警卫员牟方东的遗体,这两具遗体已经面目全非,却还是紧紧拥抱在一起。人们费劲儿将二人分开,才发现夹在他们胸前装有绝密资料的公文包完好无损。1999年他被中央授予"两弹一星功勋奖章",是这一群体中获得"烈士"称号的科学家。2018年,编号为212796号的小行星被永久命名为"郭永怀星"。

"期以50年,让中国的数学跻身于世界数学之林。"这是南开校友、数学家江泽涵年轻时立下的志向。从20世纪60年代起,他带领姜伯驹、石根华等开展对数学经典难题"不动点类理论"的研究,引领我国拓扑学研究跨入世界先进行列,被誉为拓扑学的"中国学派"。1964年,他根据自己授课讲义,编著了我国第一本拓扑学教科书《拓扑学引论》。改革开放后,他不顾年迈体弱主持了6届拓扑专门化班,后又受国家教委委托主持"代数拓扑教师进修班",为兄弟院校培养师资。这些学生后来成为我国数学及相关学科的核心力量。著名社会学家费孝通赞誉他为"一代宗师,学术先驱"。

"跨越地球三极雪,解读黄土万卷书。"国家科学技术最高奖获得者刘东生毕生从事地球科学研究,被誉为"黄土之父"。1938年他以南开学籍入西南联大学习。刘东生曾说:"对我而言,'允公允能',就是教我如何做人,如何服务于社会,这是我做人的准则;而'日新月异'是我工作的准则,要求我不断地创新,不断地进步。"他50年如一日面对黄土测量数据,记录工作笔记300余本,终于确立了中国黄土"新风成学说",平息了170多年来的黄土成因之争,建立了250万年来最完整的陆相古气候记录,奠定了全球环境变化多旋回理论,推动了地球环境科学的发展。

作为"奋斗者"号全海深载人潜水器结构系统的副主任设计师，化学系校友严开祺要挑战的，是让"奋斗者"号顶得住万米深海的压力，这个压力相当于2000多头大象压在人的身体上。他和团队经过数千个日夜的奋战，用头发丝直径大小的玻璃微球研制出新型浮力材料，为深海征程提供了国产化材料支撑，推动我国全海深探索能力跻身国际一流梯队。

面对国际上对"中国速度""中看不中用"的质疑，担任天河超应用研发首席科学家的物理系校友孟祥飞立下"军令状"：干不好"天河"的应用，我卷铺盖走人。经过刻苦攻关，"天河"终于成为能算天、算地、算人的"超级大脑"，广泛应用于航空航天、气候气象等数十个领域。"'日新月异'，'求新''创新'，成为我走出南开后新的也是始终的命题。"孟祥飞决心带领团队为"国之重器"再书辉煌。

刘新垣近百年的人生都在从事关于人类健康的科学研究，被誉为"癌症治疗发展史上里程碑式的人物"；匡廷云经历三次癌症依然坚持科研，只为揭开光能转化之谜，为国家重大战略提供理论和技术支持；张全兴将大孔树脂的研究及应用率先引入环境工程领域，做"绿水青山的卫士"；方复全从基础学科入手，将数学应用到现实场景，突破"卡脖子"技术；孙金声用十几年的付出，为中国石油勘探技术带来了世界性的突破……这些南开校友都是心怀"国之大者"，担当时代重任的典范。

在南开校友中不仅有卓越的科学家，还有杰出的艺术家、人文学家。中国现代话剧艺术奠基人曹禺的剧作人生便起步于南开。从12岁到20岁，他青春年华中的8个年头是在南开学校度过的，而这段时期对曹禺来说意义非凡。他后来回忆说："感谢南开新剧团，它使我最终决定搞一生的戏剧，南开新剧团培养起我对话剧的兴趣。"曹禺在大学期间便萌发了创作《雷雨》的想法。1934年，他的话剧处女作《雷雨》问世，震惊了中外剧坛，被公认为是中国现代话剧成熟的标志。继《雷雨》后，他又相继创作出

《日出》《原野》《北京人》等传世名作，被誉为"东方的莎士比亚"。离开南开后，曹禺仍与导师张彭春联手改编话剧，进行公演，推进新文化、新风尚。作为戏剧教育家，他还为国家培养了大批戏剧专门人才，为推动我国文学、艺术、戏剧事业发展做出卓越贡献。

中国交通经济学科重要奠基人桑恒康，1943年毕业于南开大学经济研究所，后长期担任联合国高级经济专家。改革开放初期，桑恒康应国家之需回国讲学，并在南开创办交通经济研究所，带领师生完成了20多项重大研究课题。1991年，他历经10年完成的《中国的交通运输问题》被誉为"经济学园地一部拓荒之作"，为中国交通发展战略

·2019年6月，20位校友获首批"杰出校友"荣誉称号

决策提供了科学依据。1993年，桑恒康获得"友谊奖"，这是中国政府为表彰在中国现代化建设中做出突出贡献的外国专家而设立的最高奖项。

经济发展理论和政策研究专家杨叔进1941年以优异成绩考取南开大学经济研究所研究生，后长期担任联合国和世界银行高级经济专家。1987年，古稀之年的杨叔进回母校创办国际经济研究所，培养经济学人才的同时，在调查研究的基础上，形成《经济发展的理论与策略》等一系列研究成果，对中国改革开放相关政策的制定产生了重要影响。

刘国光是新中国最著名和最具影响力的马克思主义经济学家之一。

1946年从西南联大毕业后任南开经济系助教至1948年。"勤奋以治学，平实以做人。立学为民，治学为国"是他数十年从事学术研究的初心。在我国改革发展的关键时期，他多次参与党和国家重要决策，为社会主义市场经济改革方向和目标模式的形成，做出了前瞻性贡献。

杨圣明是中国消费经济学的主要奠基人和外贸理论的开拓者。他1957年考入南开大学经济系。在几十年治学生涯中，他始终坚持做学问与做人的统一，坚守"能给国家做点贡献、帮点忙就尽力来做"的人生信条。他在多个经济研究领域均有很深造诣，特别是他提出的适度消费的概念和标准，为我国消费政策制定和消费体制改革贡献了智慧与力量。

"我国卓有成就和贡献的史学家"蔡美彪1949年从南开历史系毕业。早在1947年，他就获得国际奖学金，是全校获得该奖的三名学生之一。他70余年如一日致力于辽金元史和通史研究，为中国史学的发展与普及做出重要贡献。他曾说，"做学问一定要独立思考，无私奉献。独立思考是方法，无私奉献是精神和行为"。2015年，87岁的蔡美彪将省吃俭用积攒下来的全部积蓄100万元捐献母校，资助家境贫寒、学习刻苦、成绩优良的女生，堪为无私奉献、不求回报的"南开人"典范。

中国经济的高质量发展，离不开民营企业家的努力和智慧。物美集团创始人、多点DMALL董事长张文中校友在20世纪90年代的创业热潮中创立物美。在企业发展最困难的时候，他说，是"七年南开求学形成的价值观和学习能力为我走向明天提供了巨大的动力"。他率领物美进行数字化转型，创办"多点DMALL"，打造中国的流通产业航母。"心中有春天，人生就充满阳光。"他坚持"做好人、干正事、有原则、守底线"，领导企业积极投身公益事业，"堪为民营企业承担社会责任的表率"。

字节跳动创始人张一鸣校友的创业历程，充满了挑战和机遇。是南开安静朴素的校园和踏实学习的氛围，培养了他耐心、踏实的品格和做事情不讲捷径、尽可能基于长期来做思考的心智。从创业初期的失败，到"今日头条"、抖音的成功，他始终坚信自己的梦想能够成真。通过不断努力和创新，他赢得了越来越多人的尊重和信任，被认为是中国科技行业的重要推动者、中国互联网行业最受关注的青年领袖之一。

追光动画联合创始人兼总裁于洲校友，志在创作具有中国文化特色和国际一流水准的动画电影。他带领团队十年追光，打造了《长安三万里》等一批国漫佳作。面对下一个十年，于洲给出了自己的答案："南开精神就是要我们心有大公，不断挑战、不断创新、不断回馈社会！""我们真正想做好的就是讲好中国故事，不断创作出展现中华优秀传统文化的好作品。"

从周儒欣创立北斗星通，在北斗应用产业化领域先行先试，推动实现核心技术完全自主可控，到宇学峰创立康希诺生物，为全球提供创新、优质、可及的疫苗，为民众健康筑起坚实屏障；从李中泽带领盛帆集团成立公益基金会，关爱青少年成长、扶助贫弱群体、促进科教事业发展，到李俐创立美宝集团，推动再生医疗技术发展，为烧伤创疡患者带来福音……企业家校友奋力担当，向社会播撒南开正能量。

在脱贫攻坚、全面小康的伟大历程中，南开人贡献了智慧与力量。2021年，在全国脱贫攻坚总结表彰大会上，李桂林、李闻纹两位南开大学校友荣获"全国脱贫攻坚先进个人"称号。在担任驻村第一书记期间，他们把乡村当成家，将工作"主战场"放在田间地头、农家炕沿，把扶贫工作"驻"进老百姓心里，解决了许多"老大难"问题。毕业生潘晓晨投身西部建设，在基层实现将小我融入大我的理想，2022年荣获全国高校毕业生基层就业卓越奖。他们是南开7000余名扎根基层、助力脱贫攻坚和乡村振兴伟业校友的缩影，用实际行动和辛勤汗水诠释了南开人的责任担当。

2022年6月，中南财经政法大学本科毕业生彝族小伙苏正民的毕业论文火了。他在6000多字的结尾致谢部分，点名致谢了65位曾经帮助过他的人。南开大学校友、《天津日报》记者张俊兰，是苏正民感谢最多的人。20余年来，这位贫困孩子口中的"张妈妈"，33次走进凉山助学扶贫。"没有父母会放弃自己的孩子，我也不会放弃他们。"在她的精神感召下，社会各界共同努力在凉山地区兴建了6所希望小学，建立了60多个孤儿班、女子班，在7所院校设立奖助学金，帮助了数以万计的凉山贫困学生和孤儿。张俊兰把一生的黄金岁月，留给了西南边陲贫困区的彝族同胞，多次被国务院授予"民族团结进步模范""全国社会扶贫先进个人"等称号，并荣获第七届"中华慈善奖"。

从纷纷慷慨解囊，捐建南开书屋，设立扶贫基金，捐赠教室设备和教育资源，到积极担任南开大学中国式现代化乡村工作站站长，推动学校与地方共建，为乡村振兴注入"南开智慧"；从赴贫困地区进行支教培训，践行文化扶贫，到举行大型健康科普义诊活动，关爱村民健康；从校友会组织和校友个人购买"爱心苹果"，帮扶庄浪县苹果产业发展，到校友企业物美超市设置扶贫专柜，实现消费帮扶、校友帮扶和社会帮扶有机结合……务实暖心的校友帮扶行动不胜枚举，彰显了南开人"为公"的境界。

芬芳满园皆桃李，成才报国展宏图。以上所述仅是南开优秀校友的代表。百余年来，一代代南开校友以谋求人类福祉、推动社会进步、实现国家富强为己任，生动阐释了"允公允能，日新月异"的南开精神，充分展现了南开人淳朴持正、沉潜务实的坚韧品格，为国家发展和社会进步做出了重大贡献，为母校赢得了无上荣光。正如张伯苓老校长希冀的那样，让"我们南开的校友一齐燃烧起来"，汇聚成强大的"燃烧力"，激励所有南开人在中国式现代化建设的历史伟业中挺膺担当，勇毅前行。

后记

为深入学习贯彻习近平总书记视察南开大学重要讲话精神，全面落实《中华人民共和国爱国主义教育法》，继承弘扬南开爱国主义传统，讲好"百年南开校史文化"课，我们编写了《南开大学爱国主义教育史话》，作为课程配套教材，同时也希望为关心南开、愿意了解南开历史的师生校友和各界朋友提供一本参考读物。

本书在南开大学校史工作领导小组指导下编写。写作大纲、导论由编写组集体讨论并完成，第一、二、八、十一讲由陈鑫撰写，第三、六、九、十讲由徐悦撰写，第四、五、七、十二讲由张鸿撰写。徐悦承担了本书的编务工作，全书由刘景泉统改定稿。

本书去年7月推出试用本后，在"校史文化课"进行了使用，并广泛征求师生和校内外专家的意见，在这次正式出版前做了认真的修改。

本书在编写过程中，得到了学校领导和党委宣传部的大力支持与重要指导。教务部大力支持并给予立项资助。特别是著名校史研究专家梁吉生教授耄耋之年投入大量精力阅读全部书稿，逐讲逐节提出详细且极为重要的修改意见，令人深受感动。张健等教授也提出了很好的建议。南开大学出版社的王康等领导和责任编辑刘兵同志为本书的编辑、校对及出版付出了大量心血。在此，一并致以衷心的感谢！

  囿于水平，书中难免存在疏漏和不妥之处，敬请广大读者批评指正。

本书编写组
2025 年 7 月